编 委 会
（按音序排列）

社会批判理论纪事

第14辑

教育部人文社会科学重点研究基地
南京大学马克思主义社会理论研究中心　主办

主　　编　张一兵
副 主 编　唐正东　刘怀玉
执行编辑　周嘉昕　孙乐强

Register of Critical Theory of Society

江苏人民出版社

图书在版编目(CIP)数据

社会批判理论纪事. 第 14 辑 / 张一兵主编. 一南京:
江苏人民出版社,2022.12

ISBN 978 - 7 - 214 - 26536 - 4

Ⅰ.①社… Ⅱ.①张… Ⅲ.①社会批判论一丛刊
Ⅳ.①C91 - 55

中国版本图书馆 CIP 数据核字(2022)第 200055 号

书　　　名	社会批判理论纪事(第 14 辑)	
主　　　编	张一兵	
责 任 编 辑	王　溪	
装 帧 设 计	许文菲	
责 任 监 制	王　娟	
出 版 发 行	江苏人民出版社	
地　　　址	南京市湖南路 1 号 A 楼,邮编:210009	
照　　　排	江苏凤凰制版有限公司	
印　　　刷	江苏凤凰数码印务有限公司	
开　　　本	652 毫米×960 毫米　1/16	
印　　　张	16.75 插页 2	
字　　　数	240 千字	
版　　　次	2022 年 12 月第 1 版	
印　　　次	2022 年 12 月第 1 次印刷	
标 准 书 号	ISBN 978 - 7 - 214 - 26536 - 4	
定　　　价	47.00 元	

(江苏人民出版社图书凡印装错误可向承印厂调换)

目录

卷首语

　　自由、生命和理性，欲望、厌食和神经，女性、父权和身体，战斗、种族和革命，等等，这些现代要素类似蒙太奇式的星丛，编织出了令人眼花缭乱的辩证意象，他们彼此失联，不可通约，却固执地自我储藏着，同时髦的思想家那些断裂的句子和文法一起，拼贴成瓦砾般的现代性碎片。这些碎片是单子式的，没有窗口，打断了历史的连续性，却又表征了某种总体性，每个碎片中都埋藏着整个世界的秘密，现代性就托付在这些新奇的碎片之中。

　　阿格妮丝·赫勒正是从这些"风中的碎片"摸索现代性的未来走向。赫勒一生多舛，作为一名犹太人，她亲历了纳粹"大屠杀"和极权主义独裁，又见证了东欧社会主义民主改革和资本主义制度变迁。赫勒辗转多个国家，对资本主义发展变化及其内在矛盾有切身体验和深刻认知，对西方的现代及后现代思潮、政治危机及个体生存有深刻的把握和洞悉，对系统解剖当代资本主义社会结构有独到的理解。在赫勒思想中有不变的东西，有连续的价值与哲学取向，即人道主义，同时又有不断变化的东西，即对"当下"的即时反应。

　　"当下"是偶然的特殊事件的源头，在"当下"的内在视野中，论证语境和发现语境是交织在一起的。如果有一种自命为"真正的哲学"力图超越这一点，即提出独立于语境之外的有效救赎策略，它就必须渗透在动荡的"当下"之中，并从概念上对"当下"加以把握。赫勒终其一生孜孜探索"真正的哲学"，如哈贝马斯所言，"阿格妮丝·赫勒继承了德国理想主义的遗产,拥有坚不可摧的哲学自信,即对哲学理论的自我确证",这种自信贯穿其整个学术生涯。

赫勒对现代性概念的把握体现在《现代性能够幸存吗?》(Can Modernity Survive)、《历史理论》(A Theory of History)(1982)、《碎片化的历史哲学》(A Philosophy of Fragments)(1993)、《现代性理论》(A Theory Modernity)(1999)等著作,上述本文详尽地阐释了她对现代性的理解。随着社会生活的分化和非传统化,社会复杂性也在不断加强。社会生活以一种令人眼花缭乱的方式失去了其系列的特征,比如亲近感、透明度、可靠性等。从这样一种防守的视角来看,现代性最初被认为是对一种完整的社会生活方式的德行的侵犯,也就是社会解体的动力。在道德生活世界的话语层面上则表现为一种总体性的"化裂"。赫勒在其道德理论三部曲《一般伦理学》《激进哲学》和《论本能》中探索了现代性困境和道德缺失问题。

本辑收录了赫勒就"当下"的伦理、健康、环境、性别及种族"碎片"的思考,以"身体话语"来梳理"现代性未完成的承诺"。毫无疑问,以"自由"为基础的现代性在前现代世界中具有无限的解放价值,在这里,现代性的自由基础所指涉的不仅有理论的自然意识,还有自我决定和自我实现的道德观念和伦理观念。然而,对于处在现代性后期的长时段中的我们来说,"搭乘科技进步的列车"走向人间幸福的未来境界的梦想却变成了一场噩梦:"不是天国降临尘世,而是尘世变成了地狱。快车驶向了他们最终的目的地——奥斯威辛和古拉格——终结站?"在这个意义上,尝试在维持现代性的自身平衡的前提下,建构一个将解放具体化、现实化、持续化的令人满意的社会已然是实践必需。

本辑还专门设立了两个子专题:"海外学者论域"收录了日本马克思主义学者对马克思历史唯物主义和市民社会的代表性研究,"青年学者论坛"收录了我国青年学者对马克思主义经典理论、国外马克思主义研究的最新成果,以飨读者。

阿格妮丝·赫勒研究专题

现代性与身体①

阿格妮丝·赫勒②

（美国纽约社会研究新学院）

现代性未曾兑现的承诺实在是太多了，在这份清单上，居于榜首的是浮士德式的对于征服自然的承诺，或者如《浮士德》最有远见的读者——马克思所陈述的对于超越自然的承诺。③但是，时至今日，我们不仅面临着千百年前的难题，不断地压抑自己的本性，现代生态危机也时时侵扰着我们。不可否认，现代性早已托人唱诵自己的伟大构想——设计和实践一个理性社会，譬如，罗伯斯庇尔（Robespierre）宣称政治将传达哲学所梦寐以求的东西④，黑格尔则扬言，世界精神是最终的归宿，理性和自由将在世界历史中握手言和。

然而，当我们把目光转向奥斯威辛（Auschwitz）和古拉格（GULAG），目睹科学设计的理性社会走向崩溃，毫无疑问，现代性的可信度正在面临

---

① 本文译自阿格妮丝·赫勒 1994 年出版的《生命政治》（Biopolitics）一书的"现代性与身体"（Modernity and the Body）一章。Ferenc Fecher, Agnes Heller, *Biopolitics*, London：Avebury, 1994.

② 作者简介：阿格妮丝·赫勒，匈牙利哲学家，卢卡奇（György Lukács）的学生，是东欧新马克思主义和"布达佩斯学派"的代表人物，日常生活批判理论的奠基人之一，生前长期担任美国纽约社会研究新学院的哲学教授。译者简介：王思雨，女，南京大学马克思主义学院博士研究生。

③ 乔治·马尔库什在《马克思主义与人类学——马克思哲学关于"人的本质"的概念》一书中对马克思的"人是能动的自然存在物"的概念进行了分析。原文可参见马尔库什《马克思主义与人类学——马克思哲学关于"人的本质"的概念》，李斌玉、孙建茵译，哈尔滨：黑龙江大学出版社 2011 年版。

④ 在费赫尔的著作《冻结的革命：关于雅各宾主义的文章》中，可以看到罗伯斯庇尔政治的哲学特征。

着前所未有的挑战。在科学称王的时代(Triumphant Science),人们宣称找到了能够解决生命中所有终极痛苦的疗法,迄今为止所有关于人类的脆弱的确定性都可以得到妥善安放和述说。科学是维护现代性平衡、祛除外部世界遮蔽的关键工具。虽然像孔多塞(Condorcet)那般对于科学的无条件信任已经被彻底破坏,科学偶尔会遭到怀疑,但是人类社会永远不会丢弃它。我们必须看到这样的现实:科学技术作为科技革命的产物,它的无节制的野心需要被限制,因为它不仅拥有解放的力量,也能生产压迫,例如,科学对鲜活的生命进行不计后果的实验。科学的确定性在于它仅仅是一个范式,换句话说,科学仅仅是我们这一同时代人的共识,但并不是永恒真理。

在那一长串未被兑现的承诺中,有一项至关重要——解放身体(liberation of the body)。在现代性拂晓之时,海涅(Heine)赞颂了提香(Titian)画作中裸露身体的维纳斯所散发的解放气息,在他看来,这比威登堡的托钵僧更加有效地促进了死而不僵的旧秩序的瓦解。此外,海涅文学作品中的"共产主义"话语也是对身体自由(Body Unbound)的激进表达。① 费尔巴哈是一位激进的哲学大师,他努力将康德的二元论与性感的身体结合起来,对其信徒来说,这种综合开辟了通往政治与宗教自治的道路,这些哲学狂想曲探讨了身心二分的原则,他们认为只有灵魂和身体的基督教二重性被废除,现代人的自由才能诞生。这位知识先锋有一种内在确信,即现代性将会实现现代人的自由。他们对解除身体的束缚是如此狂热,对基督教二分法的仇恨是如此发自肺腑,甚至连黑格尔的告诫都没有被注意。黑格尔反复强调,灵魂和肉体的二分是不存在的,最直接的便是他在《美学》(Aesthetics)中的论述,"浪漫型艺术又把理念与现实的完满的统一破坏了……如果它还有什么缺陷,那也只在艺术本身,即艺术范围本来是有局限性的。这个局限性就在于一般艺术用感性的具体的形象,去表现在本质上就是无限的具体的普遍性……由于这个道理,浪漫型

---

① 具体可参考海涅的文章《论德国宗教和哲学的历史》。海涅:《海涅全集第八卷》,孙坤荣译,石家庄:河北教育出版社 2003 年版,第 246 页。——译者注

艺术又把古典型艺术的那种不可分裂的统一取消掉了,因为它所取得的内容意义是超出古典型艺术和它的表现方式范围的。用大家熟悉的观念来说,这种内容意义与基督所宣称的神就是心灵的原则是一致的,而与作为古典型艺术的基本适当内容的希腊人的神的信仰是迥然不同的……①"黑格尔认为我们的文化遭受了巨大的分裂。我们周期性地倾向于寻求使我们的身体获得持续性满足的存在,并尝试把这种满足提升到精神层面,把身体完全抛在脑后。从这种分裂中,我们可以准确地演绎和解释现代文化病理学的几种主要形态。黑格尔继续说,我们被迫进入了身体—灵魂二分的时代。精神必须通过自我否定,将自己划归为这些要素,以便在历史中与自身和解。② 如果我们将黑格尔的和解预言与福柯(Michel Foucault)的观点进行对比,那么我们就会更加了解自身的处境。以下是福柯对现代灵魂谱系的悲观诠释:"人们不应把这种灵魂视为某种意识形态残余的死灰复燃,而应视之为与某种支配肉体的权力技术学相关的存在……这就是这种灵魂的历史现实。它与基督教神学所展示的灵魂不同,不是生而有罪并应该受到惩罚的,而是生于各种惩罚、监督和强制的方法……这个灵魂是一种权力解剖学的效应和成果;这个灵魂是肉体的监狱(the soul is the prison of the body)。"③规训装置必须得到更精确的定义,因为它传递的信息是明确的,现代性解放身体的承诺没有得到遵守。不同的思想家都对身心二元论进行了批判,无疑,身心二元论是复杂的,其主要动机都是要求恢复人类本性或类本质,将人类从创世说的原罪中拯救出来。基督教的身心二元论是现代性的知识基础,它的出现是为了解决身体与灵魂之间的矛盾,这是文化史上最伟大的解释手段:一方面,身心二元论使得人性的罪恶与其易逝繁荣身体绑缚在一起,这不仅提供了一种本体论的理论支援,也为基督教伦理和政治提供了现实基础,同时,它也赋予了基督徒另外一个组成部分——灵魂,灵魂成了与上帝沟通

---

① 黑格尔:《美学》(第一卷),朱光潜译,北京:商务印书馆1996年版,第99页。
② 上述为赫勒总结,原文可参考黑格尔《美学》(第一卷),朱光潜译,北京:商务印书馆1996年版,第100—103页。——译者注
③ 福柯:《规训与惩罚》,刘北成、杨远婴译,北京:三联书店2021年版,第31页。

的器官,是产生救赎感的脆弱容器。但是对于现代性来说,无论是承载着灵魂的罪恶容器,还是携带着从外部世界获得的救赎真理的容器,它们都是毫无意义的。现代性致力于通过人类的物质性存在因素进行自我救赎。科耶夫(Kojeve)在《黑格尔导读中》对此进行了解释:"奴隶:他的劳动不是破坏物体(作为欲望)——他加工物体,改造物体。他把自然改造成世界(把自然世界改造成历史世界)。他因而从自然中解放出来。"[①]这也是创造新世界的先决条件,因而,对基督教身心二元论的伦理学意义作进一步的批判,是为了让人类摆脱人性的弱点,并将自身提升到神圣水平,换言之,发明二元性不是为了欣赏肉体而是其携带的人性。大多数古典人文主义者都是基督教的批判者,但他们并不热衷于解放身体。他们更相信身体和"精神性"的融合,前者处在后者的监护下实现较高原则对较低原则的扬弃,这种扬弃不是赤裸裸的、奴性的屈从,霍布斯(Hobbes)的丛林法则正是用这种方式构思出来的。为了变得越来越富有"精神性",身体必须被长时间地监护,并给予温和而又坚定的治疗,从而实现较高原则与较低原则的完全同质化,这是一个无限的过程,不能被取消,但其中的要素可以被重新解释,即身体和灵魂的相互关系可以用一种更宽容的方式被表述。《魔笛》(*The Magic Flute*)中的萨拉斯特罗(Sarastro)[②]是一个宽容的、人道主义的监督者的象征,如果他生在福柯时代,那么他就会作为一个开明的暴君出现,这是文本与现实的对立,这也为认知创造了许多神秘的东西。

福柯的看守人(在牢房里看守身体的人:学校、监狱、精神病院等)的正确称呼已经被给出了,他们不再是基督教的"灵魂",而是另一个新的发明——"精神性(the spiritual)"。这个新概念从来没有割断它与基督教传统的脐带,这也是现代性没有兑现其诺言的标志,毕竟,社会的完全世俗化,说起来容易做起来难。人类的精神性始终保留着一种神圣色彩,从属

---

① 科耶夫:《黑格尔导读》,姜志辉译,南京:译林出版社2005年版,第60页。
② 萨拉斯特罗为大祭司,萨拉斯特罗的黑人男仆莫诺斯·塔托斯想强暴帕米娜,却被她跑掉了。萨拉斯特罗得知此事后宽大地原谅她,命令奴隶鞭打黑人并把他拖了下去,此事得到人们的称赞。——译者注

于人类神化的范畴。但是,灵魂和精神性之间的区别十分显著。

首先,灵魂和身体是完全对立的,它们之间没有中介,灵魂是一种原则且否定其对立面,但又被迫生活在并不适合它的身体中。相形之下,身体是一个值得精神性居住的地方,因为人体结构在自然等级中居于高位,人体是美学的卓越对象,也是美的最高源泉,在这个意义上,身体与精神性这两个对立面被调和,它们的融合甚至被设定为最高目标。

其次,基督教的灵魂概念关涉个体,灵魂是一个特定的、具有基督教徒角色的神人形象,灵魂与身体处于绝对对立的关系,但是灵魂与这个特定身体不可分离,那些认为灵魂可以属于任何其他人的想法是荒谬的。相比之下,精神性具有更广泛的人际关系内涵,它是一切不太正常的事物的总称,它并不从属于人类社会的物质生产活动。精神性领域包含了不真实的但对于这个现实生活至关重要的方面,例如:想法、想象中的人物、乌托邦等,发生在人与人之间发生关系的范围内,它是一般特殊性。

再次,虽然精神性在定义上与智性(the intellectual)并非同义,但它逐渐被等同为理性,成为现代性的主导精神。

最后,生命政治认为,在原则上身体和灵魂是可以分开的,但是身体与精神性是不可分开的,这是灵魂与精神性的一个主要区别,同时也是生命政治借以自我欺骗的关键方法论。现代性确信,只有通过纯粹的沉思,才能将精神性从身体中分离出来,身体不能脱离精神性的统治作为自治实体而存在,因为它们相互渗透并在原初设计条件下走向融合。在基督教世界里,如果我们看到了自由行动的反叛身体,我们知道,这并不是一个幻象,而恰恰是被占主导地位的基督教视域所觉知的真实实体——异教徒,不管这个实体的自我理解是什么,结论都是如此。如果我们遇到的是一种由精神性统治的身体政治,我们可以得出这样的结论:身体和精神性对立只是相对的,因为身体政治在其本质上是一种自我欺骗。

然而,从社会学的意义上说,整个现代性进程强有力地促进了精神性对身体的监护,最开始是温和地看守,到最后这种看守等同于把身体关进监狱。事实上,现代性进程与身体背道而驰,它不断地低估、压制、约束、取代身体。现代制造业经常被片面地等同于现代性,一开始它是基于这样一种的观念:机器不仅会审察和支配人类劳动,而且最终将完全取代人类劳动。虽然由于各种各样的原因,这种情形并没有实现,但是我们已经看到,在现代科学技术统治下,人类的身体逐渐堕落和羸弱。勒德分子①(Luddites)不仅针对剥削他们的工厂主,还针对使得他们成为剩余身体的机器。

卓越的身体素质曾被伟大的军事指挥官拿破仑所赞赏,现如今"身体"几乎已经从战争中消失。现代性的两大趋势使传统好战的因素即士兵的身体,变成了服役的附属品:第一个趋势是军队制度草案以及军队数量的巨大增长,这一发展与现代政治有着内在联系,当兵热情的高涨与士兵公民身份的隐性认可密不可分。② 新战争时代的缔造者拿破仑以一种浪漫的口吻抱怨庞大军队的笨拙,抱怨成千上万人的战斗场景缺乏美感,但是作为一个现实主义者,他强调漂亮的四肢和训练有素的新兵是彰显国家战斗实力的关键需要。③ 第二,现代武器是先进制造业和科学的产物,这从本质上消除了士兵的身体和其他身体的所有区别。

确切来说,"政治身体"这个词只存在于前现代欧洲的封建制度中,它等同于国王的身体(King's Body)。④ 那些具有象征意义的弑君行为,即所谓的对英国国王查理一世和法国国王路易十六的审判,越来越被理解为共和剧院(Republican Theatre)的神秘戏剧。共和剧院并不是席勒(Schiller)所说的惩罚犯罪、暴政罪行的一个道德机构,而是一个实实在在运作的剧院,在这里,整个政治身体实际上被推上了断头台,即身体被逐出历史。在严格意义上来说,现代性不需要也不能忍受政治身体的存在,除非是在隐喻的意义上。对于现代的男人和女人来说,代议制的主要优点之一是它非个人的、非实体的特性,这反过来又经常引发人们对现代国

---

① 勒德分子是19世纪英国工业革命时期因机器代替了人力而失业的技术工人。现在引申为持有反机械化以及反自动化观点的人。——译者注
② 奥托·辛策(Otto Hintze)在《国家的形成和宪政的发展》一书中详细分析了征兵制度与现代政治之间的联系。——译者注
③ 具体表述可参考拿破仑《拿破仑书信文件集》,上海:上海人民出版社1986年版,第492页。——译者注
④ 恩斯特·康托洛维茨:《国王的两个身体》,徐震宇译,上海:华东师范大学出版社2018年版。

家没有人性和官僚主义的抱怨。共和剧院周期性地以两种形式重返政治舞台：地方的直接民主和凯撒主义（Caesars）代表的出现，两者都是被批判的，因为它们有暴力倾向。身体和政治的身体在冲突中共同参与现代性过程。

优秀的社会学家诺贝特·埃利亚斯（Norbert Elias）总结了身体被逐出现代性的过程。他认为，一种明显自相矛盾的趋势构成了所谓的文明进程："卧室成了人的生活中最私人和最隐秘的地方。与人体的大部分活动一样，睡觉也逐渐地被移到社交活动的幕后，小家庭是给人的这一行为和其他的行为所留下的唯一合法的、被社会认可的领地。一堵有形无形的墙遮住了人的生活中最私人、最隐秘的行为以及无法抑制的兽性，使别人无法窥探。"①这种现代性文明进程为了发展而做出的疯狂努力，将人的一切物质存在的痕迹都清除出去，使人的栖息地成为真正的人化（humanistic）的栖息地。现代卧室使得那些曾经可以暴露于公众视线的领域不仅成为私人的，而且成为彻底的秘密。文明进程有两个主要目标：卫生和伦理。最初，这两个概念是完全分开的，卫生是现代科学用来应对城市化和人口过剩带来的社会危机的方法。伦理则起源于古典人文主义，即实现人对自然的超越。早在维多利亚文明全盛时期，我们就可以发现卫生与伦理相结合的趋势，下面我们将看到生命政治的表演。

生命政治从属于现代性辩证法，虽然其主要趋势是将身体驱逐出现代社会生活的所有领域，但此次生命政治运动也是现代性合法解放身体的第一次记录，即扩展人身保护法使其适用于每一个人（Everyone）②，一方面，人身保护令源自现代性普遍解放原则，另一方面，它服务于精神性对于身体的监护。在这个意义上，没有一个人仅仅是一个身体，人类兼具政治性和理性，为了使得人类重新获得政治性与理性，身体必须得到解放，换句话说，只有释放人类潜在的理性潜能，精神性的有益法则才会出

① 诺贝特·埃利亚斯：《文明的进程》，王佩莉、袁志英译，上海：上海译文出版社 2009 年版，第 171 页。
② 曾经人身保护法仅仅是贵族的特权，"每一个人"被拖延了很久，拖延得令人愤怒，譬如在美国和欧洲的革命之后，用了近一个世纪的时间才废除启蒙时代的耻辱——奴隶制。

现。讽刺的是,正是这种解放的行为,为生命政治铺平了道路,因为这个解放行为反对废除抽象的身体,在前现代并没有这样的言论,前现代是一个身体无时无刻不与政治挂钩的时代,追求一种独立的身体政治是不合法的,这只有在现代社会才能实现。在前现代社会,如果你失去了自我,你首先失去了你的抽象身体。相比之下,在现代社会,你的抽象身体被人身保护法在法律上承认,从而具有合法的地位,但是现代性致力于压迫、消除和取代这个合法存在的肉身性身体,社会空间为生命政治的延展提供了条件。

我们已经看到,基督教的二重性不能从现代世界完全消除,尽管它的组成部分被重新定义,如前所述,精神性取代了灵魂,两者的相互关系在全新的视域下被重新理解,它们之间的关系有时是一种鲜明的相互排斥,有时又成为一种调解和渗透。我们至少可以看到精神性的意图,它想做一个温和的身体训导师,而且,它是得到了法律承认的身体的监护人。但是,这种最初的和谐是如何发展到让福柯觉得有义务大声疾呼反对监禁身体的地步呢?精神性与理性有着深远的联系,我们处于精神性的争论中,我将概括这次争论中精神性或理性与生命政治密切相关的几个方面。

理性总是倾向于将一种形式的、宏观的理论或思想科学地应用于单一的情况。第一,如果理性或者所谓的精神性适用于身体,首先它必须否认身体的物质基础即肉体。其次,它必须否认身体的差异。理性具有固定的和概括的原则,它规定身体应该是什么样子的,如果身体反叛,那它就被称为不正常的从而受到惩罚。第三,既然理性主义文明是公正的,那么惩罚就不能是任意的,因此,惩罚必须依靠制度和规范建立起来,也即监狱的网络。我想说的是,即使是最时髦的理性主义文明,其正义话语也不过是万千语言中占主导地位的偏见,它建立在权力意志的基础上而不是在任何先验的真理上,不错,尼采是对的。

在现代世界的其他地方,精神性或理性[1]也受到了韦伯(Max Weber)祛魅过程的影响。韦伯的原话是理性有两副面孔(Janus-faced)。一方

---

① 在赫勒文本中,二者同义。——译者注

面,理性对前现代社会进行了富有魔力的渗透,科学战胜了宗教。另一方面,在这个渗透过程,对于身体独特性存在的认识和把握被丢弃了,然而正是身体的独特性存在,挑战了广义的规范和科学的解释。宗教想要保存或复活身体,在保留其独特性的同时将身体与世界连接起来,因为他们坚信:身体是独一无二的,是无法制造并批量生产的。相比之下,祛魅的理性渗透致力于将身体纳入一般规则之下,以便整体生产身体,技术想象通过自身概念暗示了其对身体独特性的否定。

还有一个历史争论。理性、现代性是历史决定论的产物。理性几乎毫无例外地与历史的某个场景联系在一起,理性被视为所有人类困境的解答,历史是它的忠诚僚机。但到目前为止,前来赴约的观众显然已经失去了耐心。在奥斯威辛和古拉格集中营之后,没有人会相信人类再经历一次不可思议的历史转折,就能到达一个完全和解的终点。既然如此,是什么铸造了精神性和理性的权威并让它们凌驾于身体之上呢?

自由与生命在反叛身体中艰难共存[①]

阿格妮丝·赫勒[②]

（美国纽约社会研究新学院）

当生命政治走进大众的视野，它所固有的自我欺骗性立即浮出水面。如果想要总结生命政治的策略，就必须提到它在主流社会价值（也就是自由和生命两种价值选择。）与其所谓的对立面，即精神性之间的纵横捭阖。。希特勒的种族清洗[③]是早期的生命政治实验，其政治策略是对生命和自由两种价值的公然排斥。对于纳粹来说，自由是法国大革命的臆想，是走向堕落民主的死胡同，生命则是与种族相对立的微不足道的实体，它仅仅是作为精神性[④]的历史坐标而存在。生命政治偶尔会跟激进主义暗通款曲，但是最近它被迫接受自由和生命两种价值，成为民主政治的组成部分。

生命政治卷入生命与自由的冲突之中，因此，理解生命政治运动的关键在于澄清这些运动所代表的价值：自由、生命、自由与生命的融合或自由与生命的冲突。生命政治在八十年代的反核运动中首次亮相，从反核

---

① 本文译自阿格妮丝·赫勒 1994 年出版的《生命政治》(Biopolitics)一书的"自由与生命在反叛身体中艰难共存"(The Difficult Coexistence of Freedom and Life in the Rebellion of the Body)一章。Ferenc Fecher, Agnes Heller, *Biopolitics*, London：Avebury, 1994.

② 作者简介：阿格妮丝·赫勒，匈牙利哲学家，卢卡奇(György Lukács)的学生，是东欧新马克思主义和"布达佩斯学派"的代表人物，日常生活批判理论的奠基人之一，生前长期担任美国纽约社会研究新学院的哲学教授。译者简介：王思雨，女，南京大学马克思主义学院博士研究生。

③ 种族在此明确作为一个集体而出现。

④ 此处指战后发展出来的纳粹主义和共产主义。

发言人的政治立场中,我们可以得出这样一个合乎逻辑的结论:他们优先考虑生命而不是自由,但是如果将自由从现代性的身体(the body of modernity)中除去,现代性的身体就会死亡,此时,选择生命就是对现代性遗产的背叛,这恰恰是生命政治运动的惯常伎俩,其末日倾向正是从这里开始的。

当代生命政治运动例如堕胎问题就源自对自由和生命两种价值选择的犹豫不决,支持堕胎权和反对堕胎权的人士共同参与了这场生命政治运动,双方都关注身体,但性质不同,他们分别做出了不同的价值选择。支持堕胎权的人士选择的价值是就女性对自己身体的自主权而言的自由,他们认为堕胎是女性的自主权力,这项权利是女性身体所赋予她的。反对堕胎权的人士选择的价值是就胎儿生存的意义上的生命,他们认为应该尊重胎儿的生命权。此外,有部分理论家否认堕胎问题中价值冲突的存在,淡化其中所关涉的道德问题,考虑到已经有很多关于堕胎问题的优秀著作,这里就没有必要再作赘述。更诚实的做法是承认我们的文明无法将自由与生命调和,比如有时为了捍卫自由,我们要支持杀戮。有了这种坦率的承认,我们就可以向那些面临价值冲突的人提供选择的机会,毕竟冲突无处不在。

选择自由抑或是选择生命取决于对以下三个问题的回答:第一,生命政治运动如何定义新获得自由或生命的主体? 更简单地说,他们打算为谁争取自由或生命或者他们保护谁的自由或生命? 这从来都不是一个中立的问题,这个因素预先决定了自由是生命政治运动中的重要因素。第二,生命政治运动策略是基于对话政治还是基于自我封闭的政治? 生命政治中所谓的激进主义与这些选择有着内在的联系。第三,生命政治是如何与传统政治链接? 这个问题至关重要。

生命政治的主体可以是个体、集体或象征性的身体。如果生命政治的主体是个体,那么我们面临的是自由主义者为了个人的自主权或生命权而斗争的传统情况,一旦这些权利被写入法律条文,是否以及如何利用其自由和生命就成了个人的事情。如果生命政治的主体是集体,那么我们就面临着复杂的集体权利问题。这个问题是错综复杂的,因为他们既不承认集体权利的存在,也不认同教条主义自由主义立场,在他们看来,集体权利是一种浪漫的幻想或自然法的残余①。但是某些自由权利只能作为集体权利行使,如一个民族的领土自治权利,但是集体权利在生命政治中表现不同,这是因为:第一,在单个身体消失的时候,它的权利也结束了,集体身体从来都不是一个有形身体,相反,集体身体是精神性强加于身体的抽象概念。第二,正如拉尔夫·达伦多夫(Ralf Dahrendorf)所强调的那样,集体权利具有强制性的倾向,不愿意使用集体权利的人很可能被贴上叛国者的标签并因此受到集体权利托管人的惩罚。如果生命政治的主体是象征性的身体,这有时是不可避免的,例如,自然的身体只能被象征性地解释。但是,不论何时,当象征性身体战胜经验存在的身体作为生命政治主体的时候往往是出于一种意识形态动机,典型的例子就是性别主义者把唐娜(La Donna)看作象征性的身体,这个虚构的身体为这群狂热的游说团提供了一个自由的解释场所。唐娜的需要、欲望可以被演绎得天花乱坠,而其解释、演绎成为对运动自身的强制。如果有一个女人对这种解释、演绎表达了温和的抗议,那么,她就不会被视为真正的女人,而是一个男人。

那些天真地认为强制灌输的教化手段已经永远消失的人漏掉了一个重要的社会学因素。众所周知,法西斯生命政治是在啤酒馆和街道上逐渐上升到政治高度,如今,生命政治将训练基地转向了学术界。在这里,生命政治激进分子就各种议题展开争论,一旦政治正确被建立起来,他们就把自己的胜利转化为高薪和终身教职,鉴于他们自身掌握的学术特权以及学术界在制度化和专业化社会中的超高媒体曝光率,生命政治的学术激进分子充当着大众的先锋队。我们必须注意到这个非常重要的社会学因素,即若干前激进团体和政党在其组织将其成员托付给各种生命政治特遣队,这些成员又将他们传统的组织文化引入生命政治,这就是出现

① 正是基于这种精神,拉尔夫·达伦多夫最近在其《欧洲革命之观察》一书中拒绝将民族自决权视为一种集体权利形式。参见 Ralf Dahrendorf, *Reflections on the Revolution in Europe*, New York: Random House, 1990, p. 75.

象征性身体①的原因,把自由置于高位实际上只是一种粉饰门面的行为。

生命政治激进分子认为将他们所倡导的权利写入法律只是第一步,要想使得权利成为现实,必须重塑整个文化传统,改变根深蒂固的行为习惯。如今的社会往往以默许的方式接受某些权利,但是这些权利的正当性没有得到大多数人态度上的承认和行动上的支持。生命政治激进分子认为他们必须从这种消极抵抗的重负中解脱出来,由此,社会监管作为迈向真正获得权利的强制性步骤出现在了他们的视野中。在这里,他们面临着双重策略选择:基于对话的生命政治策略或是基于自我封闭的生命政治策略。

生命政治的主要威胁来自其自我封闭的政治策略,它使得极权主义的毒液得以通过这条裂缝渗入生命政治有机体。学术界的性别主义对于特殊认识论的创造是生命政治走向自我封闭的第一步,该认识论的逻辑可以简化为:X 群体成员的经验是唯一的,它只对 X 群体成员开放,至此,X 群体成员拥有一种特殊认识论。因为只有某一特定群体的某个成员的经验对群体内的其他所有人都是开放的,该成员才能够进行群体内的交流,他们所需要的就是特殊认识论,他们必须相互理解。如果他们不能达成群体内的共识,例如 X 群体中 A 成员的经验对同一群体的 B 成员来说是不可理解的,那么他们就不能够称之为群体。因此,他们需要纯粹而简单的认识论,这种认识论基于这样一个前提:每个人的经验都是独一无二的,这个独一无二的经验必须被转译成一种媒介,使得其他每一个人都有可能掌握它的内容。如果不能够让每一个人都有可能理解这种经验的规

---

① 欧文·豪写道:这并不是一个新现象,类似的激进主义从保守党向市民社会运动的转移出现在 60 年代的纽约,美国共产党首先被麦卡锡主义者和政府迫害而瓦解,其次是赫鲁晓夫和匈牙利革命引发的内部危机。那些不抱幻想而离开的人都是心灰意冷的人,他们的生活都被打碎了。但是,那些因为害怕政府攻击而离党或其支持组织的人,往往是那些私下保留自己以前信念的人。他们中的许多人都有丰富的政治经验,有些仍然可能居于组织网络中。他们继续保持联系,形成一种基于共同观点、感情和记忆的储备机制。一旦民权运动和和平组织出现一些骚动,这些人就出现了,准备好了,也渴望着;他们不需要来自共产党的指示,因为在任何情况下,他们都不再(或可能从未)属于共产党,他们完全有能力独立工作,就像他们在一起工作一样……有组织的斯大林主义衰落了,但它的大部分遗产仍然存在。Irving Howe, *Selected Writings*, *1950 - 1990*, New York/London/San Diego: Harcourt, Brace, Jovanovich, 1990, p. 198.

定性，那就无异于默许等级制度的存在，这是对现代性真精神的背叛。

然而，反驳特殊认识论是毫无意义的，因为它对于特定群体类似于神秘圣杯的存在，特殊认识论仅仅是一种入会仪式，划分敌友是生命政治的基础。① 虽然该认识论的主张是不科学的甚至是荒谬的，但是它确实便利了集体操纵，效果非常显著。特殊认识论加强了内群体的凝聚力，使得内群体成员对外群体的观点充耳不闻，经过一些训练，内群体成员成为领袖的线抽傀儡，组成了仇视外群体的冲锋队。

盖普母亲的葬礼完美地描绘特殊认识论的效用。小说《盖普眼中的世界》(The World According to Garp)描绘了第一场性别主义的葬礼②。这些平权主义者想让盖普远离墓地，他们认为盖普是外群体成员，盖普写的小说冒犯了女性。

"我没有授权举行葬礼，"盖普道，"怎么可能有葬礼？尸体在哪里？罗贝塔？"

罗贝塔耐心地解释：尸体就在珍妮希望它去的地方。罗贝塔说，尸体不重要，只不过要办一场追悼会；最好不要当它是葬礼。

报上说，这是纽约举行的第一场性别主义的葬礼。

警方表示，预期会出现暴力。

"第一场性别主义葬礼？"盖普道。

"她对其他女人的意义那么重大，"罗贝塔说，"不要生气。你不拥有她，你知道的。"③

......

"我要去，"盖普道，"我跟你保证，我不会开汽水、发嘘声——不论那些混蛋说她什么。我有一些她的东西，可能我也要朗诵，如果有人愿意听"，他道。"你有没有看到她写的对于人家叫她平权主义者的看法？"……她说："我讨厌被叫平权主义者，我不会用这个字眼来描述我对男人的感觉，或我写作的方式。"

---

① 卡尔·施密特(Carl Schmitt)在《政治的概念》中详细阐述了划分敌友是政治的标准，具体可参考施密特《政治的概念》，刘宗坤、朱雁冰译，上海：上海人民出版社 2018 年版，第 28 页。
②③ 约翰·欧文：《盖普眼中的世界》，张定绮译，桂林：广西师范大学出版社 2008 年版，第 361 页。

"我不跟你争，盖普，"罗贝塔说，"现在不……她是位平权主义者，不管她喜欢不喜欢这个标签。"①

事实也证明，盖普对于在他母亲的葬礼上进行朗诵的计划过于乐观，他不得不装扮成女人偷偷溜进去。因为这是属于女人的葬礼。

"如果那些女人认出你，"罗贝塔对盖普说，"她们会把你撕成碎片。"②罗贝塔确实未卜先知。

……

"这儿有个男人！"班布丽姬对着护理学院礼堂里哀痛的沉默高声嚷道。"是 T. S. 盖普。盖普在这里！"她喊道。③

……

"拜托，"罗贝塔道，"请让一让，拜托。她是他的母亲——你们一定都知道。她唯一的孩子。"

我唯一的母亲！盖普一边想道，他跟在罗贝塔背后推推搡搡，他觉得维尼·珀西尖利如针的爪子刮过他面颊……

"他跟我姐姐打炮把她弄死了！"维尼·珀西哀号道。盖普永远也不知道为什么维尼对自己持有这样的偏见，但可以肯定的是维尼相信这是真的。

……

"她是我的母亲。"盖普对他路过的一个女人说，这个女人看起来也是一位母亲，她怀孕了。盖普在那女人轻蔑的脸上看到了理智和仁慈，也看到了克制和蔑视。

"让他过去。"怀孕的女人低声说，但没带太多感情。

其他人似乎更有同情心。有人大声疾呼，说他有权利在场，但还有其他一些人在喊叫，缺乏任何形式的同情和仁慈。

盖普沿着走廊往外跑，他觉得自己的假乳房挨了一拳；他伸手去摸罗贝塔，发现罗贝塔已经被带走了。她被撂倒了。几名穿着蓝呢短大衣的

---

① 约翰·欧文：《盖普眼中的世界》，张定绮译，桂林：广西师范大学出版社 2008 年版，第 362 页。
② 同上书，第 365 页。
③ 同上书，第 371 页。

年轻女子坐在她身上……

"快跑,盖普!"罗贝塔喊道。

"对啊,快跑,你这个小混蛋。"一个穿着短大衣的女人恨恨地说。他跑。

他几乎跑到礼堂后面那群忙碌的女人们面前,突然有人一拳打中了他……他护住要害,侧身倒地。这群女人想把他的假发扯下来。他觉得挨了几只鞋子、几记耳光……①

一位好心的老妇人、护士和他母亲的前同事救了盖普,他仍然打扮成女人,爬上了一辆出租车,这让他在生命政治世界里的经历更加充实。他和出租车司机讨论了新罕布什尔州州长选举的结果,候选人就是在他母亲葬礼上发表主题演讲的那个女人。她被打败了,盖普了解到。

"在我看来,"出租车司机道,"就该开那么一枪,大家才会知道,女人干不了那份工作,你知道吗?"

"闭嘴,开你的车。"盖普道。

"听着,亲爱的,"司机说,"我没必要受你的气。"

"你是个混蛋、白痴。"盖普对他说,"如果你不闭上嘴,把我送到机场,我就告诉警察你对我毛手毛脚。"

……

"他妈的怪胎,"出租车司机道。但他慢了下来,而且一路开到机场没有再说一句话……"该死的女人",出租车司机道。

"该死的男人",盖普道。盖普觉得心情复杂,他为性别战争额延续添砖加瓦了。②

极权主义的卑劣特质在生命运动中如雨后春笋般涌现:监视外群体成员。对敌人进行有组织的煽动;使用象征性的、言语的、身体的暴力。创造语义符号来诋毁敌人。利用捏造的证据反对敌人。将谴责视为一种公民美德,把挑衅当成一种光荣行为,将对敌人的残忍视为践行历史性复

---

① 约翰·欧文:《盖普眼中的世界》,张定绮译,桂林:广西师范大学出版社 2008 年版,第 372 页。
② 同上书,第 374 页。

仇的真精神。招募线人及对他们唯命是从的人，又对他们施以毫不遮掩的蔑视。以提升觉悟为旗号对成员进行洗脑，将那些与外群体保持友好关系或对内群体策略表示怀疑的人贴上叛徒的标签——所有这些都是生命政治的自我封闭策略的直接后果。

生命政治被极权主义感染表现在以下两个方面：第一，不知廉耻地使用双重标准。这绝非偶然。如果存在特殊认识论，那么也就存在特殊真理，该话语的合法性源自极端后现代主义。[①] 在此背景之下，真理的客观性、历史性和先验性受到了质疑。被卷入生命政治的丛林战争的激进分子不愿费心阅读关于微观话语的论述，他们本能地找到了符合其精神的口号。[②] 第二，政治正确。对于东欧人来说，他们刚从政治正确的专制中解放出来，而且解放得并不彻底。北美学术界和媒体也被一种狂热淹没了——集体胁迫个人接受一种预先包装好的强制性立场，这是令人难以置信的景象。东欧人深刻认识到，如果只有单一的政治正确，那么根本就没有正确，留给他们的只是顺从、懦弱和沉默。

从字面上来看，一些生命政治团体所宣称的激进主义在左派眼中，不那么激进就意味着狭隘或者懦弱。从学术语境来看，关于激进主义的哲学辩论可以永无止境地展开，但回观现实政治，我们可以明显看到激进主义所展现出的以下两个特征，令人欣慰的是，生命政治目前没有沾染这两个恶习。

第一，激进主义总是以彻底消灭其对立面为目标。无论是对外来种族的毁灭，还是对外来阶级的毁灭都是激进主义的要务，是其纲领的重要组成部分。正如索尔仁琴（Solzhenytsin）所观察到的那样，阶级问题和种族问题很容易被混淆。在《癌病房》（*Cancer Ward*）[③]这本书中，科斯托

---

① 赫勒认为此处可参考齐格蒙·鲍曼在《立法者与阐释者》中的理论。参见齐格蒙·鲍曼《立法者与阐释者》，洪涛译，上海：上海人民出版社 2000 年版。

② 斯坦福大学有一篇关于学术言论自由文章，从中我们可以找到一个在少数—多数问题上公然采用双重标准的例子。一个具有高度政治正确的言论警察提出，应该禁止黑人学生叫白人学生为白鬼。因为提出言论的标准所采取的立场是，大多数的白人不像那些经历过歧视的黑人那样需要免受歧视性骚扰言论的保护。Nat Hentoff, "Stanford and the Speech Police", in *The Washington Post*, Washington: The Washington Post, July 21, 1990, p. A19.

③ 亚·索尔尼仁琴：《癌病楼》，荣如德译，上海：上海译文出版社 1980 年版。

格洛托夫和卢萨诺夫都是癌症病房的病人,他们之间爆发了一场争吵。卢萨诺夫将从事"意识形态破坏活动"的人定义为外来阶级。科斯托格洛托夫愤怒地反驳:"我可能属于商人的儿子,是第三等级,可是我一辈子都拼命地干活,瞧瞧我手上的老茧!难道我还是资产阶级?难道我从父亲那里继承的是另一种红血球?是另一种白血球?这就是为什么我说,您的观点不是阶级观点,而是种族观点。您是种族主义者。"①激进主义不能与其敌人长期共存。即使是性别主义者也意识到,消灭其他性别是一个恰确的解决方案,但在希特勒之后,消灭其他种族的命题不能被公开提出。此外,生命政治包括生态和健康政治不能以自然的方式生产敌人和他者的概念,为了继续追求敌友政治,与他者展开对话,他们会以自己的方式重建他者。

第二,激进主义具有生动的制度想象力。激进主义致力于改变现存的制度形式和结构②代之以真正自由的体制或纯粹的恺撒主义。相比之下,今天的生命政治是大众民主政治的真实写照,它几乎没有制度想象力,生命政治的成员已经将游说和施压技巧玩弄到了极致,他们对于现行宪章、宪法和法律规定完全不感兴趣,也提不出重大的制度改革措施。

然而,生命政治也有其激进之处,这至少表现在以下两个方面。第一,当一场社会运动将自身称之为生命政治运动,它们将会试图抓住一切事物的根源,将其参与者看作戴着面具的身体,这一激进表达意味着生命政治对传统政治模式的背离,在传统政治模式中,人被置于国家、宗教或者集体网络中。生命政治中的激进分子本能地抓住了马克思的阶级概念,认为在资本主义条件下出于一种经济上的、社会上的需要,每个人都活在面具后面,真正的人性必须从面具的桎梏中解放出来,马克思对人的异化的批判旨在发现解放人类的革命主题,而生命政治则发现了被精神性看管的身体,也是生命政治的激进主体。第二,生命政治运动出现于立法不够充分的背景之下,但是在某些领域已经奠定承认身体的法律基础。

① 亚·索尔尼仁琴:《癌病楼》,荣如德译,上海:上海译文出版社1980年版,第556—557页。
② 在这里指现行的民主自由政治体制。

例如,在 20 世纪 60 年代民权运动后,美国黑人被剥夺选举权的历史终结了争取女性权利的历史过程中也能提供生动的例子。尽管生命政治家们也在勤奋耕耘自己的领域,他们依旧与前辈有着同样令人沮丧的经历:自由是形式的,自由的颁布并不意味着不平等的实质终结。要实现真正的解放,就必须进行实质正义问题的探讨。这不是第一次也绝不会是最后一次,现代性的激进分子与现代社会所赋予他们的自由之间出现了不可避免的冲突,现代权利之所以总是不可避免地走向形式化,正是因为它们是普世权利,而不是特权。实质性权利是由某一群体的特质所决定的,其他缺乏同样特质的人无法拥有这项权利且这部分群体所拥有的权利会被称为特权,例如无产阶级由于其假定而享有的专政权。生命政治自身面临双重难题:其一,生命政治运动提出了更多的新法律,试图用书面的禁忌和规范文本来覆盖整个社会,直到反对种族歧视、反对性别歧视、保护生态等倡议都被纳入法律。虽然这永远不可能实现,但个人的主观随意性会受到相当有效地限制。其二,生命政治的激进分子发现几乎一切都取决于科内利乌斯·卡斯托里亚迪斯(Cornelius Castoriadis)[①]所称的"社会制度的想象"[②]:社会想象力的主导模式。只要某些传统偏见在制度化的想象中盛行,所有立法就仍然是一纸空文或者顶多是填充实质权利的空洞框架。因此,生命政治的激进派往往与法律的繁荣、文化革命的狂热如影随形。

如前所述,传统政治和生命政治之间充满冲突,其冲突植根于传统政

[①] 西蒙·托米(Simon Tormey)与朱利斯·汤申德(Jules Townshend)在《从批判理论到后马克思主义的主要思想家》一书中将卡斯托里亚迪斯置于德勒兹、加塔利、利奥塔、拉克劳、莫菲、巴雷特、赫勒、德里达等之前,奉其为首位后马克思主义思想家,卡斯托里亚迪斯是激进主义分子、富有强烈战斗精神的革命家,颇具传奇色彩的"社会主义或野蛮"团体和著名杂志《社会主义或野蛮》的创始人、苏联问题研究专家、专业经济学家、精神分析学家、社会批判家、政治理论家、当代欧洲一流的思想家、原创性哲学家。——译者注

[②] 费伦茨·费赫尔在《激进普遍主义的辉煌与没落》(1991)一书中的一篇文章称赞了科内利乌斯·卡斯托里亚迪斯所在的"社会主义或野蛮"团体。卡斯托里亚迪斯和"社会主义或野蛮"孤立无援地对那个时代最大的谎言——斯大林式的社会主义和自由世界的解放作用——提出了强烈的质疑。所谓自由世界不过是冷战的产物——冷战使自由主义民主与打着自由市场与反共主义招牌的可恶暴政变成了一个东西。无论如何,在后现代咒符无所不至的魔力下,我们正在丧失对于这种崇高的孤独姿态与双重质疑的欣赏。——译者注

治几乎无一例外的是以阶级为基础;相形之下,生命政治中是以身体为基础的,人的阶级仅仅取决于身体由于社会约束而戴上的面具,因此,一种对自由的解释面临着另一种对于自由的解释冲突。传统政治实现了主体从自然中的解放并将其视为进步的标志,其支持者认为如果没有这种解放,法律上的自由主体就永远不会出现。生命政治对此嗤之以鼻,其支持者认为,传统政治把人卷入了抽象,这使得身体几乎受制于普遍的规范,真正的自由是实现肉身性身体的自治,否则就只是普世主义在装点门面而已。

奥古斯特·倍倍尔(August Belble)的著作《妇女与社会主义》(Socialism and the Women's Issue)呈现了生命政治与传统政治之间分歧的现实意义。① 在当时的德国,倍倍尔倡导妇女应该享有平等的社会和政治权利,对于现代主流性别主义者来说,这可能是个过时命题,他们会说在倍倍尔的社会主义中,妇女只要有投票权就行,但在女性气质或女性差异方面并没有得到实质性的进展,倍倍尔所言的女性气质和女性差异这两个词也恰恰反映出女性难以逃脱的命运——女性身体赋予她们的独特气质,但在倍倍尔看来,身体肉身性的维度被故意夸大了,一旦女性实现自由,她们就会从身体肉身性中解放出来。这个例子引出了一个值得深思的问题:传统政治与生命政治是否具有对话的可能?

生命政治往往会寻求与传统政治的合作以便自身诉求通过立法得以实现。传统政治一般不会选择出现在生命政治的舞台上,但是在某种程度上,一旦传统政治意识到了生命政治所蕴含的丰硕选举资源,它们就会欣然接受生命政治的诉求。然而,生命政治与传统政治存在着不兼容性。例如,两者对洛杉矶暴乱持有不同的解释,生命政治支持者认为暴乱源自陪审团的种族偏见,陪审团的裁决掩盖了白人警察对黑人的暴行的指控。传统政治者支持者则倾向于用阶级语言来描述这场暴行,即洛杉矶暴乱不仅仅是种族之间的紧张关系,而是一场社会富裕阶层与失意阶层之间的冲突,这场冲突是由一个象征性的、中介性的事件引发的,种族问题只

---

① 奥古斯特·倍倍尔:《妇女与社会主义》,葛斯、朱霞译,北京:中央编译出版社 1995 年版。

影响了本质上的阶级问题。这种折中的方法看似能够调和生命政治与传统政治之间的差异，但在现实层面，两者的差异往往无法弥合。

传统政治和生命政治是以完全不同的方式构建的。前者在严格意义上的公共空间中运作，非常不情愿地接近私人及亲密领域。后者则宣称"一切都是政治"，私人领域完全政治化、公共—私人—亲密领域三位一体的实际合并将剥夺了个人最后的退路。汉娜·阿伦特无疑是正确地将自由的概念与公民政治权力结合起来，但以赛亚·伯林(Isaiah Berlin)的两种自由概念不能被抛弃，我们最重要的消极自由就是从政治中解脱出来，但是一旦公共—私人—亲密领域融为一体，我们的消极自由是无法实现的。

毫无疑问，传统政治为了一丝不苟地把公共—私人—亲密领域分开，使得自身逐渐失去了"运动"特性，动员能力越来越弱，但是这换来了它完善的制度意识。相比之下，生命政治的出发点是日常生活，它的浪潮从日常生活出发，不断扩大圈子，向公共领域的中心传播。这是不言自明的，因为身体和日常生活是自然地联系在一起的。生命政治花费大量精力把身体和日常生活政治化呈现给公众。生命政治具有"运动"特性，它拥有大规模的动员潜力，这也是为什么它对极权主义开了方面之门。但另一方面，生命政治对现代制度机制知之甚少。这条规则只有一个例外：家庭。

家庭是由非制度化因素组成，即日常生活。现代性家庭处于自然因素与文化因素的斗争中，其中的趋势是社会文化规范被应用于家庭领域，使得家庭成为一种制度机构，但家庭在许多方面仍然保持着自然的状态。第一，时至今日，就全球大多数人而言，家庭被越来越多的文化期望重新定义，但是家庭内部的劳动分工及个人的家庭地位根植于性别差异。第二，即使人类情感具有文化性，但是归根结底，家庭所特有的情感氛围应该从属于自然因素。

生命政治在家庭领域社会化进程中起到独特的作用。生命政治是第一次从家庭领域内部展开的社会化和去合理化的政治运动。在此之前，政治运动往往通过公共领域或国家进行，现在，生命政治运动在家庭所占据的日常生活空间中肆虐，而且这场运动只从家庭延伸至公共领域，这些运动提出了一些基本问题：父权制的终结、家庭中性别角色的平等、家庭内部暴力、儿童权利等，这是生命政治对现代性发展作出的持久贡献，没有生命政治运动，家庭领域的去合理化就无从谈起。

与此同时，生命政治也面临着一个巨大的雷区。美国热门电视剧《洛杉矶法律》(L. A. Law)中的一集就可以说明这个问题。这部剧的主角就职于一家著名的律师事务所，他们面临着一个不寻常的情况：一名 15 岁的男孩起诉了他的父亲，因为他的父亲愤怒地扇了他一巴掌。这个男孩的诉讼律师是一位女性，在诉讼过程中这位辩护律师一丝不苟地履行自己的职责，阻止男孩与父亲的私下交流；只有她的丈夫——公司的另一位律师是打官司机器和收钱机器中为数不多的明白人，他知道如果这部荒唐的喜剧继续下去，这个世界就会变得不正常。他说："父亲和儿子应该拥抱，而不是起诉对方。"他缓和了法庭上的紧张气氛，为整个案件画上了句号。

事情发展到这种地步，生命政治有着巨大贡献。即使是在家庭领域，人身保护令以及身体自治原则也保护个体免遭肉体上的虐待，如果一个人因遭受虐待来寻求法律保护，这是合理的。然而，家庭是一个特别的训练场，在这里我们不仅享受自己的权利，还要懂得宽宏大量和相互宽恕等美德。如果在家庭中要求平等的权利，那么相应的美德也应被实践，否则家庭将会变成一片丛林。本着这种精神，父母与孩子应该相互理解，否则就不会有真正的文化意义上的平等，但是生命政治不能理解，权利语言并非人与人之间唯一的交流渠道，这使得身体被限制在狭窄的家庭空间，接连不断地经受摩擦。如果诉讼成为这些家庭关系调解的主导性媒介，那么整个家庭制度将处于险境并失去正常发展的路径，因为人们不仅热衷于家庭制度的"去自然化"，还奢望家庭成员之间的纽带"保持合自然状态"。家庭的虔诚和团结不能通过完全理性的争论来捍卫，但是它也不是完全非理性的。人可以自然地去爱、去宽恕甚至去分享不愉快，如果这些联系被法律干预，人们很可能永远学不会这些美德，有时候，肢体语言比律师的辩护更人性化。

一般来说，家庭关系和婚姻关系不能被简化为契约关系，否则我们就会失去保存人类文化特性的大量材料。人类学乐观主义者认为，无论是在广义的家庭语境还是在狭义的婚姻关系中，家庭成员或性伴侣之间会有持续的、自发的关怀和爱护，这并不是出于一种契约精神，但不可否认，家庭和婚姻包含着部分契约安排的要素。康德将婚姻定义为一种契约，即双方相互利用对方的性能力，这准确表达了契约中解放的一面，但是把家庭和婚姻简化为纯粹的性契约是一种文化上的曲解。尼克拉斯·卢曼（Niklas Luhmann）以社会学家的现实主义视角指出，浪漫的爱情在 20 世纪末已经成为一种制度化的陈词滥调，然而，浪漫爱情的内在价值绝不能丧失，因为浪漫爱情所关心的不是对月亮的凝视，不是芳香四溢的情书，不是破碎的心，也不是恋人隆起的胸脯，而是伴侣的独一无二、不可替代。我们这个世纪最浪漫、最伟大的书是西蒙娜·德·波伏瓦的《告别的仪式》①，在这本书中波伏娃重温了萨特生命的最后十年，波伏瓦也是在践行契约吗？

在强调其解放的优点的同时，这里我们也要也谈谈生命政治对极权主义的开放态度。在近一个世纪，我们目睹了福柯式的故事的延续，还有希特勒和斯大林式的极权主义思想对身体进行奴役的延续，它们并不是以极权主义夺取国家权力，而是利用当今自由民主的正常渠道夺取权力。这些事件是否存在严重危险？我们可以用福柯的话回答：如果社会生活确实是一个微观权力网络，那么这些权力的本质是什么呢？远不是漠不关心。雅各布·塔尔蒙（Jacob P. Talmon）②指出人们往往认为自由民主和极权主义居于相互排斥的对立面，而且盲目地把极权主义与极权主义国家等同。对此，我认为如果有足够数量的社会危机在社会微观权力网络中发挥作用，社会的微观权力就可以把人类生活变成一个极权主义的噩梦。

---

① 波伏瓦在《告别的仪式》这本书中记录了萨特生命中的最后十年，以白描的手法近距离地刻画了二十世纪最重要的哲学家晚年的日常生活、他为之奋斗的事业以及他面对疾病和死亡的态度。——译者注

② 雅各布·塔尔蒙（Jacob P. Talmon）生于 1934 年，祖籍波兰，早年就读于希伯来大学，在法国展开的学术生涯。他的代表作是三卷本的救世主义思潮研究，分别是《集权主义民主的起源》（*The Origins of Totalitarian Democracy*）、《政治救世主义》（*Political Messianism*）和《国家的神话与革命的幻象》（*The Myth of the Nation and the Vision of Revolution*）。这些著作的时间跨度 30 多年（从 1951 年到 1980 年），追溯了救世主义的历史渊源，考察了从法国大革命到俄国革命之间几乎所有激进的、社会主义的和马克思主义的政治思想运动。

　　此外,生命政治存在着一种集体挫败感,这是因为生命政治面临着现代性未曾兑现的承诺依旧束手无策,身体的彻底解放仍旧无处可寻,因此才有了生命政治的愤怒和挫折,生命政治间歇性地更新极权主义原则和方法,寻求身体和精神性和解的路径,放慢现代性自我毁灭的节奏。

生命政治与伦理[①]

阿格妮丝·赫勒[②]

（美国纽约社会研究新学院）

从萨特到福柯再到德里达（Derrida）和卡斯多里亚第斯，战后法国哲学的形成是对笛卡尔理性主义的质疑。战后萨特自治理论的先锋作用已经完全被忽视了，这或许是因为大众对其存在主义理论近乎狂热。然而，如果没有《圣热内》（*Saint Genet*）和《家庭白痴》（*The Idiot of Family*）这样的书，整个后现代文化对压迫的普遍质疑就无从谈起。圣人和烈士，阿喀琉斯·福楼拜（Achilles Flaubert）——启蒙运动和理性主义驯服的暴君，还有他的儿子，古斯塔夫·福楼拜（Gustave Flaubert）——一个由于神经症而伤痕累累的伟大的艺术家——理性主义的繁殖痕迹深深镌刻在他的身体上，这些要素共同构成了一个万神殿，所有的时代创伤也在此展出。

从理性主义所独有的压迫性来看，神经症、囚徒等指责饱含伦理意味，与此同时，作为生命政治导师的战后法国哲学对于系统伦理学带有明

---

① 本文译自阿格妮丝·赫勒 1994 年出版的《生命政治》（Biopolitics）一书的"生命政治与伦理"（*Bopolitics* and Ethical Issues）一章。Ferenc Fecher, Agnes Heller, *Biopolitics*, London: Avebury, 1994.

② 阿格妮丝·赫勒，匈牙利哲学家，卢卡奇（György Lukács）的学生，是东欧新马克思主义和"布达佩斯学派"的代表人物，日常生活批判理论的奠基人之一，生前长期担任美国纽约社会研究新学院的哲学教授。译者简介：王思雨，女，南京大学马克思主义学院博士研究生。

显的敌意①,鉴于此,我们可以从系统伦理学所受到的指责中挖掘出生命政治的伦理准则。

针对理性主义的第一个典型指责是理性囚禁了身体,由此必须实行身体自治的原则。第二种典型指责是理性主义者的繁殖注定了身体会罹患身心疾病,由此必须维持身体健康的原则。第三种典型的指责是理性使身体成为它的俘虏并歧视那些"不正常"的人②,必须践行尊重欲望的自由多元化原则。最后一种典型指责是理性偏好抽象的概括,它将身体归纳为一般物质,消除了身体的独特性,由此必须践行尊重身体的差异性的原则。生命政治哲学的奠基者可能会在创新伦理学上产生巨大的分歧,因为他们不确信这些原则会对现代伦理作出贡献。

针对最后一种指责,第四个原则是尊重身体的差异性,这不是一种道德原则,而是一种美学原则,在这个原则的背后,有一个康德式的关于审美判断的故事:不同群体对美的判断无法被纳入任何一般的法律或规则。康德反驳鲍姆嘉通(Baumgarten),称"审美的科学"是不可能的,虽然审美与道德美学密切相关,但是为了实现审美的普遍性进行道德立法是自相矛盾和专制的。现代性反对在所有领域对人类进行量化和同质化,马克思的人类学梦想是其恰当的表达。但是身体的差异性原则存在着双重扭曲:第一,身体的差异性是一个后形而上学概念,不同于马克思"人的本质"和"理性人"概念,也拒斥历史决定论和宏大叙事。第二,作为生命伦理的身体,差异也意味着一种单一;身体仅仅是一个肉身性的存在,而不是精神性和肉身性的结合体。

第二个原则是维持身体健康。每一种文化都倾向于将伦理原则应用于健康领域。早在古希腊时期就有伦理和健康原则的结合,譬如节制思想,节制原则规范了城邦公民的公共活动,保护公民身体健康,使其

---

① 萨特对存在主义伦理学进行了实验但没有完成。卡斯多里亚第斯认为没有真正的伦理学。海顿・怀特指出,在福柯研究性史的最后阶段,斯多葛学派和伊壁鸠鲁学派的道德哲学文本对他来说已经变得非常重要,但是他仍旧把伦理学视为一种压迫性话语,福柯的关注自我(le souci de soi)是一个心理医学术语,而不是一个伦理学术语。

② 当一个人持有与大众不同的欲望,就会被贴上"不正常"的标签。

不受过度享乐的破坏。现代生命政治将健康原则引入到一个新的高度，从两个层面使得身体免遭精神性的伤害：第一，拒绝精神性鼓励身体过度沉溺于快乐。第二，拒绝精神性对身体的严酷看守。在这两种情况下，健康在这里作为道德纯洁的隐喻而出现，健康是身体从精神性奴役中解放出来的标志，健康的身体成为一种伦理准则，健康就是道德。值得注意的是，健康意味着精神性的空场，健康原则也是在这个层面上被肯定的。

第三条原则是尊重欲望的自由多元化，反对偏爱某些身体而歧视其他身体。事实上，所有合理和道德的概念都是基于意识形态或者偏见，并不能证明其本身是正确的。比如异性恋在社会中一直占据主导地位，并不是因为异性恋比同性恋更合理或更道德，而是异性恋利于维持物种繁衍。

以上三个原则都不能作为现代伦理的基础，况且有一个还是美学原则，在这个原则之下，人的道德品质是虚幻的，这有点像是利己主义者的诉求，这也暴露出这一原则对他者自由和生命的蔑视。第三个原则是尊重欲望的多元化，在一定程度上，它确实是道德的，但是这一原则依赖身体独立于精神性的理性状态，这一状态是不可能实现的，精神性与物质总是纠缠不清，物质和精神再次以敌对的抽象形式出现，互不相容的原则会断断续续地以新的愤怒呈现。实际上，人不是众生之主，他仅仅充当牧羊人的角色。譬如某个人的祖先在某一地理区域中劳作，他后代也将如此，这些人们有义务将这种自身生存与其所处的地理区域联系起来，使其成为环境，确保环境存在不受干扰。牧羊人隐喻会唤起人们对田园诗和审美的遐想，那些创造隐喻的思想家认为永恒的艺术作品确实是立足于大地（Erde），艺术家与外部世界有着密切的关系，就像牧羊人一样。牧羊人、大地和田园诗在这里是道德美学术语，美学是一门是被忽视的学科，它提醒我们，我们的道德行为也应该有一种风格。实际上，牧羊人要对他者负责，在这个意义上，每个人都可以成为牧羊人。做一个好牧羊人是一种真正的道德义务。成为一名牧羊人需要同时履行实际的和假定的道德责任，如果不履行假定的责任，实际的责任就无法别被践行,譬如虚构的他者——自然的身体通过牧羊人履行自身义务参与人类世界。牧羊人的关爱并不等同于监督、监护、纪律和惩罚,福柯式的"关注自我"意指在世界的范围内扩大我们的空间,同时尽可能保持世界的完整。只有关心,而不是身体自由与生命的对立才会促成牧羊人对现代性的生存负责任地参与。

健康政治[①]

阿格妮丝·赫勒[②]

（美国纽约社会研究新学院）

　　从苏珊·桑塔格(Susan Sontag)《疾病的隐喻》[③]一书中我们可以了解到,疾病经常以隐喻出现在我们的文化中,健康也是如此。作为隐喻,疾病的意义反复发生变化。结核病是民主时代的精英疾病,这一隐喻突出了文化贵族在资本主义时期短暂而脆弱的存在。相形之下,癌症的隐喻来自大众民主时代,它是一种轮回生命的表达。[④] 在索尔仁尼琴《癌病房》中也可以找到癌症隐喻。这部小说是关于集体疾病和个人康复的故事:极权主义正在遭受晚期癌症的折磨,大量民众死于这种疾病但是也梦想着这种疾病能够得到缓解。在后弗洛伊德主义作家萨特的笔下,神经症已经发展成为一种隐喻,他认为这个隐喻具有解放含义,即身体从精神性的看守中解放出来,其次还隐含着艺术能量,于是就有了关于古斯塔夫·福楼拜的描述:有精神病的艺术家。最后一个不太常用的疾病比喻是艾滋病,到目前为止它的各种含义还没有完全清楚:在一个保守的版本中,它被认为是上帝对过度宽容的社会的惩罚,从另一种意义上说,它是

---

① 本文译自阿格妮丝·赫勒 1994 年出版的《生命政治》(Biopolitics)一书的"健康政治"(Health as Politics)一章。Ferenc Fecher, Agnes Heller, *Biopolitics*, London: Avebury, 1994.

② 作者简介:阿格妮丝·赫勒,匈牙利哲学家,卢卡奇(György Lukács)的学生,是东欧新马克思主义和"布达佩斯学派"的代表人物,日常生活批判理论的奠基人之一,生前长期担任美国纽约社会研究新学院的哲学教授。译者简介:王思雨,女,南京大学马克思主义学院博士研究生。

③ 苏珊·桑塔格:《疾病的隐喻》,程巍译,上海:上海译文出版社 2003 年版。

④ 桑塔格写道:"癌症这个名称让人感到了贬抑和身败名裂"。苏珊·桑塔格:《疾病的隐喻》,程巍译,上海:上海译文出版社 2003 年版,第 8 页。

关于社会的隐喻,这个社会对科学投入了太多的信任,但是面对艾滋病,科学依旧束手无策。① 19世纪的社会主义从波希米亚人手中抢走了结核病的形象,把它变成了野蛮资本主义统治下工人状况的隐喻表达,由此,结核病成为社会主义政治的有力工具,无产阶级的黑暗、感染肺结核的小房间与社会主义充满阳光的未来形成了鲜明的对比,阳光可以杀死肺结核的病菌,共产主义通过行动杀死肺结核病菌是一种秘密的政治化疾病隐喻,共产主义自诩是健康的原则,与生病和颓败的是对立的。卢卡奇也说共产主义是他的疗养院,治愈了他严重的头痛。对于激进知识分子来说,精神性的政治化等同于治疗疾病的政治疗法,譬如希特勒的吗啡瘾在1944年7月20日的暗杀行动之后变得非常强劲,斯大林在生命的最后十年日益严重的神经质酗酒,这些都是政治疾病。马尔科姆·艾克斯(Malcolm X)有意识地把他吸毒成瘾的故事和他的政治疗法作为一个教育隐喻。在法西斯主义中,血液、基因库的感染是重要的政治隐喻。在现代社会的早期阶段,疾病被作为政治隐喻来使用,但最近,健康或治疗的政治意义更加直接了。

现代性社会使健康的规范性超出了民众日常生活的普遍期望。现代

---

① 桑塔格对艾滋病隐喻的政治作用作了如下总结:艾滋病这种流行病充当着第一世界的政治偏执狂们表达自身意念的理想工具。所谓艾滋病病毒,不仅可被看作一个来自第三世界的入侵者。而且,它还可以代表一切具有神话色彩的威胁。在美国,艾滋病尚没有引发露骨的种族主义反应,像在欧洲国家的情形那样,这其中也包括苏联,它强调艾滋病的非洲起源。在苏联,艾滋病既是有关第二世界威胁的那些感觉的一个提示,又是第三世界入侵的一个意象。可以预料,在美国,那些致力于从艾滋病这种流行病中找出道德教训的公共喉舌们,如诺曼·波德霍勒兹之流,无非是这样一些人:其心之所系,是担忧美国能否不坠其意志,继续维持其好战性、军备开支以及坚定的反共立场,他们到处寻找美国政治权威和帝国权威衰落的迹象。对"同性恋瘟疫"的谴责,是对当代各种形式的宽容忍让的更大抱怨的一个部分,这种抱怨常见于西方反自由主义分子以及来自苏联阵营的众多流亡者中:此乃对"软弱"西方的现已变得司空见惯的指责,说它沉湎于享乐主义,陶醉于粗俗的性感音乐,沉迷于毒品,而其家庭生活却支离破碎,凡此种种,都削弱了西方挺身反抗共产主义的意志。对那些将自己的政治议事日程转换成群体心理学问题即事关民族尊严和民族自信的问题的人来说,艾滋病是一个颇受关注的话题。尽管这些脾气很坏的职业道德家们顽固地认为艾滋病是对偏离常规的性行为的惩罚,但推动他们的东西,并不仅是或甚至主要不是对同性恋的憎恶。更重要的是,艾滋病对所谓的新保守主义所从事的那些主要活动中的一项不无用处,即对所有被笼统地(也是不确切地)称为"六十年代"的一切事物展开"文化战"(Kulturkampf)。苏珊·桑塔格:《疾病的隐喻》,程巍译,上海:上海译文出版社2003年版,第134—135页。

性在其理想和原则方面总是意味着一个在新教工作伦理的保护伞下运作的工作的社会,新教工作伦理要求身体尽可能处于健康状态。早在古希腊罗马时期,堕落、不健康一开始就被边缘化、禁忌化,甚至常常被定为犯罪。现如今,现代性不仅从健康的角度来诠释自己,而且还把不健康打上"不正常"的标签。疾病,而不是健康,需要隐喻性的自我辩护。

健康政治是在其的概念规范性受到侵蚀时出现的。健康的生命政治在 60 年代人们崇拜滥交和毒品背景下出现,但直到现在我们都没有完全把握它的隐喻意义。前现代社会中的卫生处方和卫生条例都与宗教仪式密切相关,而举行宗教仪式是彰显国家权力的举措,由此,它们是政治问题,卫生即政治。在前现代社会中,卫生、健康和政治是三位一体的。现如今,生命政治使得健康和卫生不再是国家立法有关的政治问题,卫生和健康要么成为私人问题,要么成为社会问题,在这两种情况下都是非政治化的事务。这种去政治化的趋势似乎是为了保护个人不受国家权力的影响,但是生命政治通过赋予健康和卫生各种隐喻意义,又将这些问题重新政治化。

健康政治的第一个隐喻是将身体从精神性的监护中解放出来,使身体恢复到自由和纯洁的道德状态。目前的健康政治运动主要发生在北美。这在美国历史上已经不是第一次了,它的前身是 20 世纪 20 年代的禁酒主义。"堕落"再次成为一个象征性的稻草人占据了焦虑的空椅子,不得不承认焦虑是萦绕 60 年代的恐惧。既然纯洁是如此积极的道德价值,那么与纯洁相对立的东西都有可能被贴上堕落的标签。在这种歇斯底里的道德定价中,我们不难看出生命政治的企图,即把健康恢复到政治规范地位。

健康政治的第二个隐喻是对死亡的恐惧。整个人类文化与死亡哲学对黑格尔来说都是相当重要的主题,他偏爱埃及,对他来说死亡是确定的,用他的话来说是值得赞扬的,因为这标志着我们超越了厌恶。然而,现代性是面向未来的,它把自己视为人类唯一可能的未来,人类在其谎言中逐渐忘却了死亡的存在,然而,一旦普世主义宏大叙事崩溃,人类未来与现代性是否合轨就不再是哲学的当务之急,我们首先面临的是人类文化的衰落,这确实是一种可怕的感觉,一种真正恐怖的空虚感。在这种意义上说,健康政治对于死亡的恐惧是可以理解的。人类确实需要宗教去帮助自己面对死亡,即使没有宗教的安慰,也要用救赎的激情来对抗吸烟和高胆固醇,尤其是在北美。

健康政治的第三个隐喻是对个人的训诫。犯了健康罪的人是顽固不化、被污染的,这些人使公共支出增加了,公共支出比其他任何东西都更能暴露出健康政治的主要目标,即通过恢复其身体精神性的自律,将破碎的新教伦理恢复到它已经丢失的核心地位,驱使个人服从于公共目标、劳动世界和新教伦理。

现代性具有两面性:一方面,现代性使得社会风气更加宽松民主和自由,摆脱了前现代社会紧密编织的道德义务网络,这种放松是一种解放战略,它剥离了个人因生活在非对称性互惠中所受到的多种束缚。另一方面,过度解放使得人类社会到达了不能自我定义的程度。

现代性背景下,健康政治强迫我们忘记死亡意识,永葆青春活力,成为能够持续保持健康的劳动机器,由此,健康政治与时间展开了一场绝望的竞赛,它想让时间停下来,把青春期男孩和女孩的身体状态提升到理想状态。譬如"老年人"是一种委婉说法,其作用是掩盖这样一个事实:老年人就是一辆即将被替换的旧车,是一种公共负担,是一种毫无用处的存在。从理论上讲,人们至少可以期望从这种夸张的对青春的崇拜、一种新的对美的崇拜中获得审美上的收获,但是年轻的标准是由技术设定的,技术只能大规模地生产这种同质化的年轻,至此,健康生命政治也背叛了现代性的真精神。

健康政治具有规训与惩罚的倾向,追求健康离不开敌友关系,譬如"二手烟"概念的创造。我们常常听到这样的科普,导致我们过早死亡的不是城市和工业环境的普遍污染,也不是艾滋病、毒品、酒精、肺结核以及其他从未被控制的疾病的蔓延,而是二手烟。浪费时间去考虑二手烟概念的科学基础是没有用的,重要的是认识到它的影响。我们的需要和习惯不再有个性,我们要在公共领域对这些需要和习惯直接负责,"科学"被用来"证明",沉溺于特定的健康罪行为会危害我们的同胞,荼毒我们的孩子,扰乱邻居的精神安宁,污染道德氛围。结论是不言而喻的:要么服从社会规范,要么付出相应代价。这就是为什么要毫不拖延地把偷偷吸烟的人赶出厕所或者叫保安把他们赶走。

与习惯的私密性被废除一样,空间和身体的私密性也被废除了:例如,电视机屏幕上的漂亮女士建议我们购买特定的医疗药物。人们在电视上看到一群年轻男女说他们在上次节食中减掉了多少磅或几公斤,他们感到内疚。在厕所里抽烟被人举报这个事件就是个人空间转变为公共空间的典型案例。总的来说,健康政治是成功的,因为它将一种巨大的罪恶感移植到个人的心灵中,这是规训与惩罚进程取得胜利的先决条件。

但是这一切仅仅是一种令人讨厌的、不快的、压抑的日常生活仪式,这种仪式在拥有清教传统的国家尤为普遍。现代性世界的一切都是偶然的,每一种活动的基础都必须人为地创造,因为传统本身并没有提供基础,隐喻在政治中无所不在。为创造隐喻而进行斗争(葛兰西称之为"文化霸权"的一个方面),争取使用和解释隐喻的权力以及传播隐喻都是政治权力本身的组成部分。阶级在其典型的政治意义上与健康一样是一种隐喻,后者的政治意味不比前者少。对于所有的代表性政治理论来说,阶级的含义远不只是同一劳动分工、同一部门工作、挣的钱大致相同的人的组合。阶级还暗含着一种气质、一种文化、一种生活方式和一种信仰。在某种程度上,生命政治隐喻进入政治舞台,弱化了阶级政治。

生命政治中的隐喻元素被悬置于半黑暗状态,这呈现出严峻的政治现实——只有隐喻的而不是明确的政治内涵在公共领域是有效的,这催生了一种模棱两可的气氛,在这种情况下,隐喻的政治可能成为一种祸害,例如健康政治。在其他情况下,将特定政治的某个重要方面保留在隐喻的歧义中是这种政治能够运作的唯一方式,例如阶级一词的几个内涵,如果它被公开揭露并被阐述,就会产生一种与社会其他阶级文化和生活方式相隔离的阶层印象,这种隔离与大众民主的期望并不相符。

环境保护论[①]

阿格妮丝·赫勒[②]
（美国纽约社会研究新学院）

生命政治中最具哲思的一群人就是环境保护主义者。他们建构的自然隐喻比任何政治隐喻都要精确得多。自然隐喻包括两个主要问题：第一，对浮士德式的全面统治自然的计划的逆转。第二我们是否真的正在面临着一场全面的生态灾难是一个没有定论的问题，不能仅由专家来决定，生态危机让越来越多的人相信自然并非仅仅是人类的限制，科学也不能完全驾驭自然。首先，现代性的征服或人化自然的最初承诺是一个无限的发展过程，所谓的"终结"和"最终到来"的科学预言是难以让人信任的。其次，科学可能引发世界末日，几乎每一项全新的科学发现都蕴含着危险和反挫。最后，我们对科学的认识是片面的、不稳定的，科学自身的野心需要被限制。

汉斯·约纳斯（Hans Jonas）对此做出了深刻的评论[③]：在工业化的驱动下，我们的世界变成了一个巨大的墓地。这篇评论清楚地表明生态学在多大程度上是真正的生命政治。不仅是外部世界需要被保

---

① 本文译自阿格妮丝·赫勒 1994 年出版的《生命政治》(Biopolitics)一书的"环境保护论"(Environmetalism)一章。Ferenc Fecher, Agnes Heller, *Biopolitics*, London：Avebury, 1994.

② 作者简介：阿格妮丝·赫勒，匈牙利哲学家，卢卡奇(György Lukács)的学生，是东欧新马克思主义和"布达佩斯学派"的代表人物，日常生活批判理论的奠基人之一，生前长期担任美国纽约社会研究新学院的哲学教授。译者简介：王思雨，女，南京大学马克思主义学院博士研究生。

③ Hans Jonas, *The Phenomenon of Life (Toward A Philosophical Biology)*, New York：Harper & Row, 1966, p. 15.

护,自然的身体、一个被精神性处死的活的有机体也需要被复活。这是一个著名的浪漫主义的主题,从柏林到耶拿时期的浪漫主义开始,在面对不可抗拒的 19 世纪的科学的发展时,自然的身体注定会失败而且几乎要消亡。然而,到了科学受到限制的时代,古老的主题重新出现,自然又洗心革面,粉墨登场。乔纳斯的评论内容具有伦理学和美学的意味。在伦理学意义上,他所表达的内容是关怀,即牧羊人的任务,但人们怎么可能关心墓地里的死人呢?"使死人复活"就等于先前所说的"假定的责任"。所有人都背离了这样一个虔诚的信念,即诺亚方舟上的所有生物都是平等的,都应该得到保护,所有生物的完整生命周期都应得到保证。在美学意义上,乔纳斯认为应该恢复自然美的合法地位。康德也将自然美置于人类之上,但仅仅三四十年后,黑格尔就斥责康德的观点是原始的,对于黑格尔和他的后继者来说,自然的地位必须被降低,理性的中心地位必须被规定和保证,精神美必须高于纯粹的自然美。经过一个多世纪,阿多诺是第一个提到复兴自然美人。很明显,哲学是被把握在思想中的时代。后现代的条件下自然美回家的航程中,哲学扮演着舵手的角色。

环境保护主义者正在进行保守的生命政治。他们的保护目标是自然,这是一个隐喻,他们致力于恢复自然的自由使其成为不受干扰的生命。自然界的生命可能会自由地限制其他物种的活动空间进而威胁到这些物种的生命权,选择什么策略是由环境保护主义者所决定,他们不可避免地开始在自由与生命之间徘徊。环境保护主义者是否可以从生命与自由的冲突中解脱出来? 每一个环保组织都会不可避免地建立一个隐喻性目标,即它自己的"自然"。在这一点上他们别无选择,自然的每一个意象都是一种理论建构。与此同时,每一个特定自然的建构都是由这一意象的集体作者即这一特定群体在工业化现代性的特定体验中产生出来的,这永远不会是一个普遍的故事。

第一种情况是自由与生命的绝对冲突,在这种情况下,人们要么致力于工业世界的无限制地扩张,要么选择对于自然的绝对救赎,他们之间的激烈争论和最终的暴力冲突是不可避免的。第二种情况则有所不同,它将以一种类似于堕胎问题的冲突方式进行,因为每一个尚未从墓地复活的"自然"都像胎儿一样,是潜在的生命。值得强调的是,在这个不完美的世界里,拥有选择的权利是最大的自由。

性别政治①

阿格妮丝·赫勒②

（美国纽约社会研究新学院）

激进的世界观在后现代条件下被颠覆，越来越多的人开始鼓吹皈依宗教、拒绝婚前性行为，信奉激进的保守信条。然而从本质上讲，这些人远比他们的父母那一代要叛逆。现代性钟摆停留当下，此时兴起的生命政治浪潮是一场激进的、保守的反革命。

毫无疑问，60年代运动，特别是性别主义运动，是一个纯粹的生命政治运动，掀起了一阵解放身体的浪潮。③ 60年代人所处的社会背景是透明的，他们成长于战后的繁荣时期，不论是他们的朋友还是敌人，都将这个时代视为一个富裕时代，他们享受着日益膨胀的物质财富和相对松弛的人际关系，他们也是接受自由教育的一代。当时，医学处于不可置疑的权威地位，它生产出来的灵丹妙药使得性病挫骨扬灰，尘归历史，再加上避孕药的生产，都进一步促进了性行为的自由化。值得一提的是，60年代的年轻人构成了20世纪第一代没有经历过战争，甚至没有经历过燃眉之急的欧洲人。虽然北美反对越南战争的抗议活动的激烈程度可能会让你

---

① 本文译自阿格妮丝·赫勒1994年出版的《生命政治》（Biopolitics）一书的"性别政治"（Sexual Politics）一章。Ferenc Fecher, Agnes Heller, *Biopolitics*, London：Avebury, 1994.

② 作者简介：阿格妮丝·赫勒，匈牙利哲学家，卢卡奇（György Lukács）的学生，是东欧新马克思主义和"布达佩斯学派"的代表人物，日常生活批判理论的奠基人之一，生前长期担任美国纽约社会研究新学院的哲学教授。译者简介：王思雨，女，南京大学马克思主义学院博士研究生。

③ Germaine Greer, *The Female Eunuch*, New York：McGraw Hill, 1971；Erica Jong, *Fear of Flying*, London：Grafton Books, 1974. 赫勒认为艾丽卡·容（Erica Jong）的小说体现了生命政治的特征，赫勒肯定这本书的解放色彩，但是其中也存在着对文化史的误读。

对此表示怀疑,但是军事化的独裁对欧洲人来说是一种正常的现象,他们对此毫无所动。随着喷气机时代的到来,大众教育普遍建立,全球旅行和大学生国际班开展得如火如荼,这使得数百万计的青年男女明白过来,正是没有压迫的时候才显得难以忍受,他们沉溺于享受肉体欢愉的历史性机遇,暂时摆脱了精神性监狱①的规训。

然而,在最近十年,形势发生了巨大的转变,60年代那群人所遭遇的婚姻问题比他们的父母还多。毫无疑问,儿童的自由不能受到质疑,但是在自由教育环境中成长的孩子并不是较好的孩子,"异化一代"所赖以生存的宏大叙事随着社会主义危机的出现失去了声望和吸引力,艾滋病被证明是一场可怕的瘟疫,科学并非无所不知,人类仍然面临着无穷无尽的危险,科学仍然是一个有限的框架。②《启示录》(Apocalypse)而不是《拯救》(salvation)成为当时的主流,这首先出现在核灾难场景中,后来又接连出现在瘟疫和生态灾难的联合场景中。

这些迹象意味着女性运动的总体倒退,特别是一度被认为是至关重要的问题,例如工资平等。苏珊·法露迪(Susan Faludi)的畅销书——《反挫》(The Backlash)阐述了里根时代和后里根时代的这一波折。③ 但在最近,一项统计调查发表了不同的结论。西尔维亚·纳萨尔(Sylvia Nasar)在《纽约时报》(New York Times)撰文称,这项调查基于克劳迪娅·戈尔丁(Claudia Goldin)、弗朗辛·布劳(Francine Blau)和琼·奥尼

---

① 赫勒在此注明修正版本为"精神的监狱",原版为"身体的监狱"。

② 关于性解放运动转变为反革命的复杂问题上,有一个宝贵的证据。《纽约时报》(New York Times)就凯蒂·洛芙(Katie Roiphe)的新书《校园里的性、恐惧和平权主义》(The Morning After Sex, Fear, and Feminism on Campus)写道:凯蒂·洛芙是一位平权主义者,她的母亲也是一位著名的平权主义作家。杂志想知道为什么那么多女性会对平权主义者这个标签望而却步。洛芙女士认为,"这是因为越来越多的人认为平权主义是脆弱的受害者这不是她从母亲那里继承来的平权主义,而是自己发现的趋势……在平权主义最为活跃的校园里,强奸定义的弹性增大了,几乎任何形式的男女纠缠都可以包括在内。"现在许多校园都有约束性的行为规范。洛芙女士认为这些都是无力的保护措施,是对性革命的反抗。这场危机在80年代末90年初的性混乱范围中兴起,起源于艾滋病与性自由之间的冲突。Barbara Presley Nobel, "One Daughter's Rebellion on Her Mother's Imprint?", in The New York Times, New York: The New York Times, November 10, 1993, p. C12.

③ Susan Faludi, The Backlash: The Undeclared War Against American Women, New York: Crown, 1991.

尔(June O' Neill)三位劳动经济学家汇编的大量未发掘的数据,其结果可以总结为:20 世纪 80 年代是反挫年代,罗纳德·里根(Ronald Reagan)和乔治·布什(George bush)粉碎了平权行动,平权主义不再流行,新闻媒体让女性相信她们不可能拥有一切。

上述调查表明女性收入增长停滞不前,然而却被证实是错误的。据可靠数据显示,女性是 20 世纪 90 年代经济扩张的最大赢家,无论谁入主白宫,她们的收入在 20 世纪 90 年代都保持持续增长。20 世纪 80 年代,单从工资等级来看,从年薪六位数的股票交易员到每小时 5 美元的销售员,女性的薪水都比男性高。从 1979 年到 1990 年,男性的平均年薪下降了 8%,从 31315 美元降至 28843 美元,而女性的平均年薪上升了 10%,从 18683 美元上升至 20656 美元。从 1960 年到 1980 年,女性的收入一直停留在男性的 60% 左右,但随着 20 世纪 80 年代经济的扩张,女性的收入迅速赶超男性。对于 24 岁到 35 岁的年轻女性来说,形势则更为乐观。她们现在的收入是同龄男性的 80%,高于 1980 年的 60%,直至 80 年代,女性非但没有失去优势,反而比整个战后时期收入更多。①

如果这三位劳动经济学家的解释比法露迪的书更现实地描述了女性的处境,那么我们可以从中得出结论:女性的经济收入在美国或者在其他民主国家的胜利,预示了一种不可逆转的社会经济趋势,因为社会经济趋势本身已经成为社会基本共识的一部分,社会经济趋势的走向不再依赖于当权者的价值选择,正是因为这个原因,平权主义的先锋们对这个问题几乎失去了全部兴趣。这个问题的发展过程与欧洲思想史上工会主义的发展过程非常相似,这属于工人阶级的英雄主义,同时也是 19 世纪文化灵感的来源,欧洲左派知识分子对工会的存在和内部生活的兴趣已经降低到零,因为工会不能为运动提供灵感,工会是实用主义的代表,它不能被用于写论文或小说。同样,由于妇女争取工资平等的斗争已经走上正轨,而且没有发生重大社会危机,对于那些想探索新的可能性,以及那些

---

① Sylvia Nasar, "Women's Progress Stalled? Just Not So", in *The New York Times*, New York: The New York Times, October 18, 1992, Section 3, pp. 1—10.

职业生涯建立在时髦问题上的人来说,已经变得无关紧要。这就是为什么这场运动的参与者一直在关注所谓的文化主义问题,而这些问题通常是用出色的游说技巧和高度的戏剧性至少是以娱乐的方式来追求的。

这并不是要否认过去十年平权主义的成就,相反,较于60年代,性别平等运动组织得更好了,并且形成了强有力的约束力和团队精神,它突出了那些由潜在的或者实质的歧视所引起的大规模女性的不满。平权主义者还提出了大量的法律规范。此外,他们从支持者手中接过主动权本身就是成熟的标志、启蒙的标志。最后,平权主义反对暴力倾向这一点也对我们的文化做出了至关重要的创新贡献。

这就是为什么我们必须先讨论乱伦,也是我想说的第四个禁忌,已经有两个禁忌在现代世界确立了牢固的地位,即禁止食人和谋杀。第三个禁忌——强奸,是一个有附加条件的禁忌,第四个禁忌——乱伦,从未真正拥有禁忌性力量。乱伦在不同的文化中不断地被重新定义。① 几乎所有的文明总是将禁止乱伦作为一般伦理规范的基础,它起着最基本的作用。

我所说的第一个禁忌是禁止食人。随着宗教的出现,食人成为一种绝对的禁忌,这赋予人类以人格价值。第二个禁忌是禁止谋杀。谋杀是一种暴力行为,这在任何文明中都是被排斥的,但谋杀更多时候被称为杀人,这个行为要么在法律上得到宽恕,例如正当杀人、诛弑暴君或战争中的杀戮,要么受到法律的惩罚,例如某种形式的家庭仇杀是不被法律所允许的。第三个禁忌是禁止强奸。没有任何文明会宽恕或容忍强奸,也没有文明会毫无限制地把强奸提高到绝对的禁忌,譬如内群体②的儿童和妇女一直是禁忌对象,但这并不一定适用于群体外的社会成员,例如强奸妓女、奴隶甚至妻子在一段时期内是被接受的。性别平等努力争取对强奸的绝对、普遍的禁忌力量,因为一旦这条禁忌被突破了,人类社会的情感

---

① See the thesis of Yuri Fehér, "Incest and Cultural Variety" (in manuscript).
② 赫勒所谓的内外群体的概念是在施密特敌友政治理论的基础上建立起来的,往往不同群体遵从着不同的规范、语言等,赫勒生命政治理论中的内群体往往具有一致对外的特征。——译者注

文化将会发生结构性的变化。

妓女的例子值得我们关注,因为它突出了反强奸运动中最深刻的解放方面,以及生命政治中持续存在的方法论上的自我欺骗,强奸妓女可以得到原谅的前提是,妓女在事后获得了足够的报酬或者强奸行为并没有给妓女带来创伤,现实中确实有一名法官在法庭上在据此对被告做出了相对较轻的判决。尽管如此,越来越多的人认为,强奸妓女的惩罚不应该轻于强奸处女的惩罚,我们应该再次思索人身保护令的道德—法律原则,人身保护令保护所有个体的自主性和人格,不论这个人是什么职业,持有什么信仰,人的神圣性不容侵犯,这也恰恰反映出生命政治的自欺欺人,从人身保护令的原则我们可以看出,对人神圣性的保护意味着保护个人的人格、自主权,这也是现代性的主要价值追寻,而并不仅仅只有对身体的保护,但是反过来看,所谓的人格恰恰是"精神性"看守人的发明,它也不能从身体中被剥离出来。

平权主义者做出的具有双重作用的重大决定,就是将禁止强奸包括性骚扰作为性别革命的主要目标。一方面,平权主义者找到正确的途径,使得现代性至少在一个特定的领域更接近它最初的承诺,开明的社会总是承诺比半动物王国具有更少的暴力,这就是为什么幼稚的进化论主张会被极权主义所驳斥,然而,民主世界也相当暴力,只是民主世界是将暴力升华,将其纳入商业、法律等子系统之中。当性别主义将强奸提升到绝对禁忌水平,平权主义者所希望的是,消除现代世界从半动物社会王国继承下来的赤裸裸的、未经升华的暴力。从《盖普眼中的世界》①中,我们看到女权主义者在言语、政治及法律上咄咄逼人的、有组织的暴力,他们希望通过语言上的威胁来摧毁敌人,敌友理论的黑暗面就会显现,政治上的不信任感足以摧毁其自身。反暴力运动中的暴力究竟从何而来?探究性骚扰问题是解开这个秘密的关键。

反性骚扰运动的理性核心是任何人都有卑劣的习惯,例如男人会敲诈女人或者奴役她们,在这个意义上,性骚扰是强奸的升级形式。升级这

①约翰·欧文:《盖普眼中的世界》,张定绮译,桂林:广西师范大学出版社 2008 年版。

个词还需要从两个方面理解：首先，既然性骚扰是强奸的升级，强奸需要受到惩罚，那么性骚扰依旧需要受到惩罚。但由于性骚扰是升级的强奸，也就是说不是直接的身体暴力，它与强奸的惩罚不能混用。这句话被许多施暴者所证实，美国的电视剧就是最好的例证。在《法律与秩序》①系列节目的一集里，一个保守但却具有雅各宾派式道德严谨性的地方副检察官以强奸罪传讯被告，检察官确证了罪犯在与一个从良的妓女发生性关系之后将其抛弃，最终这个女孩死于艾滋病。从这个意义上说，他确实犯下了性骚扰，谁能像扔垃圾一样来扔掉自己的旧情人呢？无须多言，地方检察官的论点在法庭上能否站得住脚也无关紧要，最紧要的问题是强奸与性骚扰的融合，即非升级的暴力与升级的暴力的融合，这种融合使得我们不得不倾向于用"罪"一词来容纳两者所存在的偏差，并以同样的方式惩罚所有的偏差，这是典型的前现代的道德—法律狂热，与现代性的整个法律精神背道而驰。

其次，如果性骚扰确实是升华的性暴力，那它到底错在哪里？这不是国家的问题吗？民主社会并不是地球上的天堂，暴力不会完全消失，民主仅仅是一种当前人们可容忍的秩序，在这种秩序中，有几种类型的暴力得到升华，就意味着必须要对它们进行约束吗？在道德和法律上谴责性骚扰，成为大多数人的共识，这证明当前的民主秩序不能容忍升华的暴力，在这里，自由正面攻击了暴力，在对生命政治的驳斥中，性并不仅仅是在卫生层面上的身体的功能，而是一种杰出的活动，是肉体的、情感的和智力的，其自主性对整个人类自主至关重要。就其本质而言，反性骚扰运动是对性的颂扬，对人性的颂扬，对爱欲作为一种伟大的、形成性的情感和文化力量的认可。

反性骚扰运动犯了一个灾难性的错误，它把反性骚扰问题与维多利亚式的、暴力的、让世界去性欲化的运动结合在一起。克拉伦斯·托马斯

---

① 《法律与秩序》是一部比较真实地反映美国法律制度的电视连续剧，1990年开播，2010年结束，共20季456集，并衍生出一系列衍生剧，合称为"法律与秩序系列"。——译者注

(Clarence Thomas)和安妮塔·希尔(Anita Hill)的闹剧①是一部可悲的性审判。不顾事实真相,性被公开处刑,西蒙娜·德·波伏娃不仅在她的爱人面前,也在数以百万计的粉丝面前公开谈论她的性能力。②加拿大平权主义者举行半裸游行,反对处罚那些露出乳房的女性,但这似乎陷入了一个逻辑错误,因为她们真正想表达的东西被隐藏了,毫无疑问,传统上女性的乳房一直被视为性私密部位,但半裸游行并不是一种性感姿态,而是一种抗议行为,她们抗议的是男性视角的凝视。"看看我们的胸部,如果你们男人习惯了女性半裸,就不会再把女性的身体看作是你们的潜在财产,看作一个性对象了。"如果这个解读是正确的,那么加拿大半裸游行中涉及的问题,也可以用于研究半裸游泳,参加半裸游泳的人和参加半裸游行的人可以被分为两个不同的群体。一组只是享受性革命创造的许可证,或者仅仅将其视为一种游戏。另一组则是由示威者和激进分子组成,她们在宣传"加拿大流行趋势"。③

古老政治艺术崇拜者会反驳说,把半裸游行和半裸游泳一起作为政治问题来讨论是拙劣的类比手法,从某种意义上来说,人们没有什么可以反对的。然而,把去性欲运动等同于反性骚扰抗议时,我们的文化维度也参与其中。阿里斯托芬的《吕西斯特拉忒》在生活和政治舞台上所呈现的

---

① 1991年,托马斯在最高法院大法官提名确认听证会上遭到前助手安妮塔·希尔的性骚扰指控,此事引来全美各地妇女权益组织的关注和压力。托马斯否认了所有的指控,还指责参议院司法委员会"对傲慢的黑人进行高科技私刑(high-tech lynching)"。随后,参议院以52票对48票的微弱优势"勉强"批准了对托马斯的提名。此后,他在公开露面时仍会吸引部分少数族裔和妇女权利组织的抗议者。2022年6月24日,在美国最高法院推翻1973年"罗诉韦德案"裁决后,托马斯发表了可能进一步推翻避孕及性少数群体权利的言论,引发众多反对者在其宅邸附近抗议。此外,自由主义组织MoveOn发起请愿,要求美国众议院弹劾托马斯,请愿书指控托马斯否认了堕胎这一宪法权利的存在,还抨击托马斯在与国会大厦骚乱有关的案件中没有回避,这些都表明托马斯无法成为一个公正的联邦最高法院法官。至2022年7月5日,请愿书已获得超过100万个签名。乔治·华盛顿大学也有学生要求学校免除托马斯在该校的教职,但该校以托马斯并未违反学术自由的政策为由拒绝免职。——译者注
② 对于安妮塔希尔和托马斯法官的案例作为一个政治问题的评估,在不同群体和国家之间有很大的不同。对于美国的职业平权主义者来说,这是对一个人政治正确的试金石。与此同时,这个问题也深深地分裂了黑人社区,欧洲人将此案视为旧有社会病态的新爆发,对此的反应,请参阅颇具影响力的法国左翼期刊"Esprit"1992年3月的特刊。
③ 裸体主义与这两个团体都没有关系,因为裸体主义是一种异教的身体宗教,它对于身体的定义是无性的。

性别冲突比阶级冲突或君主制与共和国之间的冲突更重要,只是我们还没有习惯把它作为一种政治现实。在这一点上,当一种生命政治遇到另一种生命政治,这里涉及一个微妙的文化健康问题,当然,这是一个隐喻。如果我们屈服于去性欲运动,恢复基督教最为恶劣的传统,公开揭露私人领域的秘密,如果自由的自我表达变成一种耻辱,如果性这个深不可测的文化自我表达被排斥,如果对个人品位的自由表达受到审查被迫转入地下,如果性革命中最后的莫希干人①被屠杀,他们的记忆被淹没在伪善和歇斯底里的皈依者的狂欢节中,如果良好的性观念是一种神秘知识,或者是电视问答节目中灌输给我们的、产生于媒体操纵者的秘密,毫无疑问,我们已经亲手破坏了实现现代性的最重要承诺,即解放身体的先决条件。

去性欲运动掩盖了一个重要的事实:我们的文化确实正处于十字路口,需要我们做出重大决定。假如女性想要达到一种完全的、不仅仅是经济上的平等状态,这一趋势似乎是不可阻挡的,假如她们的性表达不受限制并被社会接受,那么,我们将来到一个全新的阶段。大多数人都会赞同莱昂内尔·泰格(Lionel Tiger)在《纽约时报》的一篇文章中提出的政治结论(虽然他在生物学方面的词汇基础差强人意),他的观点是这样的:"大概女人和男人都对性现出强烈的热情……然而,重要的一点是,男女生理特性决定了男性会压制他的性对象而女性往往只是应对者。生物学家认为,雌性是任何物种进化的看门人。因此,性差异是根深蒂固的,它不仅直接影响性行为,还影响人们说话的方式。这种差异是当前法律混乱的部分原因,为了更好地解决这个问题,我们必须了解潜在的生物学,否则,两性对话将继续以两种不同的语言进行,由讲更多语言的律师翻译,这些律师之流喜欢使用五花八门的语言,并以此收费。"②

在实现真正的解放之后,女性性行为的主导模式会发生什么变化,仍然是模糊的,因为女性的习惯是由男性而不是由生物学因素塑造的,而且

---

① 北美印第安人的一个分支,目前,印第安人正逐渐被边缘化,他们的文化正在慢慢地消失,他们生活贫穷,经济落后。——译者注

② Ronald Dworkin, "One Year Later, the Debate Goes On", in *The New York Times*, New York: The New York Times, November 15, 1992, p. H6.

我们也不能根据获得充分解放的妇女的情况来确定。不管未来的性行为模式是什么样的，现代性关于普遍和差异的宏大辩论都将继续下去，我想说这不是一个猜谜游戏，很大程度上，我们对女性运动的预测也影响着未来走向，这具有重大政治意义。

性行为和性别是运动的选择，这种选择不是科学问题，而是一个文化和政治问题。换句话说，女性特质包括女性性行为的主导模式是否真的由基因决定，关于这个问题，没有也永远不会有准确的答案。所有那些决心将女性特质定义为一种遗传物质并暗示女性与男性性行为有本质区别的人，源于一种自我封闭的生命政治。在一种定义为对称性互惠的关系中，两性中的其中一个对自己进行定义，那么另一性对自我同一性的塑造所作的每一贡献，对共存条件的相互定义所作的每一要求，都将被视为敌对的干预并受到拒斥。内群体成员将会团结一致，他们将惩罚所有试图亲近自己的行为，并把战胜外群体成员的胜利当成英勇的行为。

所有部分或全部建立在性行为相互关系（不是建立在它们的对称互惠关系上）上的历史制度都将被破坏，我们甚至很难想象这种政治会给我们带来什么样的混乱，这就是为什么我们要把那些萦绕心头的画面当作幼稚的幻想来加以驱散。然而我们可以从21世纪的历史中了解到，任何不可能的和可怕的幻想几乎都可以成为现实。那么，这也适用于两性战争。

还有一种选择是基于文化意义上的而非基因意义上的性别。文化塑造的性别公开有望成为历史上最有趣的篇章之一，这将是另一个世纪大发现，这一次是由两性共同发现的，一种对话的政治将由此而生，这种对话既具有可行性，即不同的文化可以相互适应，可以融合各自的视野，也具有强制性，强制性是文化在现代性中共存的唯一方式。在这一过程中，两性角色的互换可以促进性别间的交流，如果性别间的交流得以实现，无论是在性方面羞羞答答的男性还是主动提出性要求的女性都不一定会受到嘲笑。随着传统符号的消亡，两性之间交流的不透明已成为一个谜，它可能通过两性对话被彻底阐明。

无论生命政治运动中的性行为和性别选项之间有什么区别，它们的共同特征是,两性对自身的定义都是本质主义的概念,从它们当中产生的政治选择是基于本质主义。因此,它们都是早期本质主义文化和政治定义的衍生品:居于主导地位的男性自我定义。平权主义批判确实成功地揭示了我们的传统文化中所蕴含的社会现实:女性的自我定义(不论是本质主义还是反本质主义)都标志着她们自我解放的不完整性,无论它是基于基因还是文化,她们需要用相反的符号继续思考她们依赖的过去。

平权主义的选择是成为"差异"的积极倡导者。"差异"并不是一个本质性的术语,它并不以它"是什么"来定义自己,而是以它如何、在多大程度上以及它所具有的差异来定义自己。它是一个反身术语,是主体间性术语而不是本质性术语。这个哲学问题具有重要政治意义。第一,如果女性认为自己是"差异"而不是"女性物质"(文化或基因)的偶然因素,她们首先自然地愿意与其他"差异"(男性或女性)对话,而不是"男性物质"的偶然因素对话(这当然突出了另一个同样重要的前提条件,即男人必须重新考虑他们传统的实质性自我定义)。第二,女性再也不能被自我封闭的生命政治组织起来,平权主义者的位置将让位给(无性别的)对话者。第三,"差异"对话将取消强加于实质偶然性的"普遍准则"的有效性。一夫一妻制和多夫多妻制就其本身而言都不是普遍的规范,而是由特定的男性或女性自主选择的生活方式。性别主义在接受差异的视角中,通过实现自身而毁灭自己。

种族政治^①

阿格妮丝·赫勒^②

（美国纽约社会研究新学院）

从人类诞生之初就有种族的存在，我们每个人都具有种族特征。社会动物王国的存在几乎贯穿我们的历史，我们即同种族人，从价值负载的意义上区别于世界其他种族的人群，而外族人总是以威胁的面目出现。最开始我们表现得热情好客，主要是面向同族人而不是外族人。进步和启蒙概念的崛起，意味着我们不仅和宇宙划清界限，也与自然界划清界限。所有留在分界线这一边的人都不再具有种族意味，他们被理性提升为人性（人性在这里是一个比喻性的种族词汇）。现代性通常对身体怀有敌意，但它也做出了巨大的让步，至少在言论上是这样的，那就是对不同种族一视同仁。从某个特定的时间点开始，现代人不再留意身体上可以被自然分辨的种族标志。当然，在西方国家，你有充分的理由以怀疑的态度看待这种突然的宽宏大量。在殖民地，白人天生具有敏锐和正确的色觉，对他们来说，所有其他种族仍然是非人类的或者是人类的候选者，即原始人。肤色的差异以及其他身体上的差异被理性和人性所吸纳，因此，"集体差异"被赋予了同质性，但是具有"差异"的群体则不太愿意接受这

---

① 本文译自阿格妮丝·赫勒1994年出版的《生命政治》（Biopolitics）一书的"种族政治"（The Politics of Race）一章。Ferenc Fecher, Agnes Heller, *Biopolitics*, London: Avebury, 1994.

② 作者简介：阿格妮丝·赫勒，匈牙利哲学家，卢卡奇（György Lukács）的学生，是东欧新马克思主义和"布达佩斯学派"的代表人物，日常生活批判理论的奠基人之一，生前长期担任美国纽约社会研究新学院的哲学教授。译者简介：王思雨，女，南京大学马克思主义学院博士研究生。

种说法。与 19 世纪末 20 世纪初的种族主义相比,这仍然是最好的安排。后启蒙运动时期的种族主义既古老又超现代。它之所以古老,是因为它追溯到了最原始的历史时期,追溯到了我们都是种族的状态。它是超现代的,是因为它看穿了进步的自我欺骗。对于第一位生命政治家来说,计算人种、肤色的公式是一个骗局,唯一的现实就是写在或投射到人身体上的差异,这个差异必须被分级评估,但是后启蒙世界也找不出一个好的解决方案,我们不得不再一次无视肤色,但是不祥之兆已经出现,今天,生命政治对种族差异狂热崇拜,悬而未决的争端再次出现,这表明我们既生活在希特勒死后的胜利中,同时也面临着种族问题的新变种。

希特勒死后的胜利是不完备的,种族政治在民主环境中粉墨登场。那些采用“民族”“文化”“仪式共同体”甚至“部落”等称谓的群体代表,以种族身份出现在政治舞台上,参与制定的文化政治决策,他们在几个关键问题上作出妥协:首先,他们正在执行严苛的生命政治,虽然他们不能公开地将身体上的差异转化为基因钥匙,但是他们的集体身份可以从其身体上解读出来。双重标准在生命政治中被广泛使用,例如对于一个种族激进分子来说,他们不会接受自身种族智商低下的贬低,但却贬低其他种族智商低下。第二,在当今的政治中,一个种族在政治领域中的入场券,是放弃对其他种族的等级评价。我们必须对平等的普世理念表示敬意,虽然大多数都是口头上的敬意,这导致了后现代种族政治内部的许多混乱,其武装分子不被允许使用“血统”这一自然术语。第三,这些种族代表必须默默支持“精神性”的去归化并用权利的语言表达他们的不满,至少以一个小小的叙述将他们的故事历史化,而不是坚持他们最初的神话传说。如果他们不愿意遵守这一点,他们就输了:看看唯一顽固的历史虚无主义的例子,也是没有竞争力的种族的例子——吉卜赛人。无论是多么小的叙述,其理论和范畴框架都进入了完全不同于种族词汇特征的世界。平心而论,种族政治对启蒙运动的反抗是非常有力的。一旦差异被明显地写在身体上,任何粉饰、启蒙都无法抹去它。因此,带有这种标记的人就被剥夺了民主权利。民主秩序是匿名的。自从贵族和平民不再有服饰和武器的区分,我们都是平等的,也就是说,同样光洁无瑕和寂寂无名,在人群中并不会受到特别的关注。匿名状态即获得了不受公众关注的自由，从这个意义上说，它是一种保护，我们可以随心所欲地做事，不必受到监视。被约束和惩罚是民主的噩梦，这是一种前现代社会的上层阶级感受不到的恐惧，而被公开的模仿是我们保护自己不受恐怖影响的方法之一，这个方法并不适用于那些身上带着种族标志的人。当然，如果某些群体不具备自然的种族标志，他们的敌人也会发明人造标记，使他们得以被区分。

无论注视标记携带者的目光多么温和，他们总是感到自己是与众不同的。他们的身体似乎是不断产生秘密惊喜的源泉，其他人好奇的眼睛想要一探究竟。在艾德·麦克贝恩(Ed McBain)的一部惊悚小说中，一个女人问她的黑人情人："你出生的时候是白人吗？"这类问题在我们的空气中弥漫着，大多时候它们被理智抑制住了。现代性创造了一个专门的术语来应对可见的标记，即异国情调。然而，这个术语只能合理地适用于个人而不是群体，只有外族的个体才可以构成一种版本的怪人并在一个宽容的环境中被接受，这是因为身体外部标记的携带者在他们共同的栖息地之外是不可能隐形的，外族人想要将外来的目光拒之门外，就必须活在自我的世界中，对他们来说，启蒙运动所提倡的相互不区分肤色充其量是一种仁慈的自欺，主张精神和肉体的完全融合是不可能的。这就是为什么他们将自己定义为一个种族并拥抱生命政治。

种族政治在民主环境中的突然出现标志着希特勒的胜利。基因对种族的自我定义可以伪装，但它仍然存在，它的存在重新唤起了人类对外族人的古老的敌意。左翼激进主义在一定程度上对用复杂的论点建立宗教暴力的自信负有责任，例如萨特为法农(Frantz Omar Fanon)的《全世界受苦的人》写的序言。[1] 然而没有必要进行这些智力练习，如果一种特定政治的关键是身体上的可见差异，那么对方的存在本身就是一种刺激和紧张，缓解紧张的最好方法就是暴力。无论如何，种族间的对话是被排除在

---

[1] Preface by Jean-Paul Sartre to Frantz Fanon, *The Wretched of the Earth*, Harmondsworth: Penguin Books, 1967.

外的,因为从这种毫无意义的对话中什么也学不到。文化是可以学习的,然而遗传基因则无从学习。既然没有人能洞悉或盗用他人的基因身份,剩下的便只有维特根斯坦的建议了:"对于不能说的,我们必须保持沉默。"自我封闭的选择在这里被认为是生命政治的主要危险来源,也是每一种种族政治的平常态度。

种族是对文化和历史的否定。这个词表明人性在抗拒变化、历史教训和道德教化。西西弗斯式的努力只能在文化层次上为种族戴上一个又一个的装饰品,但是这些装饰品可以突然被扔掉,就好像所有过去的工作从来没有存在过。这就是为什么种族战争中突然呈现的未开化的兽性,总是让不熟悉现代种族政治特征的观察者感到惊讶。但是选择将种族作为政治决策的核心,意味着文化和历史性在人类社会中的禁忌力量被削弱,阻止我们超越恶的机制也被摧毁。没有必要用宏大叙事和救赎性的结论来承认变革是有意义的。拉丁格言"时间的变化"把时间和人类分开得太明显了,在海德格尔之后,我们可能会想到自己是变化的时间,即使我们不赞同普遍进步的理念,我们作为行动者所做的改变对人类社会具有重大意义。所有的现代人都想保留历史变化的教训和成就,并将其作为他们人性的组成部分,这就是现代人区别于前现代人的地方。在这个意义上,种族没有历史,它确实有感人的、令人震惊的宏大叙事:简而言之,它有神话,而历史与神话的冲突并不是实证性、理性与非理性之争,阿多诺也告诉我们,不论如何,理性会变成神话。问题是种族的神话总是在一个特定种族的不宽容和排外的意义上产生的,它不容忍任何其他故事的存在,自由的个人无法在这个保护伞下生存。

值得玩味的是,种族政治非但没有向当今的政治文化让步,政治文化反而被广泛地种族化了。最痛苦的迹象之一就是,在发生地区冲突的时候,各民族群体是完全没有外部身份的标志的,其成员很容易彼此误认。在一个中立的语境中,各民族群体的差异仅仅来自不同的文化起源。即便如此,他们也拒绝与对方对话,从一开始就宣称对话是毫无意义的,"对方无论如何也无法掌握我们的本质"。他们回避彼此的存在,这不完全是一种害羞的心理机制,也可能是强迫人口转移或进行种族清洗。他们把自己的历史归为独立的故事和特殊的创世纪神话,他们不断地自我封闭,在差异这个方面不断重新创造种族和种族化。强调他们与其他种族的不同,新的种族不希望互相了解甚至不希望了解到与其他种族的不同,于是他们唯一的交流方式就是敌意。

民族冲突的种族化是一种身体战胜精神性的可怕的胜利。政治的种族化趋势是福柯笔下的现代性图景。

生命政治何去何从?[①]

阿格妮丝·赫勒[②]

（美国纽约社会研究新学院）

放弃宏大叙事,解决现代性内部矛盾,新世界将维持暂时的、局部的平衡,没有这种平衡,现代性就无法生存。如果我们坚信多元文化区别于激进—革命的乌托邦,事情就会容易一些。事实上,现代性作为一个整体一直在用摩尼教的方式思考:它一直在玩弄一种巨大的错觉,幻想一劳永逸地把折磨人的二律背反抛在脑后,如果不采取这种自欺欺人的做法,现代性是否还能保持活力仍是一个悬而未决的问题。新版摩尼教思想是最近产生的一个假设——极权主义从制度上废除了我们的自由和民主。童话故事告诉我们,一旦极权主义的巨龙被击败,自由就会永远得到保证。目前的分析证明,一旦极权主义掌权就会给自由带来致命一击,生命政治从民主的内在弱点中孕育出了各种各样的极权政治类型。这给我们留下了一个长期的任务,那就是重新定义我们的自由并一次又一次地捍卫它们。

罗纳德·德沃金(Ronald Dworkin)与托马斯法官(Judge Thomas)在限制言论自由方面所表现出的热情稍有不同,他写道:"在一次关于政治

① 本文译自阿格妮丝·赫勒1994年出版的《生命政治》(Biopolitics)一书的"序言:生命政治何去何从?"(Prologue: Whiter *Biopolitics*?)一章。Ferenc Fecher, Agnes Heller, *Biopolitics*, London: Avebury, 1994.

② 作者简介:阿格妮丝·赫勒,匈牙利哲学家,卢卡奇(György Lukács)的学生,是东欧新马克思主义和"布达佩斯学派"的代表人物,日常生活批判理论的奠基人之一,生前长期担任美国纽约社会研究新学院的哲学教授。译者简介:王思雨,女,南京大学马克思主义学院博士研究生。

正确的演讲中,斯坦利费什(Stanley Fish)坚称,演讲不具有独立的价值,它总是利用一些假设的概念且使得它们相互冲突。费什拒绝了为构成性言论进行自由辩护的可能性。他坚持认为任何辩护都是工具性的,审查政治不正确的言论比自由更好地服务于工具性的目的。"① 但是自由的工具理性是极权主义左翼的知识基础。此外,希特勒和斯大林都有他们"假定的善的概念",言论自由和我们所有的自由都不得不屈服于这种观念,直到"假定的善的概念"完全消失,我们才意识到我们已经进入集中营的现实。如果有人反对,说这与校园里为种族主义或性别主义所做的辩护相差甚远,那些政治正确的提倡者并没有明显的意图。我们的时代提供了理想的观察材料。我们从中学到,迈出实现自由的第一步是多么容易,但过一段时间我们就到了骑虎难下的局面。此外,不止有一只老虎,极端的生命政治不止有一种。在过去十年中,在冷战的最后一个紧张阶段,生命政治在很大程度上是反对保守派的,它倾向于接受左翼的观点。然而随着时代的变化,我们又看到了具有压倒性力量的右翼生命政治的出现,北美有一支强大的"生命权至上"的队伍,他们倾向于将各地的种族和文化差异进行种族同化。无论如何,我们都不应抱有幻想:右翼生命政治的玛丽娜·勒庞(Marine Le Pen)同样有着"假定的善的概念"来限制我们的自由。

工具性的自由与自由的本质相去甚远,这引发了极大的争论,这场争论的具体背景是现代性时钟的摆动,它使得身体再次回到羊圈(fold)中。

对身体的重新定位是在后现代两种对立价值的交叉火力中进行的,一方面,现代人永远不会放弃这样一种信念,即他们的自由是一种自我建构("精神性")的价值,这种价值不能始终以身体为基础。另一方面,他们不再对身体与灵魂的最终融合抱有过多希望,不再为了身体的完整性而牺牲自由,传统政治和生命政治在现实的碰撞的过程中可能会破坏自由,在这个过程中我们不仅签订了一份性行为契约,而且还起草了一份关于自然、性别和种族差异的权利宪章,即便有些权利早就应该得到承认了。

---

① 罗纳德·德沃金:《禁止立法:苏利文案与第一修正案》,《纽约书评》第 39 卷第 11 期,1992 年 6 月 11 日,第 55—64 页。

阿格妮丝·赫勒,1929—2019[①]

米切尔·科恩[②]

（美国纽约大学巴鲁克学院）

一

赫勒与我第一次谈话的主题是人本主义马克思主义,我清楚地记那是在 1986 年。然而在今年 7 月,赫勒已长眠于自己的祖国。即使她与匈牙利共产党关系一直都很紧张,她依旧是重要的马克思主义哲学家,同时也是卢卡奇(Gyorgy Lukács,1885—1971)的优秀学生。

赫勒辗转来到纽约成为纽约社会研究新学院的汉娜·阿伦特哲学席教授。我还记得有一次我给她打电话,告诉她我在写关于吕西安·戈德曼(Lucien Goldmann,1913—1970)的文章。戈德曼是一位罗马尼亚裔法国马克思主义人道主义者,20 世纪五六十年代,他在法国对卢卡奇早期作品大加赞赏。赫勒同样也认识戈德曼,我给她打电话是想讨论一下他们俩之间的一场辩论。"明天在大厅见",赫勒爽快地答应了我的请求。第二天她和她的丈夫及合作伙伴费伦茨·费赫尔(Ferenc Fehér)一同

---

① 本文译自米歇尔·科恩载于《异议》(*Dissent*)的文章"阿格妮丝·赫勒,1929—2019"(Agnes Heller, 1929—2019). Mitchell Cohen, "Agnes Heller, 1929—2019", in *Dissent*, fall 2019.

② 作者简介:米切尔·科恩(Mitchell Cohen),纽约城市大学巴鲁克学院(Baruch College)政治学教授,曾于 1991 年至 2009 年主编《异议》(*Dissent*),他的著作包括《歌剧政治》(*The Politics of Opera*)、《卢西安·戈德曼的赌注》(*The Wager of Lucien Goldman*)和《锡安与州立》(*Zion and State*)。译者简介:王思雨,女,南京大学马克思主义学院博士研究生。

赴约。

　　赫勒身材矮小，但思想丰富，费赫尔个子很高，他日渐后退的发际线写满了沉思的痕迹。我有一大堆问题想要问他们，令我吃惊的是，他们也向我提出了很多发人深省的问题："为什么你会对人道主义感兴趣？你怎么看待青年卢卡奇对于悲剧的处理？你又是怎么看待戈德曼在《隐蔽的上帝》一书中对于帕斯卡尔（Pascal）和拉辛（Racine）的作品的分析？时至今日马克思的很多观点都不可能实现，那么人道主义的价值观能够持续下去吗？"最后，我小心翼翼地问起 1968 年戈德曼在法国著名的知识分子交流场——所罗亚蒙特（Royaumont）组织的研讨会，这次研讨会的参与者还有西奥多·阿多诺（Theodor Adorno）。在这次研讨会上，赫勒和戈德曼展开了关于卢卡奇美学理论的辩论。卢卡奇对文学作品中的现实主义持有相对狭隘的观点，尽管他所写的关于巴尔扎克（Balzac）、左拉（Émile Zola）和托马斯·曼（Thomas Mann）的文章都特别深刻，而且区别于党派路线的社会主义现实主义。赫勒对卢卡奇进行了辩护，她认为一部小说往往是通过对人物及其处境的描绘，艺术地揭示社会的本质。戈德曼还对老年卢卡奇对超现实主义（surrealism）、布莱希特（Brecht）、"新小说"（New Novel）和其他先锋派作品的蔑视提出了异议。

　　"戈德曼是对的，我错了，"赫勒告诉我。这句直截了当的话让我对她更加敬佩：她总是一遍又一遍地思考问题，如果她发现自己的观点和逻辑需要重新评估甚至自己是错的，那她就会欣然承认自己的错误。我跟赫勒夫妇二人的交往逐渐密切，还参加了他们在家里举办的派对，在切尔西①（Chelsea）我们来往也很密切，直至赫勒于 1989 年回到布达佩斯，我和她的对话仍在继续。

　　我最后一次见到赫勒是在 2018 年秋天的曼哈顿，在赫勒九十岁之际的生日庆祝会上（她将于次年 5 月回到布达佩斯，费伦茨已于 1994 年去世）。当天我穿过拥挤的人群把她拉到我身旁交谈，我们讨论的不再

———————————

① 切尔西是伦敦自治城市，也是文艺界人士聚居地。——译者注

是马克思主义人文主义，而是后共产主义时代匈牙利政治的悲惨状况。她是维克托・欧尔班（Viktor Orban）右翼政府的强烈敌人，维克托・欧尔班极力鼓吹"非自由民主"（illiberal democracy），匈牙利的法律通过了并且创造出赫勒所谓的"准独裁"（quasi-dictatorship）：媒体向政客施压，选举法被扭曲，中欧大学（Central Europe University）被包围——所有这一切都以一种粗糙的民族主义民粹主义（匈牙利主义）的名义进行着。

"令人沮丧的是，"她摇着头说，"尽管维克托・欧尔班反对共产主义，但他似乎遵循着斯大林式的萨拉米策略，一个接一个地切断自由主义的保护。"她说，"仅仅只是为了他自己的力量，为了生产一种想象中的纯正的匈牙利香肠。对他来说，所有的东西都必须是匈牙利的这个或那个，没有受到外国的、全球主义的污染。"民族主义者攻击卢卡奇，认为他不是纯正的匈牙利人。如今，赫勒与金融家乔治・索罗斯（George Soros）一样被认为并不是马克思主义者，这听起来并不新鲜了——几个世纪以来，犹太人一直被贴上"不属于"这个或那个国家的标签。

和许多匈牙利人一样，赫勒在1989年之后一直满怀希望，但在欧尔班执政时期，她一直饱受骚扰和下流的指控。"匈牙利主义"已经关闭了位于多瑙河旁卢卡奇曾住公寓里的卢卡奇档案馆。在布达佩斯市议会的一支党派尤比克（Jobbik）的要求下，卢卡奇的雕像也被移走了。尤比克是一个比欧尔班的青民盟（Fidesz）更沙文主义的政党，但尤比克人得到了欧尔班的支持。赫勒的名字出现在抗议这些愚蠢行为的请愿书上，这并不是因为她是卢卡奇主义的一员（她几十年前就离开了马克思列宁主义）。她为调查自由而发言，反对那些让人想起斯大林时期残暴的文化政委安德烈・日达诺夫（Andrei Zhdanov）的所作所为。当然，她也表达了对她导师的知遇之恩，而且赫勒是卢卡奇国际档案基金会的创始人，该基金会正在努力挽救卢卡奇的档案。（据完全披露：赫勒还在一份约1600人的请愿书上签名，挽救这些被围攻的档案，1987年她曾在该基金会做过研究。）

简而言之，赫勒反对民族主义的胡言乱语，就像她曾经反对匈牙利共产党的"科学"政党路线一样。她认为，自由民主的成功取决于安全的自由民主制度的建立，但是在这项任务上，1989 年后的匈牙利一直步履蹒跚，即便如此，她也是一位坚定的匈牙利爱国者。她认为，个人本质上没有好坏之分，民族也是，但是政府可以促进人民恶的本能性表达，民族国家比其他国家更"自私"。

然而，政治并不是一切。我们接下来的谈话是关于音乐和歌剧，这是我们共同的爱好。我们讨论了瓦格纳（Wagner）《尼伯龙根的指环》①（Ring of the Nilbelung）的制作，这部巨作提出了关于权力、人性和自我欺骗的问题。赫勒说卢卡奇从来不听音乐，对卢卡奇来说，文化就是文学。卢卡奇是一心一意的，但是赫勒却有多元的爱好。

二

纵观赫勒的一生，你就会明白她为什么会喜欢德国浪漫主义者诺瓦利斯（Novalis）的名言——也是卢卡奇在《小说理论》中引用的一句话："哲学是一种乡愁。是一种无论在何处都想回家的冲动。"

赫勒出生于 1929 年的布达佩斯，在第二次世界大战中勉强幸存下来。她的父亲死于奥斯威辛集中营，她和母亲逃过了死刑。她说，作为一个哲学家，她的生活就是为了深入了解围绕着她的巨大的邪恶，向那些没能幸存下来的人进行忏悔。

赫勒还有一种赎罪的冲动。15 岁时，赫勒加入了犹太复国主义运动，她在一个夏令营接受了训练并打算去巴勒斯坦。当时的共同体观念以及她在工作中形成的道德平等理念似乎已经在她的头脑中占据了一席之地。在《超越正义》（1987）一书中，她表达了对共同体生活的赞赏，因为共同体为个人自治创造了"背景条件"。她所谓的"个性问题"——既想成为一名集体主义者，又想成为一名个人主义者——似乎更像是一个不得了

① 《尼伯龙根的指环》是德国音乐家瓦格纳作曲及编剧的一部大型乐剧，于 1848 年开始创作，至 1874 年完成，历时 26 年。《尼伯龙根的指环》由四部歌剧组成，亦被瓦格纳称为"舞台节庆典三日剧及前夕"。同名影片根据德国民间诗史《尼伯龙根之歌》和北欧《沃尔松格传说》改编。讲述的是一个年轻铁匠齐格弗里德的故事。

的难题。她认为自己是匈牙利人、犹太人、女人和哲学家（这不是一个等级上的顺序）。

赫勒最终没有去巴勒斯坦。受居里夫人传记的启发，赫勒进入布达佩斯大学学习化学和物理。但是，在参加了卢卡奇的文化讲座后，她决定成为一名哲学家。1947年，她被共产党对于平等的呼吁所吸引，并加入了共产党。在莫斯科的支持下，共产党很快就会掌权，残暴的党总书记拉科西·马加什（Mátyás Rákosi）建立了独裁政权，赫勒也很快就被开除了。

赫勒成了一位马克思主义者，用她的话来说，她"敌视匈牙利的共产主义"。她在卢卡奇的指导下完成了博士论文取得学位，之后成为卢卡奇的助手。随后，她在1954年重新加入共产党，这时候社会环境已经改变了。伊姆雷·纳吉（Imre Nagy）上台了（或者更确切地说，是进退不定）。这个党的中坚分子转变成了一个改革家，他仍然在跟强有力的斯大林主义者进行旷日持久的斗争。

纳吉成为1956年匈牙利革命①的关键人物。当时的苏联开始用多党制取代一党专政，解散秘密警察，退出华沙条约组织，但是1956年革命被苏联坦克残忍地扼杀了。纳吉被逮捕、审判、处决。（1956年的研究所是纳吉于1989年重新安葬后建立的一个历史研究中心，受到民族主义的影响，右翼分子现在已经忘记了纳吉仍然是一名共产主义者。）

卢卡奇任纳吉政府的文化部部长，他曾多次因自己的"离经叛道"而不断地自我检讨，不断地进行自我批判，不断地在政治高压下低头。苏联入侵后，卢卡奇也被捕了，随后他被关押在位于罗马尼亚的古拉伯爵城堡，最终被软禁在布达佩斯，他仍然坚持他的列宁主义。他曾经怯懦地断言，最糟糕的社会主义总是比最好的资本主义更可取（这让许多同情他的人感到震惊，他们问："生活在斯大林统治下是否比生活在瑞典社会民主党统治下更好？"）赫勒称他是"前后矛盾的布尔什维克"，总是想像自己是"真正的布尔什维克"。

---

① 1956年匈牙利革命，也被称为匈牙利十月事件，是1956年10月23日至11月4日发生在匈牙利的由群众和平游行而引发的武装暴动。在苏联的两次军事干预下，事件被平息。事件共造成约2700匈牙利人死亡。　　译者注

1956 年 12 月 4 日，一场妇女游行在布达佩斯举行

和卢卡奇一样，赫勒也拥护革命。赫勒说，"那场激烈、血腥的斗争是我一生中最重要的政治经历"。虽然她后来把阿伦特的极权主义理论融入了自己的思想，但她并不认同阿伦特对匈牙利事件的评断。阿伦特在匈牙利民众中看到了直接民主的时刻，民众是可以走出私人领域并介入到公共领域的。赫勒认为这实在是太浪漫了，是阿伦特渴望"得出绝对理论结论"的结果。她的匈牙利同胞实际上是在为代议制民主和独立而战。赫勒开始相信"纯粹的民主"——没有"安全保障"的民主——会演变成"纯粹的恐怖"。

1956 年之后，莫斯科接管了匈牙利。赫勒失去了她的大学职位并再次被逐出党。最终，匈牙利开始了炖菜式共产主义（goulash communism）。它的前提是：生活水平的提高依赖于政治上的平静。当时并没有太多选择，大部分匈牙利人都默许了，但"布达佩斯学派"（Budapest School）不愿为五斗米折腰。布达佩斯学派的成员们有时会被允许出国旅行——政府以此展示其政党对于自由的推崇——况且布达佩斯学派成员们的想法在国内本身就是不受欢迎的。赫勒参加了在南斯拉夫附近的一座岛屿上举行的夏季研讨会，在那里"批判的马克思主义者"讨论了官方学说的替代方案。赫勒在那里遇到了哈贝马斯和戈德曼。她也被"日常生活的革命"①这一理念所吸引，这一理念在当时的法国尤其流行。

---

① 了解这一理念可参考鲁尔·瓦纳格姆的作品《日常生活的革命》。——译者注

1971 年,卢卡奇去世。卢卡奇的学生再也不能以他的国际声望作为庇护伞,随之而来的就是对"哲学家的审判"。党提出了"科学的布尔什维克"的领导方针,布达佩斯学派的马克思主义受到了质疑。赫勒和她的同僚们也积极回应,用她的话回答说,"我们很乐意参加公开讨论……但是匈牙利执政党组织的讨论显然是鸿门宴"。因而布达佩斯学派被指责为"右翼异端",布达佩斯学派的成员们被跟踪、骚扰,继而相继失业。

流亡海外成了赫勒唯一的选择,1977 年她首先去了澳大利亚,后来又去了纽约。在此期间,她写了很多书和文章。她的著作有:《马克思的需要理论》(The Theory of Need in Marx)、《文艺复兴的人》(Renaissance man)、《独裁统治需要》(Dictatorship over Needs)、《后现代政治状况》(The Postmodern Political Condition)、《超越正义》(Beyond Justice)、《碎片化的历史哲学》(A Philosophy of History in Fragments)、《不朽的喜剧》(Immortal Comedy)等。

三

不管赫勒住在哪里,她都拒绝按照游戏规则行事。虽然许多人——唉,太多的左翼人士——声称自己是批判的思考者,他们总是保有初心,相信自身有意义的思考可以改变世界。难怪赫勒有时会让一些人感到不安。

赫勒不认同任何主义。对她而言,不论是列宁主义还是匈牙利主义,都限制了思想的独立,给想象力强加了未经检验的范畴,这是对不可名状的修饰。赫勒尖锐地指出,认同雅各宾主义的平等主义者忘记了必须回顾的事情:雅各宾派处决了要求法国革命者发表《妇女胜利宣言》的奥林普·德·古日(Olympe de Gouges)。赫勒认为,过去女性之所以无法成为伟大的哲学家或文化创造者,是因为对自由的否定,而自由总是意味着独立选择的能力,主义阻碍了这种能力,对她来说,妇女运动的真正重要性在于打破障碍。

赫勒的后马克思主义立场彰显出对存在主义思想的欣赏,但在另一种意义上,也体现了社会主义人文主义所推崇的社会发展对于自我实现的持久影响。她说自己是"被扔进了这个世界",这一说法与海德格尔和萨特的说法相呼应。但是,如果自由意味着通过自己的选择来决定你自己,那么你仍然出生在一个既有社会、经济和政治关系的世界里。此外,在《超越正义》中,赫勒强调所有的劳动在道德上是平等的:"医生的工作并不比管道工的工作更重要,总理的工作并不比农民的工作更重要,因为所有人对于社会再生产都是必需的。"某些劳动的报酬高于其他劳动,与不同工作的内在有用性完全没有关系,这与社会的统治结构有很大关系。赫勒认为,财富并不能给人带来满足,对她来说,对称性互惠才是满足感的来源。

她相信自己正处于历史中的一个特权时刻,这一直是一种危险的幻觉。"我不认为卡尔·马克思的哲学模式一定会导致古拉格集中营",她写道。就像尼采与纳粹主义的关系一样,用她自己的哲学术语来说,问题不在于错误的表象,而在于马列主义政党的本质就是用"总体性话语"挑战统治,很容易导致其他形式的压迫。赫勒不合时宜地断言招致了一些不那么敏锐的人的指责,他们指责赫勒已经逃离马克思,转而追求新保守主义或后现代主义。这意味着放弃"整体性"——卢卡奇最具影响力的著作《历史与阶级意识》(1923)中的关键,赫勒称自己可以接受后现代的称号,她认为在最简单的形式下,前现代政治是静态的,并将复杂性简化为同一性,现代性是多元的、动态的,具有不同的逻辑,后现代政治思维可以包含多种矛盾的政治形式,有些是解放的,有些不是。和哈贝马斯一样,赫勒摒弃了许多后现代思想家的非理性主义和反启蒙倾向。但当她谈到启蒙运动的未竟事业时,她却提出它不可能也不应该完成。她更喜欢把现代性说成是开放式的,充满了偶然性和可能性。正义永远是不完整的,前提是既没有最终的架构,也没有基本的寄托。如果我们永远无法创造完美的正义,我们可以让这个世界更公正一点,特别是通过公民的勇气。"伦理—政治正义"必须接受激进的宽容,两者团结一致才能承担作为公民的责任。所有的需要都必须被承认,除了那些把其他人变成"仅仅是手段"而达到其他目的的需求。

实际上,赫勒支持欧盟,反对民粹主义的同质化,拒绝非自由主义。她与阿伦特、科林伍德、海德格尔和休谟等思想家进行了多次对话,她还跟德里达进行了一场关于马克思的对话。她钦佩埃德蒙·伯克(Edmund Burke)的美学而不是他的政治主张。

在20世纪90年代中期,一些持不同政见者的编辑参加了普林斯顿大学的一个关于民主的讨论会,赫勒、哈贝马斯、迈克尔·沃尔泽(Michael Walzer)和埃里克·霍布斯鲍姆(Eric Hobsbawn)等杰出人士发表了令人称赞的论文。

一整天的会议过后,我在下榻的酒店大厅里看到了一个不同寻常的场景:赫勒和哈贝马斯正在面对面地进行着激烈但友好的争论。与此同时,客人们办理入住和离开手续,旅馆的工作人员和侍者忙得团团转。我敢肯定,没有一个人知道这些口音鲜明的人物是谁,更不用说这次讨论的主角——海德格尔。"他是一个伟大的哲学家吗?"(赫勒)"还是他在提供有害的理论呢?"(哈贝马斯)。这与政治无关——他们在这一点上都鄙视海德格尔。这些分歧涉及其他哲学问题,比如存在与时间。

赫勒与哈贝马斯2014年的合照

听着他们的交流,我思考着《异议》的创始人欧文·豪(Irving Howe)会作何感想,他不久前去世了。豪对哲学的耐心是出了名的有限(当他没有耐心时,他会在后脑勺上捻一些头发)。不过,当涉及政治问题时,他还是想要跟赫勒、哈贝马斯这类思想家探讨。他们都意识到了左派的非自由主义和反人道主义所造成的损害,但都极少谈论。

当赫勒与《异议》的成员相遇时,那是中欧知识分子与纽约左翼知识分子的一次会面。两者在批判的风格和经验上都有相似之处,也有不同之处。对抗俄罗斯坦克和对抗美国坦克是不一样的,麦卡锡主义和布达佩斯哲学家的审判恰恰趣味相投。豪超越了托洛茨基主义和赫勒的卢卡奇主义。像《目的》(Telos)《论文十一》(Thesis Eleven)《国际实践》(Praxis International)《星群》(Constellations)这样的期刊是赫勒哲学思想的故乡,而《异议》则成了她的政治故乡。

《异议》与匈牙利异见者有着长期的联系,他们都大力支持1956年匈牙利革命。《异议》发表了来自苏联集团的持不同政见者的文章,有些是偷运出来的。1989年,当豪派我去布达佩斯时,我发现《异议》在反对派知识分子中享有盛名,因为它是一本带有左翼价值观的小杂志,用左翼语言顽固地反对独裁统治。

赫勒和费赫尔进入持不同政见者的世界是很自然的。她的结论是,一个不公平的世界必须变得更好一点,同时她也认识到正义永远不可能完全实现。豪是一位美国自由社会主义者,他写过一部名为《希望的边缘》(A Margin of Hope)的作品,他在最后一篇发表在《异议》文章中坚持为乌托邦摇旗呐喊。赫勒和豪的立场并不相同,但他们都遭遇了不幸的20世纪。在20世纪80年代末,赫勒、费赫尔、豪,我们在上西区共进晚餐,讨论政治和为《异议》写作。很快,"Agi"和"Feri"(赫勒和费赫尔的昵称,朋友们这样称呼他们)出现在我们的页面上,讨论的话题从社会主义思想到戈尔巴乔夫的苦难,赫勒夫妇最终加入了我们杂志的编委会。

很明显,豪给他们留下了深刻的印象。在《异议》1993年秋季期的一个纪念研讨会上,赫勒和费赫尔指出豪不喜欢卢卡奇——"太高贵,太抽象,太妥协"。然而,对他们来说,豪体现了卢卡奇的格言:"真正的勇气不是勇敢地面对老师,而是对那些违背自己最深刻的道德和政治信念的同僚说不。他与任何形式的社会主义都是格格不入的。"也就是说,左派必须是古典自由主义价值观中最好的东西的继承人而不是敌人。不是里根,不是撒切尔,也不是世界的商品化,而是法律面前的平等和个人的自治、团结、互惠、平等。他们继续谈论豪："他的友好姿态充满了独特的优雅；他没有欧洲官员那种虚伪的做派"，他的高贵是"一种个人成就，而不是一个社会名流阶层的成就"。

几乎不可能找到比这些更好的词语来描述和表达我对赫勒的敬意。

向一位哲学家告别[①]

尤尔根·哈贝马斯[②]

（德国法兰克福大学社会研究所）

今年我耽误了很久才给赫勒送上了九十岁生日的祝福，赫勒丝毫没有生气并回复我"祝贺永远不会太迟"，令人扼腕的是，天妒英才，赫勒死讯突然传来。可以确信的是，赫勒自始至终都是一个闪闪发光、个性鲜明的人，她的智慧泉源从不枯竭。回顾赫勒的一生，人们应该可以理解，只有骤然死亡的浪漫才适合这条鲜活的生命。上周五，赫勒在度假期间游到了巴拉顿湖，再也没回来。

赫勒是一位老派的哲学家，我第一次见到她是在 60 年代中期法兰克福林·费舍（Iring Festcher）的家里，后来是在科尔丘拉岛（Kor čula）上的实践哲学年度会议上。我和她的批判理论很接近，但更为吸引我的是，她本身就是一位年轻而迷人的哲学人物化身。在大多数人看来，德国理想主义的遗产在被保留在"东方集团"（当时被称为"东方集团"）的同仁身上，他们在学术上怀着对无法证实的理论的自我担保，这也是我在赫勒身上所看到的，但是这种自信在当代西方哲学中已不复存在。

---

① 本文译自哈贝马斯为赫勒写的讣告"向一位哲学家告别"（"Farewell to a Philosopher"）。Jürgen Habermas, " Farewell to a Philosopher", in *Constellations*, New York: Constellations, 2019, pp. 353—354.

② 作者简介：尤尔根·哈贝马斯，德国当代最重要的哲学家之一，是西方马克思主义法兰克福学派第二代的中坚人物，被公认是"当代最有影响力的思想家"，在西方学术界占有举足轻重的地位。2015 年，获美国国会图书馆颁发克鲁格人文与社会科学终身成就奖。译者简介：王思雨，女，南京大学马克思主义学院博士研究生。

　　赫勒拥有这种坚不可摧的哲学自信,她拥有一种开放的、不受羁绊的思想,这也是 20 世纪 50 年代的布达佩斯,聚集在卢卡奇周围的学生们的心态,但是这并没有掩盖布达佩斯学派在知识以及政治上的自主性、生产力及其人文主义冲动。1956 年的叛乱被镇压后,赫勒和她的朋友们作为异见者面临迫害,最终被迫移民。

　　在接下来的几年时间里,我认识了一位始终怀有理想主义的自我沉淀和哲学感召的学者,认识了一位拥有令人钦佩的坚强性格、骄傲、勇敢而又谨慎的女性。面对这种坚强、强势的性格的存在,我常常扪心自问,当然,我也想问问赫勒的读者,会不会失去了解这位强势作者思想理论的兴趣?然而她的第一本书《文艺复兴的人》(Renaissance Man)让我改变了这种观点,1967 年,这本书在匈牙利出版,她在书中真诚地赞美了文艺复兴时期的人文主义精神及其美德。作为一个哲学家,赫勒精准地捕捉到日常生活的直观经验,并将其与深邃的哲学洞察相结合,这一点是她跟汉娜·阿伦特(Hannah Arendt)的共同优点。

　　赫勒是旧欧洲意义上真正的哲学家。她的思想反映了一段不同寻常的生活经验,一个痛苦的生活故事。在《文艺复兴的人》这本书中,我们可以明显看到极权主义时代在她身上留下的伤疤。她还没满十五岁就经历了大屠杀,尽管她从来都波澜不惊,年轻的女孩和她的母亲逃脱了驱逐和枪击,然而父亲却没能幸免于纳粹的残害。赫勒在匈牙利长大了。1956 年,她失去了卢卡奇的助理研究员职位,失去了学术生涯的希望,她在非常困难的情况下继续她的哲学工作,最后移民到澳大利亚。

　　在接下来的几年里,这位犹太哲学家在纽约社会研究新学院①(New School for Social Research)担任教授,结束了遭受政治迫害的命运。赫勒回到祖国后,在维克托·欧尔班(Viktor Orban)的狭隘民主政治中,她再次被暴露在充满公众仇恨和反犹主义的乌霾之下,这样的创伤经历就是不会结束。当然,这一令人沮丧的现实并没有阻止她公开反对政权,并给

---

① 该学院成立于纳粹时期,旨在接待来自德国和欧洲的犹太移民。——译者注

予年轻一代勇气。生活不允许她平静下来。

赫勒认为自己不是知识分子,她只是在自我地过着一位哲学家应当过的生活,正是从这种生活中,她获得了忍受我们这个时代黑暗势力的力量。

阿格妮丝·赫勒生命政治理论研究综述

王思雨①
（南京大学马克思主义学院）

　　21世纪以来,随着新自由主义在全球范围内遭遇对抗与危机,与之共生的全球化与现代性的后果也越发凸显,贫富分化、监控、政治霸权主义与恐怖主义等问题不断恶化,资本对人的身体、生命状态的控制与调节越来越普遍化,另一方面,作为西方左翼学者重要话语阵地的生命政治学在主流政治学话语中愈发得到承认,这使得福柯所开创的生命政治学成为当下极具生命力的热点话题,学界掀起了关于生命政治的一系列探讨,但是大部分的学者往往将疫情所引发的一些问题与福柯等人的生命政治理论联系起来进行思考,而以赫勒为代表的东欧学者的生命政治理论却很少有人关注。

　　赫勒的生命政治学贡献出一种独特的文化批判视野,在她看来,生命政治是19世纪激进主义的继续,生命政治取代了社会问题的政治化,从属于大众文化,生命政治是反传统民主政治的。赫勒将生命政治定义为身体政治,即身体的政治化。赫勒对于生命政治的讨论主要集中在1994年出版的《生命政治》(Biopolitics)和1996年《生命政治:身体、种族和自然的政治》(Biopolitics: The Politics of the Body, Race and Nature)两本论著,她在借鉴阿伦特、福柯等人的思想资源的基础上,写就了包含历史

---

① 作者简介:王思雨,女,南京大学马克思主义学院博士研究生。

视野与现实经验的生命政治理论,由于学界对此研究成果较少,故本文对
收集到的文献分别进行讨论,以期为学界进一步开展赫勒生命政治理论
研究提供补充素材。

一、国内赫勒生命政治理论研究状况

国内介绍赫勒生命政治思想的论文仅有一篇《赫勒和费赫尔的生命
政治理论及其美学意义》①,主要结合赫勒分别在 1994 年和 1996 年出版
的专著,从生命政治的概念、生命与自由的价值冲突、生命政治的伦理基
础三个层面入手,论证赫勒生命政治思想中所蕴含的美学政治思想。该
论文对赫勒思想的内涵做了大致的总结:第一,将赫勒的生命政治理论定
位于现代性所引发的制度、价值观和存在论等层面的转变。启蒙现代性
承诺的失败加速了身体的政治化进程,赫勒的生命政治的出发点为日常
生活,现代政治将人的生命视为政治行动的首要条件从而渗透进入日常
生活,接着不断向公共领域不断扩散。第二,赫勒生命政治理论的主体为
身体,其蕴藏的生命与自由的两种价值冲突代表了当代美学政治转向的
特征,自由与生命不是作为自我实现的目的而是作为现代政治治理技艺
的手段而存在。第三,生命政治影响了现代的伦理基础,其中主体在情感
操持、需求独裁中蕴含了寻求差异的伦理诉求。

总体而言,该论文主要发掘了作为赫勒生命政治中的主体——身体
所承载的美学意味。一方面,由于生命政治的治理技术与传统政治具有
很大区别,生命政治以自由与生命为手段,不仅将各种权力机制作用于主
体外部的塑造,而且作用于以身体为载体的人的日常感性世界,进而造成
不同种族、性别、利益群体在感知方式和情感结构方面的差异。在这种权
力关系中,日常生活肩负着人类解放和革命的需要,日常生活革命就是政
治革命。另一方面,该文指出人们在争取身体权利时,更加关注身体的感
性需要,这使得政治领域与审美领域得以链接,然而,在作者看来,"在身

---

① 刘灿:《赫勒和费赫尔的生命政治理论及其美学意义》,《马克思主义美学研究》2021 年第 1 期。

体感性的政治化层面上,审美失去了其自律性特征,也失去其审美救赎的弥赛亚效用"①。该论文强调了赫勒生命政治理论的美学维度,但鲜少涉及赫勒理论中的现代性逻辑及"精神性"概念的分析,对于赫勒在后续四个章节中对于健康隐喻、环境保护论、性别主义、种族主义的讨论也没有讨论;此外,改论文的结论过于浅薄,仅仅将生命政治作为一种政治形态的集合体进行分析,过度夸大赫勒对于民主与自由两种价值分析的象征意义。

二、国外赫勒生命政治理论研究状况

国外研究赫勒生命政治思想的论文现有两篇,分别为《健康的生命政治学:基于米歇尔·福柯、阿格妮丝·赫勒和汉娜·阿伦特的反思》②《从身体政治到身体的政治:费伦茨·费赫尔和阿格妮丝·赫勒的生命政治理论》③;此外,赫勒还有一篇关于生命政治理论与民主问题的访谈《阿格妮丝·赫勒,1929—2019 和生命政治》④。

《健康的生命政治学》一文从理论和实践层面论述了以下两个方面的内容:一方面,承认赫勒的生命政治思想借鉴了福柯与阿伦特的生命政治理论资源。其中,赫勒对于生命政治的理论定位与阿伦特的政治、伦理思想具有亲缘性,因而,以赫勒关于生命政治的阿伦特式视角来审视福柯的生命政治理论,可以看出赫勒与福柯批判视角的分野。在福柯看来,以"规范人的多样性的手段"而存在的"权力"对于社会身体的管理即为生命政治学,在现代社会中,权力不再是一种物质性力量比如说刑罚的代名词,而是通过社会规范、法律条文来监视和驯服人。在福柯那里,生命政

---

① 刘灿:《赫勒和费赫尔的生命政治理论及其美学意义》,《马克思主义美学研究》2021 年第 1 期。

② Francisco Ortega, "Biopolitics of Health: Reflections from Michel Foucault, Agnes Heller and Hannah Arendt", in *Scielo*, Brazil: Intface, Spt., 2004.

③ J. F. Dorahy, "From the body politic to the politics of the body: The biopolitical theory of Ferenc Fehér and Agnes Heller", in *Constellations*, New York: Constellations, 2018, 25(4).

④ Bennett David, "Agnes Heller (1929—2019) and Biopolitics", in *New Formations*, New York: Ingenta, 2020, 99(1).

治是去主体化的且从属于政治领域,与之相反,赫勒认为生命政治是主体化的,它是身体的政治化,赫勒的生命政治的诸多议题如种族、性别等从属于大众文化而非政治领域,生命政治是反政治的。另一方面,该文着重讨论了与健康、教育、养老相关的福利国家的构建,正对赫勒与阿伦特的争论点,即通过"社会问题的政治化缺位与生命政治之间的关系"来关注少数群体的权利问题。总而言之,这篇论文主要是回溯了赫勒的思想资源及其与福柯、阿伦特之间的对话,着重强调赫勒与后者之间的争论来分析西方国家所面临的社会问题。

《从身体政治到身体的政治》一文中以下观点值得注意:一是福柯提出了一个聚焦于国家的生命政治分析模式,而赫勒的生命政治理论则局限于市民社会。二是福柯与赫勒是在历史和现实双重语境下探讨生命政治,他们都将生命政治置于自由主义及现代性的广阔背景之中加以考量。三是赫勒认为生命政治所推崇的生命与自由的价值取向及其自我封闭的特性使得它自身始终面临着极权主义的诱惑,自由与生命之间的价值冲突使得生命政治在迎合多元异质的现代性的基础上得以发展。四是生命政治的同质化倾向与擅长需求的独裁和意识形态阴谋的老布尔什维克主义无异。生命政治不同于以往仅限于公共领域的政治治理技术,它渗透到公共、私人和私密领域,前现代国家的惩戒与规训无法触及个人现如今,生命政治成为主宰人们日常生活和私密领域的统治性权力。五是在对政治正确的批判中必须捍卫自由。前现代的政治是以自由为基础的,而生命政治则是以维护生命价值为最高价值取向,是身体的政治化。赫勒认为当代生命政治在维护生命价值的同时牺牲了自由,自我封闭的生命政治的解毒剂是对话的政治,它表征了对于他者、外群体及差异的包容。

《阿格妮丝·赫勒,1929—2019》主要记录了赫勒对于生命政治理论的反思:第一,赫勒指出自己的生命政治理论写作在于对其概念的干预,生命政治概念的内涵是历史地变化的。譬如福柯的生命政治概念不仅是一个一般的概念,而且与特定的历史时期和历史经验相关。生命政治的主要概念成为人口统计学而不是身份政治。第二,在征服内在自然与外在自然的历程中,对于是否要消除偶然性的选择取决于道德而非科技,往往法律会依据道德而制定。第三,赫勒不赞同阿伦特对于直接民主的赞赏,在她看来,以团体范式而存在的民主评议往往会产生专横的意见领袖,现代民主必须尊重少数人的权利甚至是个人对于公民权利的反对。四是赫勒认为马克思的劳动价值论建立在劳动创造价值之上,没有为自然界留下创造价值的空间。因而,人类在征服自然的过程中逐渐掌握了利用科技来消除自然的偶然性,现代性一劳永逸的承诺使得人类逐渐将消除偶然性的目光从自然界转向人类社会,因而人化世界成为现实。赫勒援引澳大利亚的山火事件说明必须尊重并恢复自然的偶然性。五是赫勒认为现代性始于对科学的无限制解放,科学对于自然偶然性的过度干涉引发了生态危机,其对于人类本性的干涉很可能会引发道德危机,现代性的野心需要被限制。

三、小结

通过对赫勒生命政治理论的文本回顾和研究现状的分析可以发现,一方面,对于赫勒的生命政治理论研究比较单薄,国内几乎没有学者关注到这一理论或仅仅将其作为自己研究领域的思想素材来看待,对其内在逻辑及其理论纵深的研究少之甚少,这对于我们完整把握赫勒的思想脉络及其理论选择来说无疑是遗憾的。另一方面,关于赫勒的生命政治理论,我们可以从中把握到她犀利的观察,但也能察觉到赫勒对关键术语的模糊性表达甚至是拒斥,这需要我们搜集赫勒多个时期关于生命政治理论的阐述,全面把握其思想逻辑。

海外学者论域

马克思恩格斯的国家理论①

鲍勃·杰索普②

（英国兰卡斯特大学人文高级研究院）

"流传下来的有关马克思主义的国家理论是对马克思恩格斯关于这一问题的著作的简化甚至是歪曲。"（莱文,1985 年)③

"我们为了内容而忽略了政治观念、法权观念和其他思想观念的形式方面,即这些观念是由什么样的方式和方法产生的。"（恩格斯致梅林,1893 年)④

在简要回顾马克思关于国家的早期著作后,我将探讨马克思成熟时期的著作。在后者的背景下,强调了三个主题:(1) 国家是资本主义生产方式的一个关键特征。(2) 市场和国家之间以及经济和政治阶级斗争之间的潜在脱节。(3) "政治场景"(political scene)和政治形势的性质。

---

① 本文译自鲍勃·杰索普(Bob Jessop)于 2008 年 1 月 7 日在南京大学马克思主义社会理论研究中心举办的"马克思论坛"上的发言。译者简介:王云鹏,男,南京大学马克思主义学院博士研究生,研究方向为马克思主义哲学。译文中的脚注皆由译者添加。

② 鲍勃·杰索普(Bob Jessop, 1946—),当代著名马克思主义政治学家,英国兰卡斯特大学教授。

③ Levin, Michael. "Marx and Engels on the Generalised Class State." in *History of Political Thought*, vol. 6, no. 3, 1985, pp. 433 – 453.

④ 引文出自 1893 年 7 月 14 日恩格斯致弗兰茨·梅林的信,中文译文参见《马克思恩格斯文集》第 10 卷,北京:人民出版社 2009 年版,第 656—661 页。

一、重新审视早期马克思

在《黑格尔法哲学批判》和《〈黑格尔法哲学批判〉导言》(1843)中,马克思认为,新兴的资产阶级社会形态的特征是在制度上分离了:以国家为中心的、其政治以集体利益为导向的公共领域,以及私有财产和个人私利占主导地位的市民社会。

黑格尔认为,这两个独立领域之间的关系通过两种方式得到调节:(1)国家将通过一个有能力的、专业的官僚机构来管理社会的共同利益,这所官僚机构是择优选择的,并以共同利益为导向。(2)市民社会将通过基于法治的代议制民主机制和社团主义组织(专业协会)确保其利益得到考虑。需要特别关注的是,黑格尔认为,在理想世界中,以君主立宪制和选举产生议会为形式的国家,能够而且将会代表社会所有成员真正的共同利益或统一利益。马克思回应道,它充其量只能代表一个虚幻的利益共同体——在这种共同体之下,各种对抗、粗俗的唯物主义和利己主义冲突将持续存在于以财产私有制和雇佣劳动为基础的社会中。

从这一批判中,马克思得出两个主要结论:

(1)黑格尔对现代国家的分析是内在冲突的——他无法表明国家如何实际上统一其各个主体的利益,因为现实世界本身是矛盾的,会不断地破坏这种统一计划;

(2)真正的解放和真正的利益共同体要求废除私有财产。

对于这种分析有两种相反的观点:

"《黑格尔法哲学批判》……明确地陈述了国家对社会的依赖性,通过一种反人民授权的理论批判性地分析了议会制度,表达了最终要求压制国家本身的观点。从政治上讲,成熟的马克思主义在这方面的补充相对较少。"①

马克思在批判黑格尔(和鲍威尔)中使用的"国家—社会"(state-socie-

① Lucio Colletti, "Introduction", *Karl Marx: Early Writings*, London: Penguin, 1975, p45.

ty)这一对概念,妨碍了我们理解马克思后来的政治经济学批判的政治维度和政治意义。这一点是十分准确的,因为"市民社会"(civil society)是一个模棱两可的概念——它涉及的是国家内部公民之间的关系,还是经济体制内部有产者与无产者之间的关系?（详见下文）。

二、历史唯物主义中的国家理论

"从直接生产者身上榨取无酬剩余劳动的独特经济形式,决定了统治和从属的关系,这种关系是直接从生产本身中生长出来的,并且又对生产产生决定性的反作用。但是,这种从生产关系本身中生长出来的经济共同体的全部结构,以及这种共同体的独特的政治结构,都是建立在上述的经济形式上的。任何时候,我们总是要在生产条件的所有者同直接生产者的直接关系……当中,为整个社会结构,从而也为主权关系和依附关系的政治形式,总之,为任何当时的独特的国家形式,发现最隐蔽的秘密,发现隐藏着的基础。"[1]

这一主张可以理解为:正是社会生产关系塑造了统治和从属的社会关系——详见马克思和恩格斯在《共产党宣言》中关于压迫者与被压迫者关系的描述[2]。[注意:不是生产力塑造了法律—政治上层建筑——这不是关于技术决定论的主张]。因此,在资本主义的情况下,经济剥削以自由雇佣劳动和劳动合同为基础,统治与从属的关系的政治形式则通过资产阶级民主共和国和个体公民的形式得到体现。简而言之:

"当剥削采取交换的形式,专制就会采取民主的形式。"（莫尔,1957年）[3]

这可以被解读为一个关于经济基础和上层建筑的论证,但这是一个在形式上而不是内容上有效的论证。马克思并没有声称,具体的国家政

---

① 《马克思恩格斯全集》第46卷,北京:人民出版社2003年版,第894页。

② 参见马克思、恩格斯《共产党宣言》,北京:人民出版社2018年版。

③ S. W. Moore, *The Critique of Capitalist Democracy*, New York: Paine Whitman, 1957, p. 85.

策可以直接从当前的经济状况中解读出来。他认为，**政治组织的形式**与**经济组织的形式**相对应——因此，基于私有财产、工资关系和以利润为导向、以市场为中介的交换的经济秩序，自然与基于法治的、法律面前人人平等和统一的主权国家的政治秩序相"契合"或"对应"。这一论点可以从资产阶级民主对于整合的、以利润为导向的、以市场为中介的资本主义生产方式所具有的"形式充分性"（formal adequacy）来加以阐述。

因此，经济斗争通常会发生在市场逻辑中（即围绕工资、工时、工作条件、价格展开的斗争），而政治斗争通常发生在基于法治的代议制国家逻辑中（即围绕界定国家利益，在"虚幻的"普遍利益中调和公民和财产所有者的特殊利益而展开的斗争）。这意味着作为资本主义国家类型（the capitalist type of state）的明确组织原则的阶级是不存在的——统治阶级没有合法的垄断，没有政治权力的专有权——它必须在形式上与从属阶级的成员平等地竞争权力。

这个论点同苏联法学理论家提出的著名的"帕舒卡尼斯问题"（Pashukanis question）相对应（并建立在马克思和恩格斯本人以及列宁等人的言论基础上）。帕舒卡尼斯问：

"为什么它采取了官方国家统治的形式，或者——同样的——为什么国家强制机器没有成为统治阶级的私人工具；为什么它远离了统治阶级而呈现出与社会相分离的非个人公共权力机构？"①

这使马克思在《1848年至1850年的法兰西阶级斗争》中写道：

"但是，这部[民主]宪法的主要矛盾在于：它通过普选权赋予政治权力的那些阶级，即无产阶级、农民阶级和小资产者，正是它要永远保持其社会奴役地位的阶级。而它认可其旧有社会权力的那个阶级，即资产阶级，却被它剥夺了这种权力的政治保证。资产阶级的政治统治被宪法硬塞进民主主义的框子里，而这个框子时时刻刻都在帮助敌对阶级取得胜利，并危及资产阶级社会的基础本身。宪法要求一方不要从政治的解放

---

① 帕舒卡尼斯：《法的一般理论与马克思主义》，杨昂、张玲玉译，北京：中国法制出版社2008年版，第92页。

前进到社会的解放,要求另一方不要从社会的复辟后退到政治的复辟。"①

正是这种处于政治经济学核心的资本主义生产方式的结构性矛盾,解释了为什么马克思很少使用经济基础—上层建筑的比喻来阐释特定政治制度的发展或特定国家政策的内容——因为这取决于政治斗争的具体变化,而不是当前的经济形势。相反,这意味着马克思的政治分析必须密切关注国家形式、政治体制、政治话语、政治力量之间的平衡等,以及不断变化的经济形势、经济危机、潜在矛盾等。

三、《共产党宣言》中的国家与政治

上一节讨论的历史唯物主义分析突出了对资本主义生产方式中统治和从属关系的形式分析。形式上的分析不是从表面上分析:它是对社会形式及其实质性影响的分析——形式确实是有所作为的!但是,马克思对国家和政治的分析还有另一个方面作为补充。这就是历史维度,即国家的历史构成问题、国家形成或国家建设的过程。一个形式上完备的资本主义国家决不会从资产阶级生产关系的发展过程中自动地或直接地产生出来。这在《共产党宣言》的第一节中说得特别清楚:

"资产阶级的这种发展的每一个阶段,都伴随着相应的政治上的进展。它在封建主统治下是被压迫的等级,在公社里是武装的和自治的团体,在一些地方组成独立的城市共和国,在另一些地方组成君主国中的纳税的第三等级,后来,在工场手工业时期,它是等级君主国或专制君主国中同贵族抗衡的势力,而且是大君主国的主要基础。最后,从大工业和世界市场建立的时候起,它在现代的代议制国家里夺得了独占的政治统治。现代的国家政权不过是管理整个资产阶级的共同事务的委员会罢了。"②

这表明,现代国家在形式上的构成过程是崎岖不平、前赴后继的——

---

① 《马克思恩格斯文集》第 2 卷,北京:人民出版社 2009 年版,第 114—115 页。
② 同上书,第 33 页。

经历了经济上和政治上的斗争和反复试验,现代代议制国家才得以发展。不足为奇的是,鉴于民主宪政的核心矛盾,这也是一个脆弱的政治制度——由于从属阶级无法接受只有政治解放这一条路,以及统治阶级对社会统治(即国家权力的行使事实上服从于资本积累的迫切需求)感到不满意并希望恢复自己对政治权力的控制,这一制度容易变得不稳定。

《共产党宣言》是一部鼓舞人心的纲领性文献,它声称(并给予了一种希望):一旦一个自由民主国家建立起来,无产阶级及其盟友在数量和组织力量上的不断增长将使社会和政治权力能够和平过渡。但请注意马克思恩格斯观点上的矛盾性,他们预计无产阶级革命首先会在非民主制的德国爆发,而不是在半议会制的英国。

四、资本与国家

在对政治经济学的批判中,马克思认为资本主义既是经济的,也是政治的。他想通过将税收分析为"体现在经济上的国家本质"(1847),从而将他的分析扩展到国家层面的政治经济学。但他从来没有成功地完成"缺失的关于国家的著作"(曾被提出作为《资本论》完整内容的六册之一①),因此他的批判更多地集中在资本积累的经济动力而不是政治动力上。

尽管如此,一些关键内容还是被提到了:

(1) 个人资本不得在劳动过程以及在与其他资本的竞争中使用直接强制手段,但国家保护私有财产和合同的神圣性。这使得资本能够维持其管理劳动过程、占有剩余劳动以及执行资本之间的契约的权利。

(2) 资本主义需要自由的雇佣劳动力,国家通过发挥它在以下方面的作用为资本主义创造了这一条件,包括废除封建特权、推动公地圈占、惩罚流浪者、强化人们进入劳动力市场的义务,等等。但国家也使工人能够

---

① 在《政治经济学批判大纲》的写作过程中,马克思放弃了"五篇计划",代之以一个新的"六册计划"。根据马克思的通信,"六册计划"包括:1.资本。2.土地所有制。3.雇佣劳动。4.国家。5.国际贸易。6.世界市场。——译者注

自由行使自己的劳动力所有权,保障雇佣劳动的再生产条件,实施工厂法,回应住房问题,保障廉价食品供应等。

(3)"正如资本代表着同生产者相异的生产资料一样,在资本和雇佣劳动之间行使平等权利的职能也产生了一种新的法定权威形式,即国家。国家是一种异化于人民的公共权力,是一种不同于社会的独立力量,它拥有自己的机构和自己的人员。"(法恩,1984年)。

(4)现代代议制国家本身不从事有利可图的经济活动——资本更愿意自己从事这些活动,并让国家承担起对资本来说无利可图的必要的经济和社会活动。什么是有利可图的和必要的,在不同的社会形态中是不同的,同时也随着时间的推移而变化。

(5)现代国家从税收和公共债务中获得了其自身活动的收入,税收构成了资本的必要负担(这对商业来说是一种不幸的成本,但可能的话,也可以将它转移到其他地方),公共债务则限制了国家的策略自由(来自"资本罢工"和"资本外逃"的威胁)。因此,现代国家的活动依赖于一个健康的、不断增长的经济结构——这将政治计划与经济理性联系在一起。

五、民族和国家

如果有世界市场,那为什么还存在这么多国家?如果经济基础—上层建筑的论点成立,人们就会认为世界市场需要一个世界国家。今天我们可能会说,一个世界国家正在出现,或退一步讲,在最强大的民族国家(美国)的霸权或统治之下组织起来的全球性治理机构正在出现,至少从趋势上看是这样的。

在马克思和恩格斯的时代,无论是资本主义(即使是欧洲资本主义)的不均衡发展(英国是工业资本主义的先驱),还是个别国家薄弱的组织生产力,都与民族国家的出现有关。这些民族国家试图组织民族经济,与其他民族经济及其民族资本进行竞争。

这是现代国家历史构成的一个方面,而不是它的形式构成。尽管如此,在马克思写作的年代,个人公民权和拥有主权的民主国家可以更好地围绕民族国家为中心组织起来,特别是因为民族国家和单一民族国家可能会成为虚幻的利益共同体的基础。在这一时期还存在着这样的问题:当保护主义而非自由市场才是常态的时候,国家市场的形成为资本积累提供了基础。

马克思和恩格斯对民族主义的看法是矛盾和冲突的。一方面,他们意识到,在历史上,某些原本具有自主决定权的民族受到了压迫。另一方面,他们意识到,并非所有民族都有能力建设国家和行使自决权(对于这一点有各种理由,其中一些显然是仇外和种族主义的),而且民族主义也分裂了工人阶级(请记住《共产党宣言》结尾的呐喊:全世界无产者,联合起来!)。

六、两个案例研究

(一)英国的工厂法

马克思分析了关于工作日长度和雇佣妇女儿童的工厂立法,以此为例说明了国家需要对劳动力市场组织和工作条件实施干预,以便维护资本本身和工人阶级家庭双方的利益。(在竞争的焦点是绝对剩余价值而非相对剩余价值的时期)资本之间的竞争使得任何一个资本家都无法率先削减工时、减少妇女和儿童的劳动以及改善工作条件。残酷竞争的后果是婴儿和成人死亡率上升、人口减少和生产力下降——工厂检查员和其他的国家官员曾将这一切写入了报告。工会、"资产阶级的社会主义者"(详见《共产党宣言》①)、慈善家和进步资本家(那些可以通过相对剩余价值获利的人)联合起来,迫使国家通过立法,而这些立法同众多个体资本家的意愿是背道而驰的。

(二)从法国大革命到巴黎公社

马克思对以下方面有强烈的兴趣:

---

① 参见马克思、恩格斯《共产党宣言》,北京:人民出版社 2018 年版。

(1) 法国大革命对以法治为基础的资产阶级国家的发展造成的影响。它废除了基于等级地位和团体成员身份的形式上的政治区分,并将形式上的政治平等范围扩展到所有男性公民。这就需要在个人和国家之间进行调解。它还引入了现代宪法,为资本主义的发展创造了条件。

(2) 法国国家及其政治制度的变化,以及它们与政治斗争和阶级利益的关系——这既说明了法国的情况,在广义上也说明了现代国家的发展状况["讲的就是你的政治故事!"(de te fabula politica narratur)——和作为资本主义经济发展典型的英国相比][①]。

(3) 1871 年的巴黎公社及其对蕴含在现代国家本质和"无产阶级专政"特征这两者当中的政治阶级偏见的影响。

《路易·波拿巴的雾月十八日》(1852)毫无疑问是马克思最著名的政治著作。根据恩格斯后来的序言,它确认了"一切历史上的斗争,无论是在政治、宗教、哲学的领域中进行的,还是在其他意识形态领域中进行的,实际上只是或多或少明显地表现了各社会阶级的斗争"[②]。这是恩格斯曲解了马克思文本本意的一个典型例子,马克思的文本是随着政治事件的发展而写成的,并且需要不断努力去理解这些政治事件。

在这里,马克思的论证有许多重要之处:

第一,在《1848 年至 1850 年的法兰西阶级斗争》中,马克思指出资本主义社会中自由民主宪法核心的一个基本矛盾:宪法保证多数阶级可以行使政治权力,而少数阶级可以继续支配私有财产(见上文)。在他对法国的研究中,他考察了这一基本矛盾的一些含义。

第二,《共产党宣言》是出于政治动机的预测,即资本积累的逻辑将通过无产阶级的增长、中间阶级的消失和资产阶级的萎缩来简化阶级斗争,《资本论》关注的是资本—劳动关系的经济逻辑以及地主、资本家和工人阶级之间的收入分配。与这两部著作相反,马克思的政治著作关注的是当代政治形势,其中阶级关系在复杂的经济和政治环境下发展,并受制于

---

① 马克思在《资本论》第一卷第一版前言中曾这样提醒德国读者:别以为我讲的只是英国的故事,我必须大喊:"De te fabula narratur!"("讲的就是你的故事!")。——译者注

② 《马克思恩格斯文集》第 2 卷,北京:人民出版社 2009 年版,第 469 页。

由现行国家形式塑造的政治逻辑。

第三，《路易·波拿巴的雾月十八日》是对现代国家论域内政治斗争特殊性的研究——没有一个阶级直接地、明确地出现在政治舞台上，于是，马克思煞费苦心地辨认不同政治力量的阶级基础和阶级关系，例如，政治派别、政党、军队、准军事力量、政治暴民、知识分子、记者等。马克思并不认为其中的关系性是一目了然或直截了当的。他在这里面临的一个问题是，现有的政治话语和从过去继承下来的政治风格，与实际的经济利益发生了脱节。这尤其影响了革命力量，他们只有发展出一种"未来的诗情"（poetry of the future）①才能实现他们的阶级利益，而不是试图用旧的政治语言来制定他们的政治纲领。

第四，《路易·波拿巴的雾月十八日》探讨了资本的不同势力、金融贵族和其他占统治地位的阶层在发展政治制度时遇到的问题，这种政治制度可以调和他们在整个资本利益中的冲突。这显著表明，"国家"不是一个简单的"管理整个资产阶级的共同事务的委员会"和"统治阶级的执行委员会"（正如马克思和恩格斯在《共产党宣言》中所表明的那样）。不同的政权对阶级斗争有不同的影响，为不同的利益赋予特权，对形成经济稳定（性）、政治秩序和社会凝聚力的难易程度有不同的影响。波拿巴的政变是夺取政权的一次机会主义式尝试，这次政变之所以被人们接受，一方面是出于日益严重的政治危机（尽管只是松散地根植于经济危机），另一方面是出于对社会秩序行将崩溃的普遍担忧——在这一时期，被统治阶级在政治上被麻痹了，而且他们倾向于支持一个更强大的领导者。

第五，《路易·波拿巴的雾月十八日》也研究了从属阶级在自我组织过程中所面临的问题。自我组织使从属阶级从反对资本的阶级转变为自为的阶级，即从能够抵抗资本到能够废除资本。这方面最著名的两个例子是马克思的下述分析：（1）拥有小块耕地的保守农民，由于他们的农村

---

① 马克思在《路易·波拿巴的雾月十八日》中指出，"19 世纪的社会革命不能从过去，而只能从未来汲取自己的诗情。它在破除一切对过去的迷信之前，是不能开始实现自己的任务的。从前的革命需要回忆过去的世界历史事件，为的是向自己隐瞒自己的内容。"参见《马克思恩格斯文集》第 2 卷，北京：人民出版社 2009 年版，第 473 页。——译者注

隔绝性,他们的生产关系以及他们对高利贷资本和地方政治人物的依赖,这些农民就像"麻袋里的土豆形成一袋袋土豆"一样形成了一个阶级,因此他们需要被代表而不是能够代表自己——路易·波拿巴煞有介事地声称要做到这一点。(2)流氓无产阶级、堕落分子、危险的阶级等,他们本质上是无组织的、政治上不稳定的,往往见风使舵,因此是不可靠的盟友。

第六,马克思使用了大量富于启发性的词汇来分析政治阶级关系,例如,掌管国家的阶级、辅助阶级、文学议员、政党、政治话语的阶级相关性等。这些词汇在政治上是有具体指向的,不能还原为经济上的阶级关系问题。

第七,作为"整个资产阶级的统一专政",波拿巴独裁统治的自治本身也是对统治阶级经济利益的最初威胁。在很短的时期内,由于国家债务的增长,以及波拿巴国家在促进经济扩张、农民征收和海外经济投机方面发挥的作用,国家权力再次与资本主义利益联系在一起。

七、关于恩格斯的余论

当马克思仍在对黑格尔的唯心主义国家理论及其将官僚机制视为"普遍阶级"的观点进行哲学批判时,恩格斯在曼彻斯特发现了实际运行中的阶级国家。恩格斯是军事和战争方面的专家,与马克思一样,他就具体的政治形势和国家政策的特定方面撰写了大量文章。

恩格斯还试图发展一种适用于所有国家的一般国家理论,而马克思在《德意志意识形态》之后并未形成这种理论。这种一般理论存在着严重的问题,主要是因为它缺乏对历史特殊性的关注,而这种关注在马克思关于资本主义国家的议题中是存在的。

但是,在马克思去世后,恩格斯还就法律制度的自主性和法律意识形态的重要性提出了一些有趣的观点,这些观点极大地拓展了我们对现代国家的运作自主性的理解。法的规则及其运作被视为拜物教和神秘主义的重要来源——这种拜物教和神秘主义与商品拜物教相似但又不同。

八、主要结论

（一）马克思对国家进行了多种分析：第一，对政治理论的批判，类似于他对古典经济学和庸俗政治经济学中经济范畴的批判，对具体国家的发展、结构变化和阶级特征的历史分析。第二，对特定政治时期和重大事件的共同分析。第三，对资本主义国家类型的形式分析——尽管主要是从它与资本积累逻辑相契合的角度出发。第四，对处于前资本主义生产方式中的国家和当代社会中除欧美外的国家（或国家的同等形式）的历史分析。旨在影响劳工运动内部政治争论进程而提供的更具战略性的、出于政治动机的论述。

（二）马克思认为，资本主义要求明确区分资本主义生产方式内的经济与同一生产方式内的法律政治体系。每种体系都遵循其自身的逻辑，要么是一种以利润为导向、以市场为中介的交换，要么导向一种能够调和竞争中的个人利益的国家利益（而不是粗暴的阶级利益）。恩格斯在评述作为精神劳动分工一部分的法律体系正在变得愈发自主化时，进一步阐述了这一论点。

（三）资产阶级民主共和国是形式上充分的资本主义国家类型，但这并不意味着：（1）所有资本主义国家都将是民主的。（2）民主政权一旦建立，就不会出现向非民主统治形式的倒退。（3）资产阶级民主国家，更不用说资本主义社会的所有国家所奉行的具体政策，将在实质上满足资本积累或资本主义生产关系的全面再生产。

（四）事实上，马克思认为，在资本主义民主国家，被统治阶级的多数政治权力与被统治阶级的少数经济权力之间存在着矛盾——只有在双方都接受"游戏的民主规则"（democratic rules of the game）的情况下才能调和。马克思不能保证这种情况会发生，实际上，他提供了许多没有发生的例子。

（五）经济上的阶级利益与政治表现形式和政治力量的组织之间没有明显的、一一对应的关系。因此，有必要探讨政治阶级斗争的具体特征，这涉及一种着眼于各种政治力量的行为界限,它们的阶级相关性(如果有的话)以及它们在不同时期对经济再生产、政治和意识形态阶级统治的影响的共同分析。

(六) 压迫工人阶级的工具不能同时成为解放工人阶级的手段——资产阶级民主国家需要被另一种类型国家取代。马克思认为,他在巴黎公社的模式中找到了替代性方案。

舒尔茨"分工和生产力的历史哲学"与马克思[①]

植村邦彦[②]
（日本关西大学经济学部）

　　威廉·舒尔茨是一位出身黑森的政治记者,他在德国 1848 年革命中作为法兰克福国民议会的左派议员而崭露锋芒,是一个激进民主主义者[③]。他的代表作《生产运动》[④]是在三月革命前的状况下,一面批判当时的各种社会理论,一面试图通过和平方式解决资本主义所产生的社会问题,从而实现其"民主主义"主张的著作。这本书在历史观点和理论逻辑上贯穿这一主张,是一部"有众多的推崇者,也有不少敌对者"的著作[⑤]。马克思在《1844 年经济学哲学手稿》中也引用了这本书的很多内容,他甚至在后来的《资本论》中毫不吝啬地夸赞这本书:"这是一部在很多方面值

① 原文发表于《一桥论丛》第八十一卷第一号(1979 年),第 60—76 页,原文题目为「W・シュルツの〈分業と生産諸力の歴史哲学〉とマルクス」。中译文由作者授权翻译发表。该文为江苏省社会科学基金后期资助项目"舒尔茨《生产运动》翻译"(项目号:17HQ004)的阶段性成果。
② 作者简介:植村邦彦,1952 年出生于日本爱知,日本关西大学经济学教授,曾任关西大学经济学部部长。译者简介:邹存峰,1980 年生,黑龙江兰西人,大连交通大学外国语学院讲师;方晴岚,1999 年生,安徽省滁州人,南京大学马克思主义学院硕士研究生。
③ 关于舒尔茨的生平,可参考 W. Grab, *W. Schulz, Ein bürgerlicher Vorkämpfer des sozialen und politischen Fortschritts*. Beiheft zur IWK, Heft 2. Berlin, 1975.
④ W. Schulz, *Die Bewegung der Production: Eine geschichtlich-statistische Abhandlung zur Grundlegung einer neuen Wissenschaft des Staats und der Gesellschaft*, Zürich u. Winterthur, 1843. 中译本参见弗里德里希·威廉·舒尔茨《生产运动:从历史统计学方面论国家和社会的一种新科学的基础的建立》,李乾坤译,南京:南京大学出版社 2019 年版。
⑤ *Allgemeine Deutsche Biographie*, Vd. 32. Leipzig, 1891, S. 752.

得称赞的著作"①。

《生产运动》由物质生产、精神生产—历史的考察、精神生产—统计学的考察这三个部分组成。具体来说,第一章叙述了构成历史基础的物质生产的历史发展,第二章是由此规定的精神生产,即从语言、宗教、艺术、科学的起源直至现代的形成发展的叙述,第三章是比较分析现代欧洲各基督教民族的精神文明状况。从书的章节安排可看出,这是一本具有人类史构想的历史哲学书。

首次注意到这本书在马克思思想形成史上的重要地位的是奥古斯特·科尔纽。在探讨对马克思《1844 年经济学哲学手稿》的写作产生影响的著作时,科尔纽将"过去不大出名的"②的舒尔茨的《生产运动》与恩格斯的《国民经济学批判大纲》、莫泽斯·赫斯的《来自瑞士的二十一印张》杂志所刊载的诸篇论文相提并论。他指出舒尔茨"通过分析经济和社会的发展……(中略)推导出了一种唯物主义历史观"③。但是,科尔纽却没有具体明确地指出这种历史观对马克思的影响。这之后的相关研究在这个问题上一直争论不休④。

在本文中,首先要明确《生产运动》的历史观,即科尔纽所说的"一种唯物主义历史观",在对其意义进行探讨的基础之上,将其与《1844 年经济学哲学手稿》的马克思思想进行比较,从而具体地明确马克思从舒尔茨那里领会到了什么、没有领会到什么,评价了什么以及批判了什么。

---

① 《马克思恩格斯文集》第 5 卷,北京:人民出版社 2009 年版,第 428 页。

② 奥古斯特·科尔纽:《马克思恩格斯传 II 1844—1845》,王以铸、刘丕坤、杨静远译,北京:三联书店 1965 年版,第 137 页。

③ 同上书,第 143 页。关于科尔纽的主张,中译版参见广松涉《马克思主义的形成过程》,邓习议译,南京:南京大学出版社 2019 年版,第 51—54 页。

④ G. Kade, W. *Schulz und die Herausbildung der politischen Ökonomie bei Marx. Ein Einleitung zur W. Schulz „Bewegung"*, Glashütten in Taunus, 1974. 可参见山中隆次《舒尔茨和马克思》,《中央大学九十周年纪念论文集》1975 年。

一、分工和生产力的历史哲学①

《生产运动》中舒尔茨的目标是明确历史的、经济的、社会的发展规律的存在,并给出符合该规律的社会的未来图景。除此以外,他还在阐明法则的同时批判了目前的社会状态和社会相关理论,并为新社会各种关系的组成提供了理论基础。这本书的副标题"从历史统计学方面论国家和社会的一种新科学的基础的建立"充分表达了上述的意图。

舒尔茨通过资本家和劳动者之间的一切不自然的分配以及基于这种分配的阶级对立的激化状态来认识现代社会状态。"我们生活在一个主义泛滥和注重利益的无政府状态之中,教育和财产、精神和物质产品之间不自然的分配滋生和助长了这一状态。通过不自然的分配,所有文明开化的欧洲国家里的大部分人民注定承受着奴役与贫瘠,甚至连剩下的人,也被一种叫做自私自利的绝症所吞噬,他们从自由和愉悦的活动中获得的享受也被剥夺了。"②在这种情况下,他认为追求社会变革的各种理论的产生是必然的。但是,除了法国社会主义的部分理论外(皮埃尔·勒鲁、欧仁·毕雷、路易·布朗等③),他对既有的多数社会理论持批判的态度。

舒尔茨最主要的批判对象是蒲鲁东和"粗陋的共产主义"④。针对这些谬误,他列举了其中的四点错误:废除私有财产共同体的主张,只关注生产和消费的物质主义,"哲学的绝对独裁"的无神论以及急躁的暴力革命论。除此之外,舒尔茨还指出虽然他们自称是"行为哲学",但仅仅解释了社会现状,还按照脱离群众实践的、思辨的即"神学"的社会理论的青年

---

① 在本文日文表述中,"生产力"应准确翻译为"生产诸力"。因中文语境中对历史唯物主义中的"生产力"和"生产关系"概念本身便内含了复数的意义,且直接以"生产力""生产关系"的表述更符合于中文表述习惯,故将日文中的"生产诸力"等表述均直接翻译为"生产力"。——译者注
② 弗里德里希·威廉·舒尔茨:《生产运动:从历史统计学方面论国家和社会的一种新科学的基础的建立》,李乾坤译,南京:南京大学出版社2019年版,第9页。
③ 同上书,第64页。如后面所见,舒尔茨的社会革命论与路易·布朗等的立场接近。
④ 同上书,第27页。

黑格尔派①的方式片面理解了劳动与自由竞争的原理。不仅如此,他还批判了始终自恃合法的国民经济学。从这些批评里我们能看到这样的舒尔茨:虽然对现状有尖锐的批评和变革的意志,但本质上拒绝颠覆社会组织以及反对不合法暴力的改良主义民主主义者。

那么,舒尔茨打算把什么放在这些理论的对立位置上?他想既不陷入物质主义,也不飞翔于思辨性的云雾,而是"在人类本质自身中来研究生产的本质,并将人的肉体的和伦理的,进而将法律的要求作为研究人的起点和终点"②。据此,舒尔茨试图将人类的历史置于物质和精神上的生产和享受的整体性上来把握。

这种情况的前提条件是:通过对"生产的变化以及生产有机体的当代结构的历史的、统计学的考察"③,通过对生活现象的多样性而发展出的简单规律④的熟知,来尝试"在大众生活的最新现象中来证明这些规律"⑤。故我们就必须把讨论转移到:舒尔茨是如何认识这一规律的内容的,并在此之上阐发了怎样的历史观?

对于舒尔茨来说,历史的主体本质上是创造性的人类本性,因此,发展的原动力在于人类的生产活动。"人类如何活动,就会变成什么样"⑥,这是他的历史哲学的基本纲领。所谓的历史的发展规律,无外乎就是物质与精神的享受与生产,这一"人类创造的一个不可或缺的过程"⑦的运动的诸规律。

---

① 山中隆次认为在青年黑格尔派中,舒尔茨对赫斯的社会主义期待"一个进步",并对此给予了一定的评价。参见山中隆次《舒尔茨和马克思》,《中央大学九十周年纪念论文集》,1975 年。但山中的观点没有明确的根据,难以认可。在 1846 年的一篇论文中,舒尔茨甚至指责赫斯的思想为"反科学的暗杀计划"。参见 W. Schulz, *Communismus. Das Staats-Lexikon, hrsg. v. C. Rotteck u. C. Welcker*, Bd. 3. Altona, 1846, S. 333.

② 弗里德里希·威廉·舒尔茨:《生产运动:从历史统计学方面论国家和社会的一种新科学的基础的建立》,李乾坤译,南京:南京大学出版社 2019 年版,第 57 页。

③ 同上书,第 7 页。关于"历史统计"方法的意义,参见山中隆次上述论文,第 591 页。

④ 同上书,第 6 页。

⑤ 同上书,第 8 页。

⑥ W. Schulz, *Die Veränderung im Organismus der Arbeit und ihr Einfluß auf die socialen Zustände*, Deutsche Vierteljahrschrift, 2. Heft, Stuttgart u. Tübingen, 1840, S. 20.

⑦ 弗里德里希·威廉·舒尔茨:《生产运动:从历史统计学方面论国家和社会的一种新科学的基础的建立》,李乾坤译,南京:南京大学出版社 2019 年版,第 9 页。

这项运动首先就是"生产与需要"或"生产与消费"的相互制约的发展。舒尔茨认为,生产过程不仅是财富,而且还有享受,因此是产生新的需要的生产过程。新的需要产生新的生产,生产的增多造成了需要的增大。这样一来,"需要和为了满足需要的手段完全是携手发展的"①。人们在把握了"需要→财富的生产→享受"的整体过程的基础上,还必须知道生产能力和消费能力到底如何进行相互制约的。因此,人们必须知道如何通过特定的消费方式来满足特定的生产方式。(在这里,满足需要,即生产手段的发展成为从本质的生产过程到特定的生产方式的媒介,这是我们必须要关注的。)

第二,这个过程同时也是人类及其精神从自然中独立出来的过程。其单位历史地具体地来看就是民族。各民族在与外界自然的斗争中,通过"共同目的的集团活动"和"对已沉睡的天赋和能力的多方面教化"②,从自然获得独立性。此时,对于外部自然的"按照这种独立性和自由的程度,我们可以发现遵循不同等级的不间断次序(Folge)的更低或更高的社会形态(sociale Gestaltung)"③。

这样,舒尔茨把人类历史的基础过程理解为由生产与需要的相互制约发展所规定的、外在自然的自立过程。将这个基础过程形态化为以"特定的生产方式"为经济内容的各民族的"社会形成态"的中介是"劳动有机体(Organismus der Arbeit)"。这就是构成他的历史观的核心概念。

"劳动有机体"从"双重的视角"进行考察④。第一个视角是全社会规模的劳动分配,即社会分工,第二个视角是"劳动的运用(Betrieb der Arbeit)",即技术意义上的生产样式或劳动样式。因此,所谓"劳动有机体"是劳动过程的特定应有状态(劳动手段及劳动组成的应有状态)和与社会相关联的全体"生产关系"(Verhältnisse der Production)⑤。

---

① 弗里德里希·威廉·舒尔茨:《生产运动:从历史统计学方面论国家和社会的一种新科学的基础的建立》,李乾坤译,南京:南京大学出版社 2019 年版,第 11 页。译文有修改。

② 同上书,第 10 页,译文有修改。

③ 同上书,第 10—11 页。

④ 同上书,第 17 页。

⑤ 同上书,第 57 页。

在第一个视角社会分工中,舒尔茨提出了内涵丰富的社会分工论。最初的社会分工是男女间的性别分工,这样的分工形成了两种结果。一种是物质生产中农工商部门间分工的形成,另一种是物质生产与精神生产的分工。后者是阶级形成的开端。这样,社会分工的发展,在横向上是作为物质生产中的农工商依次分别扩展,在社会结构中,则表现为精神生产并列的独立、对身份乃至阶级结构的固化(关于物质生产的分工,舒尔茨显然继承了亚当·斯密的分工概念。①)。

在第二个视角劳动的运用中,最重要的就是要考察生产过程中的人与自然的关系。根据舒尔茨的观点,"生产行为始终建立在物力和人力的统一和相互作用之上"②,但在生产中总是会产生"生产性人力和服务于生产的无理智自然力的关系"③的问题。这无非是生产过程中"生产力"的主体契机与客体契机相结合的问题。

所谓主体生产力的生产性人力,是指"个人能力,即为生产目的而活动的个人的诸力量的总和"④。这与《资本论》中马克思的劳动力规定别无二样⑤。

所谓的客观生产力即"无主观性的自然力",更准确地说是"通过机器而作用的自然力"⑥,或"以机器的方式产生作用的自然力"⑦。这些自然力,进一步可以分为动物力和本来的机械力(水力、风力、蒸汽力)。根据舒尔茨的定义,在劳动手段中,把人类作为动力的是"工具",将人类以外的自然的各种力量作为动力的是"机器"⑧。也就是说,这里具体的问题是劳动手段的应有状态。

---

① 弗里德里希·威廉·舒尔茨:《生产运动:从历史统计学方面论国家和社会的一种新科学的基础的建立》,李乾坤译,南京:南京大学出版社 2019 年版,第 8 页。

② 同上书,第 65 页。

③ 同上书,第 17 页。

④ 同上书,第 65 页,译文有修改。

⑤ 参见《马克思恩格斯文集》第 5 卷,北京:人民出版社 2009 年版,第 195 页。

⑥ 弗里德里希·威廉·舒尔茨《生产运动:从历史统计学方面论国家和社会的一种新科学的基础的建立》,李乾坤译,南京:南京大学出版社 2019 年版,第 15 页。

⑦ 同上书,第 33 页。

⑧ 注意马克思在《资本论》中引用和批判舒尔茨的这一工具与机器的概念性区别。另外,还可参见 1863 年 1 月 28 日的马克思给恩格斯的书信。

"劳动的运用",更进一步说是劳动中人与人的关系(包含劳动组成)。既然劳动过程中劳动手段应有的状态被具体化问题化,那么由此被基本规定的劳动组成的应有状态,当然也不得不作为问题来处理。关于这个问题,舒尔茨从个人的孤立性劳动谈到了"在社会的联系中的联合……不断发展的划分"①,关于后者的分工协作的概念,他引用了《国富论》第一篇第一章的工人生产别针的例子进行说明。②。

基于以上所见的双重视角,舒尔茨把人类历史的发展过程放到这个"劳动有机体"的变革过程里来看待。这一过程是农工商社会分工的结果→发展(工商业相对增多)→再结合(农工或工商的经营,即与同资本下的结合)的过程。第二,如果从"劳动的运用"的角度来看,那就是"花费更少的人力来达到更大的目的"③、"人类的意志征服了不断增长的无理智的自然力量,并将其以合乎目的的方式运用于生产之中"④。在这一生产技术发展过程的同时,也是它所规定的分工协作的发展过程,即"劳动有机体"的变革过程显而易见地表现为分工和劳动手段的发展,人类的独立性和劳动生产力的发展。

以此为基础的"劳动有机体"是"社会生活的内容"⑤,即生产和消费的全部活动的基础,同时,它也规定了在此之上的"国家生活即总的政治生产"⑥。根据舒尔茨的规定,立法及与之对应的行政是"从其本质的规定来看,总是被迫与社会内部的变革相协调"⑦。

舒尔茨的历史观使我们回想起,马克思的《政治经济学批判》序言中所论述的唯物主义历史观原理的著名语句,尤其是"社会结构的原理"⑧。即从一种劳动过程论上来把握历史的生产所规定的意义,从分工和生产

---

① 弗里德里希·威廉·舒尔茨:《生产运动:从历史统计学方面论国家和社会的一种新科学的基础的建立》,李乾坤译,南京:南京大学出版社 2019 年版,第 37 页。
② 同上书,第 38 页。
③ 同上书,第 15 页。
④ 同上书,第 37 页。
⑤ 同上书,第 12 页。
⑥ 同上书,第 8 页。
⑦ 同上书,第 52 页。
⑧ 杉原四郎:《经济原论Ⅰ—〈经济学批判〉序说》,《关西大学经济论集》1973 年,第 14 页。

力当作基础视角的"劳动有机体"概念上把握整体的生产关系,进一步说,就是把国家视作由"劳动有机体"所规定的上层建筑。舒尔茨这样的历史观对于唯物史观有一定的先驱性。科尔纽对舒尔茨"唯物主义历史观"的评价,确实也与这一点有关。只要保留了关于社会变革的理论,我们也赞同科尔纽的这个评价。

二、世界历史发展的各个阶段

"劳动有机体"的发展规律在历史叙述中被形态化为"社会的各种形态"的阶梯式发展。舒尔茨的历史认识方法,可以说是"被颠倒的世界史"。

"从最野蛮的黑人民族到欧洲文明的最后分支,这些社会关系在同一时间内并存,我们还可以在各个民族的许多历史时期中发现这种阶梯性发展"①。这种方法,就是舒尔茨所说的历史性的统计学方法。所谓统计,就是对他来说是"发展的历史"②。

对于舒尔茨来说,人类历史的主体即使在抽象上是"本质上创造性的人类本性",在历史叙述时的具体主语却是各个民族。而且,各民族都遵循着各自"不同的使命","因此他们既不全体横向前进,也不完全纵向发展"③。各种社会关系的同时并存,意味着不是由发展快慢所决定的,而是在世界历史的各个时期完成其使命的各国民族,与正在实现使命的诸民族(基督教诸民族)并存。也就是说,对过去和现在各种民族的各种社会关系把握的基础上,将各种类型变换为时间轴,逻辑上重组的世界历史就是舒尔茨的发展阶段论。

在这种历史认识中,可以明显地看到黑格尔历史哲学的影子④。但是,对于舒尔茨来说,历史的主体不是"精神"而是生产性的人,另外,即使

---

① 弗里德里希·威廉·舒尔茨:《生产运动:从历史统计学方面论国家和社会的一种新科学的基础的建立》,李乾坤译,南京:南京大学出版社 2019 年版,第 10 页。
② 同上书,第 121 页。
③ 同上书,第 128 页。
④ 关于舒尔茨"从黑格尔身上学到"历史哲学这一点,格拉布有指出。

世界历史的具体主体是各个民族,其"民族精神"的内容,是与人类物质的生产力的一定发展阶段相适应的社会关系,即由观念主义转变成唯物主义的黑格尔历史哲学。我们把舒尔茨的历史观称为"分工和生产力的历史哲学",就包含着这样的意思①。

舒尔茨根据分工和生产力的发展,将世界历史分为以下四个阶段。

第一阶段。手劳动(Handarbeit)的时代。在这个时代中,手几乎是唯一的工具,除了男女间的性别分工以外,不存在分工。

第二阶段。手工业(Handwerk)时代。在这个时代中,农工商社会分工成立,工具引进生产。劳动过程还是孤立的、自我完成的。

第三阶段。"手工业的活动被分解到最高程度……的工场手工业"②的时代。③ 在这个阶段中,人类被分解为劳动过程中简单的一个要素的承担者,被迫作为"机器"而劳动。

第四阶段。机器(Maschinenwesen)时代。在制造工业的每项工作都被自然的力量所分配,人类从体力劳动中解放出来,借助机器来劳动④。这时,人类的精神与外界自然之间的分工浑然天成⑤。同时,人类获得了"更多自由时间"⑥。向以这些为物质基础的"自由之国"的发展,是舒尔茨理想的未来图景,在那里出现的乌托邦,可以说是没有奴隶的警察,没有农奴的骑士世界,是自由平等的公民共同体的"民主制"。

以上的阶段划分,基本上是根据劳动方式,特别是依据劳动手段的发

---

① 如果简单地谈论精神生产的发展,在语言形成上可以看到精神生产力的发展,与宗教、艺术、科学和社会分工相比有其特色。因此,这可以说是适用于文化的"分工和生产力的历史哲学"。

② 弗里德里希·威廉·舒尔茨:《生产运动:从历史统计学方面论国家和社会的一种新科学的基础的建立》,李乾坤译,南京:南京大学出版社2019年版,第38页。译文有修改。

③ 仲村政文阐述过"工场手工业这个术语作为一个历史概念是马克思所特有的",但这是不正确的。参见仲村政文《马克思生产力理论的一个源泉》,《鹿儿岛大学经济学研究》1968年6月刊,第75页。

④ 弗里德里希·威廉·舒尔茨:《生产运动:从历史统计学方面论国家和社会的一种新科学的基础的建立》,李乾坤译,南京:南京大学出版社2019年版,第69页。

⑤ 山中隆次指出,舒尔茨明确地区分过"通过机器"的生产力和"作为机械"的生产关系。参见山中隆次《舒尔茨和马克思》,《中央大学九十周年纪念论文集》,1975年。事实上,这莫不如说这是劳动方式在技术上发展阶段的不同。

⑥ 弗里德里希·威廉·舒尔茨:《生产运动:从历史统计学方面论国家和社会的一种新科学的基础的建立》,李乾坤译,南京:南京大学出版社2019年版,第68页。

展来划分的。舒尔茨自己也说明："我们可以从用于物质生产的工具和机器推断出物质文明的整个状态,因为这些劳动的工具,既是作为文化的产物,同时也在为文化提供证明。"①这种认识与《资本论》劳动过程论中马克思的认识完全一致。换句话说,舒尔茨的这种思想显然是对马克思从《哲学的贫困》到贯穿于《资本论》的劳动过程论的劳动手段的历史性把握,也可以说是与劳动手段划分经济时代这一马克思的历史观相关联的。

三、社会变革的展望

根据舒尔茨认为已阐明的历史发展规律,进入机器的时代,应该是由于生产力的飞跃性发展而使社会财富激增的时代。但是,在现实中,资本家和劳动者之间的所有不自然的分配正在加剧两者的阶级对立。

这种"社会弊病(Sociale Mißstände)"的根源,根据舒尔茨的观点来看,是"资本家能够最容易最便宜地占有下层阶级乃至儿童的劳动力,以便使用和消耗这种劳动力来代替机械手段"②。鉴于此,"尽管机器的改进节省了时间,但对多数居民而言在工厂中奴隶似的劳动时间却有增无减"③。这样一来,"在私有权的领域中所有不自然的运动的不平衡"④也就显而易见了。

在这里舒尔茨面临的是资本家生产方式的本质问题。劳动者从土地和生产资料中分离出来,只有在资本家的控制下才可能与它们重新结合,也就是说,生产资料私有的资本家对劳动者的控制,是作为剥削关系的生产关系,这正是"社会弊病"根本上的"情况"的本质。

舒尔茨直观上抓住了这个资本家生产关系(甚至阻碍机器进步的资本剥削)和生产力的发展(通过引进机械制度带来减轻劳动的可能性)的

---

① 弗里德里希·威廉·舒尔茨:《生产运动:从历史统计学方面论国家和社会的一种新科学的基础的建立》,李乾坤译,南京:南京大学出版社2019年版,第79页。
② 同上书,第71页。
③ 同上书,第68页。
④ 同上书,第25页。

矛盾。他把贯穿历史的生产力的发展过程（劳动有机体的变革过程）看作是"自然"，与此相对，他将现实的阶级关系看作是"不自然"。但问题是，资本、雇佣劳动这种生产关系本身，即生产资料作为资本，生产者接受雇佣劳动者这种形态规定本身，没有被他视作"不自然"。换句话说，对于他来说，作为生产资料所有关系的生产关系，至少作为历史认识的工具是不存在的。他的解剖社会的手术刀只能到分配关系这一步。这样一来，"社会困境在本质上就回归到劳动和收入的恶性分配"①。

这里所说的"劳动和收入的恶性分配"的具体内容是，劳动者长时间劳动和与此不匹配的低工资。在理论上无法解释产生这些情况的缘由。舒尔茨主张"国家力量的普遍获得"②带来自由时间的合理分配，即劳动时间的缩短和"增长着的国民收入向社会所有成员合理地分配"③。不仅如此，舒尔茨还主张提高工资。

但是靠什么来实现这些主张呢？舒尔茨寄予期望的是遵循历史发展的一般规律的"社会有机体的渐进改革和自然的修复力"④，但他未考虑如何生产并再生产出"恶性分配"这一问题，就很有可能忽视从生产关系内部变革并消除这种分配关系和阶级对立的可能性。因此，"自然修复力"只能从阶级关系外带入。除此之外，舒尔茨对国家的作用抱有很大的期望。

如前所述，在舒尔茨看来，国家是以"劳动有机体"为基石的上层建筑，既然"劳动组织"不包含作为生产资料所有关系的支配关系，那么国家也被认为是超阶级的。据他所说，国家是"社会身体的头颅"⑤，即社会是自我维持的管理器官，虽然规定了社会的经济结构，但是反过来也应该给予"符合""发展的不同阶段的方向"⑥。据此，在"国民财产和国民收入的

---

① 弗里德里希·威廉·舒尔茨：《生产运动：从历史统计学方面论国家和社会的一种新科学的基础的建立》，李乾坤译，南京：南京大学出版社 2019 年版，第 61 页。
② 同上书，第 68 页。
③ 同上书，第 66—67 页。
④ 同上书，第 27 页。
⑤ 同上书，第 64 页。
⑥ 同上书，第 8 页。

个人分配"中,国家才以其所有权法和继承法为根据进行活动。因此,对于贫困与奢侈的显著对照中出现的社会弊病,国家是首先负有责任的①。他给出的解答方案是在国家所有权法和继承法中修改所得的再分配。换句话说,他以"福利国家"的自上而下的改良作为"自然修复力"来克服自下而上的共产主义革命②。在这改良的彼岸,他构想了一个拥有更多自由时间的工人参加的"民主制"。

除社会形态规定外,舒尔茨坚信生产力发展,以及基于理性的改良主义的优越性。尽管舒尔茨对眼前的不平等与阶级对立有精确的认识和尖锐的批评,但他认为如果"不自然的分配"被"自然修复力"消除的话,向"健全的有机体"主动靠拢的社会的有机体是存在的。这种称作"社会有机体的乐观主义"是舒尔茨认识社会的基调,这也决定了他的社会改良论。这样的社会改良论,本质上是小资产阶级式的,这在实践上与舒尔茨1848年革命时的左翼民主主义路线相对应③。

四、舒尔茨与马克思

马克思在1844年,通过对黑格尔法哲学的批判,把握了"特殊对象的特殊逻辑"④。在面对"人类解放"的历史必然性的课题时,马克思敏锐地察觉到了"生产运动"⑤。但是,很少有资料可以证明马克思从这本书中收获了什么。马克思直接提及舒尔茨的资料,只限于《1844年经济学哲学手稿》第一笔记本中的几个引用。因此,我们先从研究这些引用入手。

正如我们所知道的,舒尔茨在思想立场上是拥护私有、批判共产主义和青年黑格尔派的,并且与私有制等相关问题保持了距离。这与正在走

---

① 弗里德里希·威廉·舒尔茨:《生产运动:从历史统计学方面论国家和社会的一种新科学的基础的建立》,李乾坤译,南京:南京大学出版社2019年版,第52页。
② 在这一点上,格拉布认为舒尔茨"是站在黑格尔和拉萨尔之间"。
③ 在马克思和恩格斯的《一八五零年三月的中央委员会告共产主义者同盟书》中的"民主主义的小资产阶级",可以直接作为对舒尔茨的批判来阅读。
④《马克思恩格斯全集》第1卷,北京:人民出版社1995年版,第359页。
⑤ 其机缘可能是赫斯的论文《论货币的本质》。参见广松涉:《马克思主义的形成过程》,邓习议译,南京:南京大学出版社2019年版,第54页。

向独立的共产主义立场的马克思存在着显而易见的分歧。但是,在把握和批判国民经济学的理论特质的方面,马克思对舒尔茨有所学习。

舒尔茨将重商主义→重农主义→产业主义(亚当·斯密)这样的国民经济学的发展,看作生产性劳动概念从特殊(只有一个部门的劳动是生产的)到普遍(一般劳动作为生产的全部分支的共同要素)这样的进步过程①。马克思不仅将同样的发展看作私有制基础之上主体本质的劳动的异化过程,还在借鉴亚当·斯密的观点后发现了财富的本质是一般劳动的观点,在这一点上,舒尔茨和马克思是一致的。但是,马克思批判劳动价值论在"私有制框架内"的观点,而舒尔茨则截然不同。

除此之外,舒尔茨还批评了国民经济学将劳动视为生产的唯一可能,认为国民经济学不能够在人类本质自身之中研究"生产的本质",马克思也同样批评国民经济学只是从工人的角度而不是从人类的角度来考察无产阶级。这可以说是马克思批判国民经济学中的"人格物象化"的观点。从这一角度对国民经济学进行批判,这是舒尔茨对马克思的第一点影响。

那么,马克思如何评价这种不同思想立场的"生产运动"的呢? 在他的第三笔记中的以下引文暗示了这一点:

"整个革命运动,无论是经验基础还是理论基础,在经济运动中都能看到私有运动,这是不可避免的,也很容易被理解。这种物质的、直接的、感性的私有,是异化了的人的生活的、物质的、感性的表现。私有运动——生产和消费——是迄今为止所有生产运动的感性展现,也是人的实现或现实性运动。宗教、家庭、国家、法律、道德、科学、艺术等等,都不过是生产的一些特殊的方式,都要受生产的普遍规律的支配。"②

生产运动是"实现人类天性的两个方面"③即生产和消费相互制约发展的过程;政治生产和精神生产(宗教、艺术、科学)都要遵循与物质生产

---

① 弗里德里希·威廉·舒尔茨:《生产运动:从历史统计学方面论国家和社会的一种新科学的基础的建立》,李乾坤译,南京:南京大学出版社 2019 年版,第 120 页。

②《马克思恩格斯文集》第 1 卷,北京:人民出版社 1995 年版,第 186 页。

③ 弗里德里希·威廉·舒尔茨:《生产运动:从历史统计学方面论国家和社会的一种新科学的基础的建立》,李乾坤译,南京:南京大学出版社 2019 年版,第 183 页。

相适应的生产一般规律,这些是舒尔茨的基本观点。上面引用的马克思的这段话表明,他将舒尔茨的这些认识和表述方式几乎原封不动地运用于自己的表达中。而在历史发展基础之上制约政治和精神生产的"生产运动""生产的一般规律"的概念,则是马克思从舒尔茨那里领会到的第二点。

但是,马克思没有无批判地接受舒尔茨。因为他指出,舒尔茨所叙述的传统生产运动只不过是人类生活异化表现的"私有运动"。这表明马克思在对传统生产运动的把握方面,批判了舒尔茨缺少对于私有制的批判性认识。舒尔茨试图通过剖析生产运动,为避免社会革命而提供一种渐进式改良的主张。马克思则认为"历史中的所有运动都是现实地产生共产主义的运动"①。并将传统的生产运动(私有运动)定位为"人类社会的前史"。与舒尔茨相反,马克思则在运动中寻找革命的必然性。

马克思通过阅读《生产运动》究竟收获到了什么?《1844 年经济学哲学手稿》第一笔记本前段中清晰地回答了这一问题。

第一笔记本前段(工资、利润、地租)的内容有三个层面②。在第一层面中,马克思指出,国民经济学收入三源泉的三位一体表象,即市民社会。市民社会是基于私有的三级对立的场所,在第二层面中,通过市民社会的内在运动法则的竞争和积累的结果,推导出资本家和工人的两大阶级的对立,并试图展示市民社会的倾向性极限。在这里,他主要的论据是舒尔茨社会分工重组论③,马克思认为积累是"在私有制的支配下,资本集中在少数人的手中",但是从技术(使用价值)的角度来看,它是一个通过生产力的更广泛结合来发展生产力的过程。这种生产力的发展与资本家私有

---

① 《马克思恩格斯文集》第 1 卷,北京:人民出版社 1995 年版,第 186 页。

② 纵栏区分方面,参见 N. 拉宾的《〈手稿〉中收入的三个源泉的对比分析》,《思想》1971 年 3 月号。也可参见工藤秀明《原·作为经济学批判的 1844 年手稿分析序说》,《经济科学》1978 年第 25 卷第 4 号。如果说前者的区分是根据时间的工作顺序的话,莫如说后者可以说是理论构成上的区分。关于纵栏划分及其意义,这里取决于后者。

③ 参见工藤秀明:《原·作为经济学批判的 1844 年手稿分析序说》,《经济科学》1978 年第 25 卷第 4 号,第 132 页。E. 曼德尔指出,在第二纵栏地租栏中,马克思主张,"按照李嘉图理论"资本与土地所有的合并和地主的资本家化。这一点可参见 E·曼德尔《卡尔·马克思》,山内昶译,1971 年,39 页。但马克思还没有看过李嘉图理论,那里的直接论据是舒尔茨。

制间的矛盾,可以认为是从舒尔茨的观点中读取的。这是他从舒尔茨那里领会到的第三点。

在第三层面中,马克思在历史中定位了私有制统治下以资本为历史形态的市民社会,并力图以此展望未来。这个定位对人而言是根源自然的生产手段,对土地而言是私有历史形态的转化问题。这时,马克思通过把舒尔茨的生产力结合形态论的土地集聚论转读为社会变革的理论,而获得了新的历史观。关于土地所有和生产力的发展,舒尔茨的图式是这样的:封建大土地所有(农奴制、土地=生产力的集中)→土地所有的分割(自由的小所有、生产力的分散)→新的联合体(根据自由的小所有、大规模农耕的生产力再结合)。这里所谓的"新联合体",具体是指"按照共同的经济计划……开发更广阔的土地"①而联合起来的小所有者的农业组合或股份合资公司。

马克思则完全改变了这种图式:封建土地所有(私有、人格关系)→资本家土地所有(私有、物象关系)→适应于土地的联合体。这是马克思在私有制的前提下,将舒尔茨的土地集聚论重新认识为社会变革论而获得的历史观。

因此,通过设想作为生产力发展基础的"自由的结合"②的共同体,为新的社会形成的原理提供了素材,这是舒尔茨对马克思的第四重启示。但是,历史的展望不仅仅是从生产力角度出发考察连续性,而是从连续(生产力的发展)和切断(消灭私有制)的双重视角来把握。这是马克思超越舒尔茨的地方。

从这个双重视角出发,将近代市民社会(资产阶级私有制)定位为"私有财产发展的最后的最高的阶段",将"人类解放"作为立足于私有财产之上的联合体。这样的历史观,可以说已经迈出了确立唯物史观的第一步。

但另一方面,从《1844年经济学哲学手稿》的内容上来看,马克思忽视了舒尔茨历史观的重要论点。即以劳动手段为中心的生产力的概念,根

---

① 弗里德里希·威廉·舒尔茨:《生产运动:从历史统计学方面论国家和社会的一种新科学的基础的建立》,李乾坤译,南京:南京大学出版社2019年版,第58页。
② 同上书,第58页。

据劳动手段划分历史发展阶段的观点。从这个意义上说,他还未完全接受舒尔茨的历史观①。

虽说如此,与其说是理论上的成熟度的问题,不如说是方法论的问题。马克思在《1844 年经济学哲学手稿》中贯彻了生产关系论的观点:特殊历史形态所决定的生产关系(异化劳动)通过自我再生产的运动,把握不断成立的内在结构,并将其作为自己的课题。这样的问题意识正是舒尔茨所欠缺的,是马克思超越舒尔茨的本质所在。

据此,马克思在避免将贯穿历史范畴的生产力转化为资本生产力的同时,将舒尔茨未能说明的生产力与生产关系矛盾的事实视为"矛盾"。马克思不是将工人的解放视为分配关系的改革,而是力求生产关系的变革。

但是,这里有额外要补充的内容。马克思并没有完全领会舒尔茨的历史观,他所忽略的,是以具体的眼光来捕捉物质生产力的一定历史发展阶段。马克思从劳动过程论的观点出发,通过"类本质"一词将人类和自然的物质代谢作为人类存在的基础结构来看待,但由于忽略了人类和自然的媒介—劳动手段的历史理论意义,这使得 1844 年的马克思做不到将"类本质"与物质生产各种力量的历史发展的具体形态相结合。

如果要探讨舒尔茨对马克思的"完整"影响,我们必须要把目光转移到《德意志意识形态》和《哲学的贫困》上。因此,探讨马克思的分工概念、劳动手段概念的形成及变化,是我们的下一个课题。

---

① 参见广松涉《马克思主义的形成过程》,邓习议译,南京:南京大学出版社 2019 年版,第 54 页。

对望月清司的马克思市民社会论的批判①

平子友长②

（日本一桥大学社会学部）

一、基于历史的自由"界限"与"限制"的逻辑

马克思基于《政治经济学批判大纲》（以下简称《大纲》）"第 VI 笔记"中的"固定资本与流动资本"一节,在论证"自由竞争"的同时,进而将历史的自由问题作为"界限"与"限制"的逻辑进一步展开:

"如果说自由竞争消除了以往生产关系和生产方式的限制,那么,首先应当看到,对竞争来说是限制的那些东西,对以往的生产方式来说却是它们自然地发展和运动的内在界限。只有在生产力和交往关系发展到足以使资本本身能够开始作为调节生产的本原而出现以后,这些界限才成为限制。资本所打碎的界限,就是对资本的运动、发展和实现的限制。在这里,资本决不是废除一切界限和一切限制,而只是废除同它不相适应的、对它来说成为限制的那些界限。资本在它自己的界限内——尽管这些界限从更高的角度来看表现为对生产的限制,会由于资本本身的历史发展而变成这种限制——感到自由,没有限制,也就是说,只受自身的限

① 日译名『望月清司氏のマルクス市民社会論批判（上）』・『望月清司氏のマルクス市民社会論批判（下）』,原文连载于《季报唯物论研究》第 149 号和 152 号,经授权合并发表。
② 作者简介:平子友长（1951—）,日本一桥大学名誉教授、MEGA 2国际编委、东京历史唯物主义研究会会长。译者简介:陈旺,南京大学马克思主义社会理论研究中心暨哲学系博士生。

制,只受它自己的生活条件的限制。"①

在完成了《大纲》写作的马克思看来,历史上存在过的一切生产方式在其自身界限内部都是自由的。而内在于各种生产方式的界限,只有当新的迥异的生产方式作为"生产的规制性原理"登场才首次成为限制。依马克思之见,从人类史的观点来看,先于资本主义的各种社会形态在本质上并不都是"非自由"和"依存性"的存在,而"市民社会"也并不是真正"自由"的社会形态。建立在各种历史关系基础上的自由问题,必须根据一切"界限"和"限制"的逻辑来进行理解。正如马克思所说:"行会工业在它的繁荣时期在行会组织中完全找到了它所需要的自由,即同它相适应的生产关系一样。"②

这也就是说,一切生产关系都在其"繁荣时期""完全"地找到了自身所"需要的自由"。

"在自由竞争中自由的并不是个人,而是资本。只要以资本为基础的生产还是发展社会生产力所必需的、因而是最适当的形式,个人在资本的纯粹条件范围内的运动,就表现为个人的自由,然而,人们又通过不断回顾被自由竞争所摧毁的那些限制来把这种自由教条地宣扬为自由。……另一方面,由此也产生一种荒谬的看法,把自由竞争看成人类自由的终极发展,认为否定自由竞争就等于否定个人自由,等于否定以个人自由为基础的社会生产。但这不过是在有局限性的基础上,即在资本统治的基础上的自由发展。因此,这种个人自由同时也是最彻底地取消任何个人自由,而使个性完全屈从于这样的社会条件,这些社会条件采取物的权力的形式,而且是极其强大的物,离开彼此发生关系的个人本身而独立的物。"③

即使资本主义社会给人一种可保障最高限度"自由"的社会表象,但那也只不过是资本主义系统"界限"内部的"自由"而已,"从更高的角度来看",这些"界限"则化作了"限制"。"自由竞争"思想将过去一切(或非西方的)社会形态当作"限制"来处理,以使自身正当化。另一方面,根据马克

---

① 《马克思恩格斯全集》第 31 卷,北京:人民出版社 1998 年版,第 41 页。
② 同上书,第 41 页。
③ 同上书,第 41—43 页。

思的说法,基于"自由竞争"的"个人的自由",实则是个人对资本这一"物的权力"的"完全屈从",在此意义上,也即"最彻底地取消任何个人自由"。

以望月清司、平田清明等为代表的市民社会派马克思主义,始终未能重视马克思对"最彻底地取消任何个人自由"的"自由竞争"进行的资本主义批判的基本视域。望月将之视为"异化的面纱(Schleier)",并解释说,在其深处存在所谓"共同体(Gemeinschaft)合作和社会(Gesellschaft)交往的分工的二元性"①的暗流。使市民社会派马克思主义得以成立的恰恰是不存在于马克思自身手稿中的如"(异化的)面纱""(榨取的)更深处"等修辞。②

"马克思所把握的不加引号的市民社会……在现代社会中,尽管被所谓异化的面纱所遮蔽而变得难以捕捉,但随着时光流逝,这一面纱必然将被揭开,并成为'人类社会(Gesellschaft)'的基石。③

"继承在私人所有制中发生对象化、并从人类中异化和自立化而出的各种社会关系(Gesellschaft)当中的,无非是对——剥离遮蔽了这一关系的异化的面纱后早已潜伏在那里的——社会(Gesellschaft)的也即共同体(Gemeinschaft)的各种关联的恢复而已。"④

异化和物象化常常被矮小化到"面纱"的维度,站在榨取的"更深处"来"展望""本源性的活动"⑤的"共同体(Gemeinschaft)协作和社会(Gesellschaft)性交往",这也即望月的马克思诠释的基本观点。

通过这样的修辞,"市民社会""共同体(Gemeinschaft)协作""社会(Gesellschaft)"等原本应从总体理论上来把握资本主义经济系统的方法

① 望月清司:『マルクス歴史理論の研究』,東京:岩波書店 1973 年,第 611 頁。
② 平田清明则较多地使用"外形"—"内实"和"表面"等修辞。"'每个人'在市民社会的外形下,说到底仍是一种私人劳动,但在这一所谓生产有机体的市民社会的内实中,却是一种个体性劳动。同样,他的所有,尽管在表面上来看是私有=排他性的所有,但从内里来看,却是非排他性的个体性所有"。参见平田清明『市民社会と社会主義』,東京:岩波書店 1969 年,第 88—89 頁。
③ 望月清司:「マルクス歴史理論における『資本主義』」,收录于長洲一二(编):『講座マルクス主義 8 資本主義』,東京:日本評論社 1970 年,第 74 頁。
④ 同上书,第 97 頁。
⑤ 同上书,第 606 頁。

概念从而实体化,并被创制出了一种幻象——即在由异化和物象化支配的现实资本主义经济系统的"面纱"背后,那些方法概念是实在的幻象。

二、小生产的生产方式与奴隶制/农奴制的历史性质

在《资本论》的一般研究和诠释中,小农的生产方式通常被视为因资本的原始积累而解体的前现代的不发达的生产方式。但是,通过对马克思《资本论》以及其预备手稿的综合性考察,可以明确的是马克思对小农的生产方式给予了极高的历史评价。

"对劳动者自己的生产资料的私人所有",是包含小农经营、手工业在内的小生产的基础。尽管在一定程度上,小生产"排斥社会生产力的自由发展",且"它只同生产和社会的狭隘的自然产生的界限相容",但其却是"劳动者本人的自由个性的必要条件"[1]。在马克思看来,劳动的主体的"自由个性"的发展,未必一定要以"社会生产力的自由发展"为前提。

小生产的生产方式在广义上,是所有前资本主义生产方式共有的生产方式,在人类历史中也曾存在过"这一生产方式繁荣发展""并获得与之相适应的古典形式"的时代。

小生产的生产方式也曾存在于奴隶制、农奴制以及从属于其的各种关系内部。马克思甚至还把奴隶制、农奴制等包含在保障劳动者对自身生产资料进行"占有"的小生产范畴之内。

在《大纲》的《资本主义生产以前的各种形式》(以下简称《各种形式》)中,马克思对奴隶制/农奴制曾发挥过的两个重要作用进行了描述:

第一,奴隶和农奴不过是其自身"劳动客体的各种条件"的一部分,不同于"自由劳动者",他们(奴隶和农奴)的人格并不被承认,至少在是否承认他们"对生活资料的个人占有"("把劳动者束缚于土地和地主而实际又以劳动者对生活资料的所有权为前提的农奴制关系"[2])这一点上是完全

---

[1]《马克思恩格斯文集》第5卷,北京:人民出版社2009年版,第872页。
[2]《马克思恩格斯全集》第30卷,北京:人民出版社1995年版,第496页。

区别于"一无所有"的雇佣劳动者的。

第二,在此意义上,奴隶制/农奴制是以劳动主体和各种劳动条件等为基调的"本源所有"的历史派生形式,也即为使资本/雇佣劳动关系得以建立而必须使之解体的历史条件之一。①

马克思在《1861—1863 年经济学手稿》(以下简称《1861—1863 年手稿》)中高度评价了理查·琼斯(Richard Jones,1790—1855),称他具有"詹姆斯·斯图亚特爵士以来一切英国经济学家所没有的,这就是:对各种生产方式的历史区别有了一些理解"②,并围绕琼斯的著作进行了庞大的摘录③。其中,马克思最为关注的是琼斯对"劳动基金(Labor Fund)"的三种历史形式的分析。④ 琼斯基于"劳动基金"三种形式之间的区别,将劳动者的历史存在分为三种类型:耕种土地的农民或小农民、依赖富人收入维持生活的仆从或手工业者以及通过资本交换获取"劳动基金"的工人。

第一种形式即"耕种土地的农民或占有一定生产资料的小农民"。他们自己在生产劳动基金的同时,也将其领有并消费。历史上存在过的人类,大多数都归属此类。⑤ 在这里,存在一个关涉马克思历史把握整体的一个重要论点,即对土地耕作者的剩余劳动所采取的形式区分——土地耕作者进行的是全部领有,还是部分领有抑或是经由别的阶级而被全部领有,都不会改变农业劳动者的历史性质。

依据"劳动基金"的三种类型,奴隶的类型也被区分为三种不同的形式。⑥ 在作为"耕种土地的小农民"而存在的奴隶(第一形式)这一类型中,"劳动者实际上必然是他自己的生产工具的所有者,不管他的收入具有什

---

① 参见《马克思恩格斯全集》第 30 卷,北京:人民出版社 1995 年版,第 493—494 页。
② 《马克思恩格斯全集》第 26 卷(III),北京:人民出版社 1974 年版,第 439 页。
③ 参见《马克思恩格斯全集》第 26 卷(III),北京:人民出版社 1974 年版,第 439—496 页。
④ "根据琼斯的说法,劳动基金可以分为以下三类:(1) 由劳动者自己生产并由他们自己消费的收入,这些收入决不属于其他任何人。(在这种情况下,劳动者实际上必然是他自己的生产工具的所有者,不管他的收入具有什么样的特殊形式。)(2) 属于和劳动者不同的那些阶级的收入,这些阶级花费这些收入来直接维持劳动。(3) 真正的资本。"参见《马克思恩格斯全集》第 26 卷(III),北京:人民出版社 1974 年版,第 457—458 页。
⑤ 参见《马克思恩格斯全集》第 26 卷(III),北京:人民出版社 1974 年版,第 467 页。
⑥ 同上书,第 461 页。

么样的特殊形式"①。在《大纲》中被规定为"耕种土地的小农民"的奴隶和农奴,不论是作为"生活手段的占有者",还是作为"生产工具事实上的占有者",都被置于"本源所有"派生形式的历史地位之上。

如前所述,关于对奴隶制和农奴制的考察,对《大纲》以降的马克思的历史认识具有重要的意义。但是,望月却曾数次强调马克思在《大纲》的写作中,未将奴隶制和农奴制的问题列入考察研究的范围之内。例如,他在引用作为资本和雇佣劳动关系生成的各种历史前提而出现的各种条件"一方面是活劳动的比较低级形式的解体,另一方面[对直接生产者来说]是比较幸福的关系的解体"②这一段文字后,紧接着就提出"这不到半页的叙述是在《资本家生产以前的各种形式》③部分对'奴隶制或农奴制'讨论的全部内容"④的观点。

望月在自身著作《马克思历史理论的研究》中也持同样观点,并指出在《大纲》中"总共出现过 13 处,其中有 11 处都是以'奴隶制或农奴制'这种连接方式出现的",在做出这一指摘的同时,他得出了"出现的次数绝不太多"的武断结论。⑤ 可以看出,正是出于这种对文本的强横取舍和筛选,才使偏离于马克思自身文本的"望月市民社会论"的建构成为可能。

三、马克思历史认知的转换点——马克思《毛勒摘录》的意义

马克思第一次提及毛勒(Georg Ludwig von Maurer,1790—1872)是在 1868 年 3 月 14 日写给恩格斯的信中:

"在博物馆里,我除钻研其他著作,还钻研了老毛勒(前巴伐利亚枢密

---

① 《马克思恩格斯全集》第 26 卷(III),北京:人民出版社 1974 年版,第 457 页。
② 《马克思恩格斯全集》第 30 卷,北京:人民出版社 1995 年版,第 457 页。
③ 该文本通行的日译名为《资本制生产以前的各种形式》,与中译名《资本主义生产以前的各种形式》基本一致,作者选用的译名也为此,但望月认为马克思除了极少数的情况之外,鲜少使用"资本主义"一词,因此坚持将马克思这一文本的标题重译为《资本家生产以前的各种形式》,故此处对该文本的译法与前文作者选用的译法之间存在差异。——译者注
④ 望月清司:「マルクス歴史理論における「資本主義」,收录于長洲一二(編):『講座マルクス主義 8 資本主義』,東京:日本評論社 1970 年,第 103—104 页。
⑤ 参见望月清司『マルクス歴史理論の研究』,東京:岩波書店 1973 年,第 534 页。

官,曾当过希腊摄政,并且是远在乌尔卡尔特之前最早揭露过俄国人的人之一)关于德国的马尔克、乡村等等制度的近著。他详尽地论证了土地私有制只是后来才产生的,等等。威斯特伐里亚的容克们(默泽等人)认为的,德意志人都是各自单独定居的,只是后来才形成了乡村、区等,这种愚蠢见解完全被驳倒了。现在有意思的恰好是,俄国人在一定时期内(在德国起初是每年)重分土地的习惯,在德国有些地方一直保留到 18 世纪,甚至 19 世纪。我说过,欧洲各地的亚细亚的或印度的所有制形式都是原始形式,这个观点在这里(虽然毛勒对此毫无所知)再次得到了证实。"①

毛勒分别从凯撒的《高卢战记》(前 7 章记录了公元前 52 年及之前的历史,第 8 章记录的是公元前 44—43 年的历史)和塔西佗的《日耳曼尼亚志》(成书于公元 98 年)中获取了有关日耳曼人生活、生产、军事和习俗等方面的古老情报,这让马克思意识到了凯撒和塔西佗分别记录了古代日耳曼共同体的不同发展阶段。②

根据毛勒的说法,日耳曼人以亲族或部族为单位构成协同体(Genossenschaften),并将这一协同体支配的、可用于生产和生活的空间设定为马尔克。如此,耕地马尔克、森林马尔克、牧草地马尔克、放牧马尔克、河川马尔克等得以成立。耕地区划(即抽签分配)的耕地(Ackerloos)、房屋及其附属园地和菜园等用地(Hof)归属"个人所有",但是耕地区划只有一定年限的使用权,且需要定期进行重新分配。此外,即便是在一定年限内已被允许供个人使用的耕地,一旦涉及"播种顺序、翻耕、播种、收割的时期、耕作与休耕的交替等问题时,仍不可避免地要受到规制,且下达的指令是全体成员均必须严格遵守的"③。

对于接受了毛勒见解的马克思,尤显迫切和必要的是全面修正"亚细亚形式"和"日耳曼形式"的历史定位。

---

① 《马克思恩格斯文集》第 10 卷,北京:人民出版社 2009 年版,第 281—282 页。

② 关于"凯撒时期"及"塔西佗时期"的特征,参见平子友長「マルクス歴史把握変遷—市民社会論 マルクス主義批判」,收录于伊藤誠、大藪龍介、田畑稔(編):『21 世紀のマルクス—マルクス 研究の到達点』,東京:新泉社 2019 年,第 253—255 頁。

③ Maurer, *Einleitung zur Geschichte der Mark-, Hof-, Dorf-und Stadt-Verfassung und der öffentlichen Ge-walt*, München: Verlag von Chrisitan Kaiser, 1854, p. 9.

第一，日耳曼所有制形式的基本规定并不是"自由的土地所有者"的"个人所有"，恰恰相反，协同体作为土地所有主体而出现，并制定有严格的规则：对其成员进行房屋和其他用地（Hof）的分配，以及根据抽签进行耕地分配，且在一定年限内重新分配。

第二，最早的日耳曼人是以部族为单位进行活动，他们集团式地寻找猎物和牧场，狩猎和畜牧是其维持生计的主要活动。他们曾是以畜牧和狩猎为主要生产活动的"移动的游牧民"。实际上，以在《各种形式》中被划分为本源所有的"第一形式"的"牧人组织"为基础的部族共同体①，是凯撒时期日耳曼社会的基本构成单位。

第三，《各种形式》中的"亚细亚形式"，由于该共同体内部是通过农业和手工业紧密结合而构成的完全自给自足的经济圈，所以这一形式在面对外来的试图影响和改变它的力量时，往往能以最顽强的力量来维持其自身的存在形式。②

另一方面，凯撒时期的日耳曼人仅以动物皮毛蔽体。③ 直到塔西佗时期，在富裕阶层和女性中才分别开始出现身着贴身服饰及无袖亚麻衣的习惯。不过绝大多数人还仅是身披着一种唤作"萨古姆"（Sagum）的所谓披风（manteaux）。④ 公元 1 世纪前后的日耳曼人，尚未发展出与农业和手工业的东方式互补关系⑤相当的生产方式。"亚细亚形式"并不是世界各民族在历史原始状态中所普遍经历过的最古的生产方式，恰恰相反，它是在文明史已长足发展的前提下才建立起的一种共同体/共同社会。

马克思经由毛勒研究所获得的对共同体的新把握，在《给维·伊·查

① 参见《马克思恩格斯全集》第 30 卷，北京：人民出版社 1995 年版，第 466 页。
② 同上书，第 478 页。
③ 参见凯撒《高卢战记》，第 4 卷第 1 节，北京：商务印书馆 1979 年版。
④ 参见塔西佗《阿古利可拉传 日耳曼尼亚志》，第 17 章，北京：商务印书馆 1959 年版。
⑤ 参见《马克思恩格斯全集》第 30 卷，北京：人民出版社 1995 年版，第 487 页。

苏利奇的复信草稿》(以下简称《草稿》)①,即关于共同体②的三阶段划分中得以具体化。③

第一阶段,是被马克思称作"较古的共同体(les communautés plus archaiques)"也即凯撒时期的共同体。其特征在于虽每年以氏族、部族等为集团单位对可耕种的土地进行重新分配,"同一共同体内部各家族之间的重新分配尚未形成","耕作仍以集团为单位共同进行"。

第二阶段,是被马克思规定为"农业共同体(la commune agricole)"也即塔西佗时期的共同体。在这一阶段,共同体内部以家庭为单位的个体农业经营活动虽业已形成,但每年仍会进行耕地的重新分配,农民的私人所有尚未确立,土地的共同体所有仍在被维持。

第三阶段,是被马克思称之为"新的共同体(la nouvelle commune)"也即耕农私人所有制确立与森林、牧场、荒地等共同所有相并存的最新阶段。它曾在《各种形式》中被马克思规定为本源所有的"日耳曼形式"。④

依马克思之见,从"较古的共同社会"(凯撒时期)到"农业共同体"(塔西佗时期)的过渡,即在维持土地的共同体所有的阶段内的形式变化,是"通过自然发展"而自发进行的。但是,"农业共同体"的解体和崩坏,以及其向"新的共同体"的过渡,却是通过接连不断的战争或对异族征服而产生的结果,也就是说,这一过渡不是经济过程内在发展的历史必然。⑤

马克思认为,"俄国共同体(la commune russe)"或"村落共同体(la commune rurale)"是这一"农业共同体"侥幸免于历史性破坏而得以残喘延续的共同体形式,亚细亚的所有制形式也被重新界定为"古代社会形态

① 含[初稿]和[三稿]。——译者注
② 关于"共同体"范畴,《给维·伊·查苏利奇的复信》中译版将其译作了"公社",如"俄国公社""农业公社"等。但鉴于作者以及其他日本论者对该范畴的日文译词的选择,所以本译文也将直接挪用他们研究语境中的"共同体"这一译词(望月清司《马克思历史理论研究》一书中译版译者韩立新也选择直接挪用日本语境中"共同体"的译法)。——译者注
③ 参见《马克思恩格斯选集》第3卷,北京:人民出版社2012年版,第835页。
④ 望月将《大纲》中提及的三种类型都包含在了"农业共同体"范畴之中(参见望月清司『マルクス歴史理論の研究』,东京:岩波書店1973年,第430页)。但由于在《大纲》的"日耳曼的形式"中推定出农业共同体——定期进行耕地的重新分配——的基本规定实在有些困难,因此,基本可以认为那实际上已是"农业共同体"崩坏之后才出现的新类型。
⑤ 参见《马克思恩格斯选集》第3卷,北京:人民出版社2012年版,第822—823页。

的最近形式"①，并被赋予了与俄国"村落共同体"几乎同等的历史地位。

私人所有制的成立并非历史性的必然产物——根据这一新认识，马克思对世界史的认知发生了重大变化，进而提出了一个结论：即在《资本论》第一卷中已充分论证的"基于自我劳动的私人所有"的否定的资本主义私人所有制的历史形成，以及作为"否定之否定"的"个人所有的重建"的普适范围仅限定于"西欧"。

另一方面，在西欧之外的其他各个地区，共同体成了"社会新生的支点"，为此需要"保证它具有自然发展的正常条件"。以上便是马克思在复信中对查苏利奇的疑惑的解答。② 马克思得出了农业共同体的解体以及其向第二次形成的转变并非历史必然的结论，既否定了俄国的村落共同体必然没落的观点，并认为即使是在全球性资本主义系统下，农业共同体仍具有"自然发展"的可能性。

只不过，马克思还附上了以下两点补充说明：

（1）为使"现今的俄国土地公有制成为共产主义发展的起点"，需要俄国革命"成为西方无产阶级革命的信号而双方互相补充"③（《共产党宣言》俄语第二版序言）。

（2）俄国革命必须将资本主义下发展出的科学技术以及各种社会生产力的成果即"资本主义制度所创造的一切积极的成果"④化为己用。

将（西欧）私人所有制的扬弃和（除前者之外的其他地区）共同体的"自然发展"共同纳入对资本主义的克服理路中，使资本主义得以扬弃后的社会系统的基本规定实现从作为"基于自我劳动的私人所有"的"否定之否定"的"个人所有制的重建"到"向比古代类型共同体更高形式的集体生产和领有的复归"⑤的变更。在这里，人类历史的起点不再是私人所有，而被重新定位为"农业共同体"。

---

① 《马克思恩格斯选集》第 3 卷，北京：人民出版社 2012 年版，第 835 页。

② 参见《马克思恩格斯选集》第 3 卷，北京：人民出版社 2012 年版，第 839—840 页。

③ 《马克思恩格斯选集》第 1 卷，北京：人民出版社 2012 年版，第 379 页。

④ 《马克思恩格斯选集》第 3 卷，北京：人民出版社 2012 年版，第 830 页。

⑤ 同上书，第 826 页。日译文较之中译文的具体提法有所差异，中译版本原文为"回复到'古代'类型的集体所有制和集体生产的高级形式"。——译者注

望月对马克思的理解,完全偏离了马克思自身探索道路的方向,他认为:

"浮于'马克思像'表层的世界史构成,简单地说,即本源共同体→'中世'(西欧世界)→市民社会(都市的→市民的)的逻辑。在此意义上,由本源共同体分支而出的亚细亚的、斯拉夫的、'古代(地中海世界)'的共同体被看作是前路无望的'死胡同'。"①

作为小生产的基本形态,使农业和家庭手工业紧密结合的"亚细亚共同体",曾是历史上存续时间最长的生产方式。特别是19世纪后半叶以降,以曾是反西方资本主义殖民侵略的最顽抗力量和世界史中最大规模的农民起义的"太平天国之乱"为始的世界半殖民地抵抗运动,受到了马克思的肯定评价,甚至被后期马克思认为是克服资本主义的"社会新生的支点"。"古典古代的共同体"的重要意义在于,它是作为"劳动者自身自由个性得以发展的一大必要条件"的"小生产的生产方式"曾"获得与之相适应的古典形式"的时代。"斯拉夫共同体"与"俄国共同体"或"村落共同体"属于同类的共同体。"俄国的""古典古代的""斯拉夫的"共同体,对于马克思关于前资本主义社会的历史认知各自具有重要作用。无法充分把握这一点,而仅将前述这些认作是"世界史"的"死胡同",望月的西方中心主义历史观一览无遗。

"西欧在其固有的各民族的历史中创造了资本家生产方式占统治地位的社会,马克思本人是将西欧的这些成果看成是人类共有的积极遗产。正因为如此,这一作为素材的西欧才被马克思视为回顾人类历史、展望未来的基点。②

"在马克思看来,没有比近代市民社会异化程度更深,同时又能使丰富多样的财富得到合理地、社会性地开发的社会。……他研究历史的视角必定是……对人类历史上,为什么只有中世纪西欧才能够产生出人类向社会主义过渡的必经桥梁'近代市民社会',而且还能够使它充分发育

---

① 参见望月清司「マルクス歴史理論における「資本主義」」,收录于長洲一二(编):『講座マルクス主義8 資本主義』,東京:日本評論社1970年,第114頁。
② 望月清司:『マルクス歴史理論の研究』,東京:岩波書店1973年,第605頁。

起来这一问题的关注。"①

最迟至 19 世纪后半叶，马克思就已开始反思"在人类历史上，为什么只有中世纪西欧才能产生人类向社会主义过渡的必经桥梁'近代市民社会'"这一西方中心主义的问题假设，并在自我批判的基础上对自身理论展开相对化（Relativization）的改造。

实际上，真正影响望月的马克思学研究的并不是马克思自身，而是韦伯。这一根据在《宗教社会学论文集》的绪论"文化普遍史考察的主要问题"中得以呈现：

"在西方之外普遍缺乏'市民（Bürger）'概念，在现代西方之外也普遍缺乏'布尔乔亚（Bourgeoisie）'的概念，同样，因为没有通过理性方式将自由劳动组织成为企业，作为一个阶级而言的'无产者（Proletariat）'也必定不存在。……因此，也就更谈不上现代社会主义关涉的种种问题的提出了。所以，对于我们来说，在文化的普遍历史研究中，即使仅就经济方面而言，归根结底，中心问题是……以自由劳动的理性组织为特征的市民经营的资本主义的开展。或者，从文化史的角度来说，是西方市民阶层（Bürgertum）及其特性的起源。……为什么资本主义利益在中国或印度就没有导致类似的结果呢？为什么在那里，科学、艺术、国家以及经济的发展没有导向西方所特有的那些理性化的轨道？"②

只要清楚望月为韦伯的问题设定所束缚的理论事实，自然可以明白他将"亚细亚、斯拉夫和'古代（地中海世界）'"视为世界史的"死胡同"的缘由所在。

市民社会派马克思主义在文献解释方面，主要存在以下几个问题：

第一，未将《大纲》以降的马克思在资本主义以及世界史认识方面发生的大规模转变纳入考虑。

第二，即使是在《大纲》的诠释研究方面，也存在过度把握《大纲》"货币章"中被抽象设定的"人类史的三阶段"，而忽视了马克思在"资本章"后

① 望月清司：『マルクス歴史理論の研究』，東京：岩波書店 1973 年，第 548 页。
② ヴェーバー：『宗教社会科学論選』，大塚久雄、生松敬三译，東京：みすず書房 1972 年，第 18—22 页。

半部分确立的有关资本主义批判的基本规定("个人自由的完全废弃"和"在采取物象性权力这一形态的社会性条件下个性的完全屈服"的规定)的问题。

从理论逻辑上来看,由于其缺乏将马克思的物象化概念具体化到物象层面的方法意识①,所以才将同异化、物象化相关的诸多现象认作了可被剥离的"面纱"或"衣服",并认为在其"深处"未来世界("市民社会的社会主义")正在待机,以至于提出这一缺乏资本主义批判的马克思像。

与基于文本考据的文献学研究相偏离的市民社会派马克思主义,其在 20 世纪中后半叶的日本社会曾有过巨大影响力的主要原因在于,他们为同时期正在进行的日本资本主义的"高速成长"提供了将其"正当化"的理论支持。同时,也为批判以苏联为始的既存社会主义体制和强调西方资本主义文明史的"优位性"提供了理论依据。但随着"高速经济成长"的终止,以及东欧社会主义体制的崩坏,市民社会派马克思主义随之丧失了以往的影响力。这一事实,证实了这一潮流的历史界限。主张从资本主义经济系统的异化和物象化的"深处"发现"展望"社会主义的"共同体(Gemeinschaft)协作和社会(Gesellschaft)交往"的望月的马克思学研究②,对于"正当化"当局试图通过持续的经济增长内在地实现经济系统的"文明化"而言,确实发挥了极为有效的功用。

四、物象化与物化

市民社会派马克思主义在资本主义认识方面存在的主要问题体现在他们把在资本主义时期捕捉到的各种生产力和工人的分工直接视作社会主义经济的基础这一点上。例如,望月说:

"这一(劳动和所有的)同一性……在资本家'经营'的劳动过程中——尽管披着厚厚的异化面纱——又被重新'结合起来'。过去曾在共

---

① 在本文的后半部分中,笔者将围绕望月对物象化、物化、异化等概念的理解展开批判性的考察。
② 参见望月清司『マルクス歴史理論の研究』,東京:岩波書店 1973 年,第 613 页。

同体内部交往中实现的'所有',现在将在经营内部共同体的分工—协作体制下在更高层次上获得新生。"①

在这里,望月将这一与自然、劳动者相敌对的"经营内部的共同体分工—协作体制"的展开解释为"在厚重而沉重的异化帷幕深处悄然进行"的"每个人的全面发展"②。也就是说,在他"异化帷幕"这一便利的说辞和描述中,资本主义社会中发生的一切异化都被矮小化为"帷幕"层级的问题("帷幕"并不与本体粘连,所以是可被"剥离"的存在)。

望月未将对资本主义的否定性分析贯彻到底的方法论问题之一在于,他未能将马克思的物象化概念具体化到物化的维度上。

资本主义商品生产社会的独特性,源于全面依存却直接丧失的社会性的私人劳动的独特(而非直接的)社会性质。在这里,私人劳动者的社会关系,颠倒地表现为劳动维度上发生的社会关系。这一人格与人格之间的社会关系颠倒为物象与物象之间的社会关系的事件,可谓之为物象化(Versachlichung)。物象化是指社会关系维度上人格从人格向物象的转变。甚者,通过社会关系层面的转化,私人劳动的社会特征进一步以从属于作为物(Ding)的物象的社会自然属性(Gesellschaftliche Natureigen-schaft)显现,物象在产生这种社会自然属性的同时,还以它所具备的这一自然属性而存在(即使是在物象相互的社会关系之外也同样如此)。物象的社会关系规定颠倒为物的社会自然属性,由此,社会关系的隐蔽与神秘化更加深入,这一现象被称为物化(Verdinglichung)。已具备物化规定(社会自然属性)的物象与物象之间的,以及物象与人之间的社会关系,成为物象化进一步展开的规定。

也就是说马克思的物象化—物化论由以下三阶段的理论构成:

(1) 人与人之间的关系颠倒为物与物之间的物象关系的理论(物象化Ⅰ);

(2) 物与物之间的物象的关系规定向物的社会自然属性转变的理论

① 望月清司:『マルクス歴史理論の研究』,東京:岩波書店1973年,第475頁。
② 同上书,第612頁。

（物化）；

（3）人与人之间的生产关系颠倒为将社会自然属性内在化为物与物以及物与人之间的物象关系的理论（物象化 II）。①

"在资本—利润（或者，更恰当地说是资本—利息）、土地—地租、劳动—工资中，在这个表示价值和财富一般的各个组成部分同其各种源泉的联系的经济三位一体中，资本主义生产方式的神秘化、社会关系的物化，物质的生产关系和它们的历史规定性的直接融合已经完成：这是一个着了魔的、颠倒的、倒立着的世界。在这个世界里，资本先生和土地太太，作为社会的人物，同时又直接作为单纯的物，在兴妖作怪。……这样，它就把上面那些虚伪的假象和错觉，把财富的不同社会要素互相间的这种独立化和硬化，把这种物象的人格化和生产关系的物象化，把日常生活中的这个宗教揭穿了。这是古典经济学的伟大功绩。"②

《资本论》第三卷第一稿——即上述的引用，是在同一段落中同时出现"物象化"和"物化"两个概念的唯一文稿，这明确揭示了两个概念在马克思语境中的根本区别。

物象化是指人格与人格的关系，也即生产关系作为物象与物象之间的关系以及物象对人格的关系而出现的现象。人格（或是主体）发生物象化的同时，物象（或是客体）也正在发生人格化（或主体化）。为了将这两个方面同时表现出来，马克思才像诸如"物象的人格化和生产关系的物象化"③"物象的人格化和人格的物象化"④以及"物象的主体化和主体的物

---

① "在资本主义过程中，任何要素，甚至最简单的要素，例如商品，都已经是一种颠倒，并已使人与人之间的关系表现为物的属性，表现为人与这些物的社会属性的关系。"参见《马克思恩格斯全集》第 35 卷，北京：人民出版社 2013 年版，第 368 页。

② 《马克思恩格斯文集》第 7 卷，北京：人民出版社 2009 年版，第 940 页。此处将中文版《全集》原译文中的"物"改译为"物象"，译文略有变更，此处将中文版《全集》原译文的"物的人格化和生产关系的物化"改译为"物象的人格化和生产关系的物象化"。——译者注

③ 同上书。译文略有变更，将"物化"改译为"物象化"。——译者注

④ 《马克思恩格斯全集》第 49 卷，北京：人民出版社 1982 年版，第 116 页。译文略有变更，此处将中文版《全集》原译文中的"物的人化和人的物化"改译为"物象的人格化和人格的物象化"。——译者注

象化"①等字段那样对偶地使用了"物象化"和"人格化"。

物化是"物质的生产关系和它们的历史规定性的直接粘合"。也就是说,所谓物化是指构成生产过程的诸多契机(生产资料、土地和劳动等)的社会形态规定与自然素材规定之间发生难以分离的粘合、合成,且作为这一结果的特殊社会的形态规定随之消失后,在表面上只留有历史贯通的自然素材规定的现象。

"在私性的市民社会中,相互交往的诸多人格的位格(persona)和面容,隐藏在了若干小时分钟的劳动被对象化为各种物(并不是单纯的物,而是作为体现人类对自然的关系的物象)的背后。私人所有和以此为基础的所谓的被'物象化'的生产和交往关系,实际上对本应贯彻于市民社会的'共同利益'……只在'事后(Post festum)'作为现象表现出来。"②

在上述的引用中,可以看出望月在物象与物之间进行了明确的区分。但是他没有看到"作为关系的物象"进一步颠倒为"单纯的物"。"作为关系的物象"虽内藏着关系性,但却作为被剥离了关系性的"单纯的物"而现象(物化),在此基础上,资产阶级社会的"物神崇拜"得以成立。被赋予了社会关系规定的、作为社会关系的物象,同时还作为"社会的自然属性"被附属于物。正因为具有这一"社会的自然属性",过去的劳动产品(商品、货币、资本)才作为"自然物"("在感官维度上超感官的物")拥有了支配人类的权柄。

马克思的布尔乔亚社会批判,是对被物化了的社会系统的全面批判。在《历史与阶级意识》一书中,卢卡奇在使用物象化和物化这两个用语的同时③,选择了物化作为马克思的固定用语,这一选择别具卓见。这是因为卢卡奇瞄准了物化而非物象化,并以此来把握现代布尔乔亚社会的基

---

① 《马克思恩格斯全集》第 35 卷,北京:人民出版社 2013 年版,第 353 页。译文略有变更,此处将中文版《全集》原译文中的"物的主体化"改译为"物象的主体化",将"主体的物化"改译为"主体的物象化"。张异宾教授也曾在论文中将此处分别改译为"事物的主体化"和"主体的事物化"(参见张一兵《经济学革命语境中的科学的劳动异化理论(下)》,《马克思主义与现实》2022 年第 3 期)。——译者注

② 望月清司:『ドイツ史マルクス第三世界』,東京:日本評論社 2019 年,第 157—158 页。

③ Georg Lukács, *Geschichte und Klassenbewußtsein*, Neuwied: Luchterhand Verlag, 1968, p. 186, p. 369.

本特征。马克思将物化论作为一项主题来展开的卷章,并非《资本论》第一卷,而是第三卷。卢卡奇在《历史与阶级意识》第四章"物化和无产阶级意识"中建构的独具一格的物化概念,考据的主要用典来源于《资本论》第三卷的内容。资本主义体系的对抗性本质源于物化和在此基础上得以成立的物神崇拜。如果将物化论从马克思的物象化论以及物化论中隐去的话,那就等于是只强调现代市民社会的积极面。

"在市场中发生的为实现个人价值的竞争,是他们所属社会(Gemein-wesen)的物质代谢,也即为使用价值和生产力的相互补充实现市民社会(Gesellschaft)性的转变而存在的历史规定形式。只要这样,就将不得产生受社会(Gemeinwesen)的物质代谢所制约的客观调整规律。……按照森田桐郎的说法,价值规律可被理解为'在生产力相对于人类需求以及欲望而言并非无限的阶段时,发生的人类劳动的相互交换的规律',从而具有了一定的历史贯通性,那么不言而喻,在私性社会中被发现的与之对应的特殊形式就是所谓的市场机制。"①

五、"资本的生产力"和资本对劳动的实质包摄②

市民社会派马克思主义的根本缺陷在于,他们不能理解生产力(区别于生产关系的规定)与作为资本物化(作为自然素材规定的粘合)的结果而成立的"资本的生产力"概念之间的区别。

"在资本主义生产过程的基础上,使用价值(资本在这种使用价值上以生产资料的形式存在)和作为资本(资本是一定的社会生产关系)的这

---

① 望月清司:『ドイツ史マルクス第三世界』,東京:日本評論社 2019 年,第 160 页。

② 本文出现的资本对劳动的"形式包摄(die formelle Subsumtion)"和"实质包摄(die reelle Subsumtion)"是作者根据 MEGA² 而创制的新译词,中文版《全集》的译法为"劳动对资本形式上的从属"与"劳动对资本实质上的从属"。近来,也有国内学者对这两个概念的中译词提出异议,并将它们分别改译为"资本对劳动的形式吸纳"和"资本对劳动的实质吸纳"(参见夏永红、王行坤《机器中的劳动与资本——马克思主义传统中的机器论》,《马克思主义与现实》2012 年第 4 期)。但较之"吸纳",作者改译的"包摄"或更贴近德语 Subsumtion 的原初语义,为使读者更好了解作者的文本工作,故决定直接挪用作者"包摄"这一中日语境都有使用的译法。——译者注

些生产资料即这些物的用途,是不可分割地融合(Zusammenschmelzensi)在一起的。"①

马克思把资本从外部引进既存的生产技术并将其用于剩余价值生产这一层面的事态规定为资本对劳动的"形式包摄(die formelle Subsumtion)"。对此,原本作为特殊生产关系的资本通过包摄生产过程,创造出了只有资本主义才能产生的独特的生产力和生产关系,而这一事实被马克思规定为资本对劳动的"实质包摄(die reelle Subsumtion)"。②

所谓资本主义固有的生产方式,是指以作为特殊历史生产关系的资本为主体,能够在工艺学的劳动过程中引发持续性革命的生产方式。③ 在"实质包摄"层面被实现的这一生产力,马克思将之规定为"资本的生产力"④。

"由于协作、工场内部的分工、机器的运用,以及为了一定的目的而把生产过程转化为自然科学、力学、化学等的自觉的运用,转化为工艺学等的自觉的运用,正像与这一切相适应的大规模劳动等一样(只有这种社会化劳动能够把人类发展的一般成果,例如数学等,运用到直接生产过程中去,另一方面,这些科学的发展又以物质生产过程的一定水平为前提),与在不同程度上孤立的个人劳动等相对立的社会化劳动生产力……以及随之而来的科学这个社会发展的一般成果在直接生产过程中的运用,——所有这一切都表现为资本的生产力,而不表现为劳动的生产力,……既不表现为单个工人的生产力,也不表现为在生产过程中结合起来的工人的生产力。"⑤

---

① 《马克思恩格斯全集》第49卷,北京:人民出版社1982年版,第41页。
② 马克思在《1861—1863年经济学手稿》的"笔记本 V"中一度中断的对"y 机器"的考察,在"笔记本 XIX"中得以再开,并从中获得了"资本对劳动的形式包摄和实质包摄"等新概念。这两个概念在《直接生产过程的各种结果》(1863—1864年)中被进一步雕琢。"正如绝对剩余价值的生产被看作是劳动对资本的形式上的从属的物质表现一样,相对剩余价值的生产也可以被看作是劳动对资本的实际上的从属的物质表现。"参见《马克思恩格斯全集》第49卷,北京:人民出版社1982年版,第84页。
③ "随着劳动对资本的实际上的从属,在生产方式本身中,在劳动生产率上,在资本家与工人的关系上,都发生了完全的(不断继续和重复的)革命。"参见《马克思恩格斯全集》第49卷,北京:人民出版社1982年版,第95页。
④ 《马克思恩格斯全集》第49卷,北京:人民出版社1982年版,第84页。
⑤ 同上书,第83—84页。

在"资本的生产力"中,已无法区分生产力(历史贯通性的素材契机)和生产关系(特殊历史性的形式契机)的差异,二者难以分离地粘连在一起。在此意义上,产生于资本主义的科学、技术等,在本质上被烙上了资本主义的印记以及被物化了的资本的性质。① 望月主张"即使是在资本支配下作为资本生产力现象的……'劳动的社会(Gesellschaft)性生产力',只要揭开其表面的异化'面纱',就能发现它的实质是共同体(Gemeinschaft)的劳动"②,但是,要"剥离"与生产力本体相"粘连"的"面纱",恐怕已是不可能办到的事了。如果仍硬要"剥离"的话,"共同体(Gemeinschaft)劳动"自身则会陷入功能不全的状态之中。

另一方面,尽管"资本的生产力"作为物化的结果遮蔽了资本主义生产关系的规定性,但其在历史贯通性方面作为普遍(因此,在克服了资本主义的社会主义中也应继续留存下去)的生产力和科学本身而显现。哈里·布雷弗曼(Harry Braverman)在《劳动和垄断资本》中,通过分析 20 世纪垄断资本主义阶段的劳动过程的变化,以极高的水准洞察和揭示了资本主义时代形成的各种生产力及其产物——科学、技术等"被物化了的资本"的本质性。他指出:

"不能把科技革命理解为一些具体的技术革新——工业革命就可以这样来理解,少数几项关键性的技术革新就足以说明工业革命的特点——必须把整个科技革命看成一种生产方式,科学和不遗余力的工程技术方面的调查研究,已经并入此种方式之中,成为普通活动的一部分

---

① 关于"资本的生产力""实质包摄""作为物化资本的科学"等,参见平子友长:「第 2 章 資本主義を批判する」[4]～[7],收录于渡辺憲政、平子友長、後藤道夫、蒹輪明子(编):『資本主義を超えるマルクス理論入門』,東京:大月書店 2016 年;关于物象化、物化、异化等概念之间的区别及其关系的概说,参见平子友長「マルクスにおける物象化・物化と疎外の関係」,『季論 21』2018 年春号,東京:本の泉社;详细的讨论请参见 Tairako Tomonaga, "Versachlichung and Verdinglichung: Basic Categories of Marx's Theory of Reification and Their Logical Construction", in *Hitotsubashi Journal of Social Studies*, Tokyo: Hitotsubashi University, 2017, pp. 1-48; Tairako Tomonaga, "Reification-Thingification and Alienation: Basic Concepts of Marx's Critique of Political Economy and Practical Materialism", in *Hitotsubashi Journal of Social Studies*, Tokyo: Hitotsubashi University, 2018, pp. 1—49.
② 参见望月清司「マルクス歴史理論における『資本主義』」,收录于長洲一二(编):『講座マルクス主義 8 資本主義』,東京:日本評論社 1970 年,第 76 頁。

了。……科学本身转化为资本,这才是科技革命的关键性的革新。①

"资本主义使机器不断发展……造成了这种死劳动支配活劳动的制度;这不是个比喻的说法,不只是从财务关系或权力关系的意义上来说的财富支配贫穷、雇主支配雇工或是资本支配劳动,而是一个实实在在的事实。"②

也就是说,如果不考虑在资本主义基础上得以发展的作为"资本生产力"的生产力的实质,就不能准确理解资本主义向社会主义过渡中的生产力问题以及其在劳动者联合(association)中可能产生的问题。

"资本的生产力"只有在资本主义生产关系的前提下才能发挥作为生产力的作用,这一生产力是不能立即重新作为劳动者联合的生产力得到利用的。马克思在《法兰西内战》中主张"工人阶级不能简单地掌握现成的国家机器,并运用它来达到自己的目的"③。同样,如果工人阶级直接继承"现成的"各种生产力——即"资本的生产力",即使是通过变更生产资料的所有关系和导入劳动者的经营决定权等生产关系维度的变革,恐怕也无法真正组建联合(association)。为此,还必须对从资本主义继承而来的各种生产力的构成、功能样式本身进行技术学上的变革。

关于"工场手工业(manufacture)分工和大工业性质之间的矛盾"④,马克思有如下的论述:

"大工业从技术上消灭了……工场手工业分工,而同时,大工业的资本主义形式又更可怕地再生产了这种分工。⑤

"大工业的本性决定了劳动的变换、职能的更动和工人的全面流动性。另一方面,大工业在它的资本主义形式上再生产出旧的分工及其固定化的专业。"⑥

---

① 哈里·布雷弗曼:《劳动与垄断资本——二十世纪中劳动的退化》,北京:商务印书馆 1978 年版,第 148—149 页。ブレーヴァマン:『労働と独占資本—20 世紀における労働の衰退—』,福沢賢治译,東京:岩波書店 1978 年,第 185 页。

② 同上书,第 205 页。ブレーヴァマン:『労働と独占資本—20 世紀における労働の衰退—』,福沢賢治译,東京:岩波書店 1978 年,第 250 页。

③《马克思恩格斯选集》第 3 卷,北京:人民出版社 2012 年版,第 95 页。

④⑤《马克思恩格斯文集》第 5 卷,北京:人民出版社 2009 年版,第 557 页。

⑥ 同上书,第 560 页。

在这里,马克思着重强调的是,大工业的资本主义形式在大工业本性所可能的工艺学("现代工业通过机器、化学过程和其他方法,使工人的职能和劳动过程的社会结合不断地随着生产的技术基础发生变革"①)的范围内,是最适合资本增殖的唯一选项,即只在从精神劳动中彻底分离体力劳动,去技能化、使劳动无内容化,完成劳动者对自动化劳动手段的从属的方向上发展。

如果从"再生产旧的分工"这一表现出发,想象资本主义生产方式将对大工业阶段的生产力发展起抑制作用的话,那将是一个极大的误解。只有通过"再生产旧的分工",才可以使在每单位产品中投入的劳动量达到最小成为可能。重要的是,"资本的生产力"与前述引用的"大工业的资本主义形式"并非同义,前者包含了"大工业的本性"(科学在生产过程中的工艺学应用)等更广泛的概念。② 既有研究对"资本生产力"概念几乎不关注的原因之一,在于许多研究者将"资本主义的生产力"等同于"大工业的资本主义形式"。由此萌生出了这样的思考方式:"大工业的本性"本身很容易从它的"资本主义形式"中分离出来,只要"剥离""资本主义的形式",也就自然能实现向社会主义生产方式的转换。

20世纪的社会主义历史,足以说明从资本主义那里继承"现成的"生产力的社会主义将会面临怎样的最终命运。苏东的社会主义经济体制的失败,证明了资本主义时代的生产力如果不辅之以资本主义的经营组织和市场组织就无法发挥职能。"资本的生产力"彻底推进精神劳动和体力劳动的分离、生产过程中发生的决策和执行的分离,以及劳动者的从属化、非主体化和非熟练化。近年来,所谓 IT 技术正以惊人的速度发展,只要其仍作为"资本的生产力"发挥作用,便会推进精神劳动在广泛领域中以 IT 的形式开展"征服",以及人类劳动的无用化和去精神化。不得不感慨,我们至今还生活在马克思描述的劳动世界之中。

"由于劳动资料转化为自动机,它就在劳动过程本身中作为资本,作

---

① 《马克思恩格斯文集》第 5 卷,北京:人民出版社 2009 年版,第 560 页。
② 这一事实在前述的引用中可以得到确认,参见《马克思恩格斯全集》第 49 卷,北京:人民出版社 1982 年版,第 83—84 页。

为支配和吮吸活劳动力的死劳动而同工人相对立。正如前面已经指出的那样,生产过程的智力同体力劳动相分离,智力转化为资本支配劳动的权力,是在以机器为基础的大工业中完成的。变得空虚了的单个机器工人的局部技巧,在科学面前,在巨大的自然力面前,在社会的群众性劳动面前,作为微不足道的附属品而消失了,科学、巨大的自然力、社会的群众性劳动都体现在机器体系中,并同机器体系一道构成'主人'的权力。"①

晚年的马克思越来越认识到了,克服资本对劳动的"实质包摄"以及"资本的生产力"所造成的劳动者精神劳动的异化的道路是一个极为漫长的过程。马克思在《哥达纲领批判》中指出:"在共产主义社会高级阶段,在迫使个人奴隶般地服从分工的情形已经消失,从而脑力劳动和体力劳动的对立也随之消失"②,即承认了在理论层面上,"脑力劳动和体力劳动的对立"仍会存续于"共产主义社会的第一阶段"。

但是,我们找不到任何市民社会派马克思主义的论者认真考察过劳动者在生产过程中发生的精神异化问题的痕迹。

"在'大工业'的劳动过程中……发挥作用的是技术工作者或专家逻辑,他们用知识控制这一过程。这种劳动者……直接组成社会分工和协作体制,形成一种以集团力量出现的生产力。在这一领域,他们在使'作为职能者的资本家无用化'的同时,从事具体的人的劳动,发挥着劳动过程的主人,即'共同使用生产资料'的主人的作用。③

"劳动集团组织向社会交往体系提供的社会财富,虽然在跨出工厂大门时要逐一刻上'资本家所有'的烙印,但是交往体系本身的动力无疑是作为整体的工人阶级。因此……对于资本而言,他们在这一'交往的普遍性'的网格中通过实践获得'个人普遍性'的同时,也会对工人阶级的出现感到恐惧。④

---

① 《马克思恩格斯文集》第 5 卷,北京:人民出版社 2009 年版,第 487 页。
② 《马克思恩格斯选集》第 3 卷,北京:人民出版社 2012 年版,第 364—365 页。
③ 望月清司:『マルクス歴史理論の研究』,東京:岩波書店 1973 年,第 610 页。引文中的下划线为望月清司在原文中的特别提示。——译者注
④ 同上书,第 610 页。

"发生在劳动过程的技术水平的提高进一步强化了专家劳动者潜在的知识主导权。……与排他的企业人相比,连带的经营人越来越掌握了全面管理整个体系的能力。……'全面发展的个人'在……转变了的市民社会的产物而被不断创造出来。"①

难以理解的是,何以从《资本论》中构想出一幅这样的大工业图景——在这一图景中,劳动者"从事具体的人的劳动",同时作为"知识统御者"成为某种"技术人员或专家",从而使"资本家作为职能人员而无用化"。"全面发展的个人"作为"人类史三阶段"中第三阶段的规定性,如果它能够作为"市民社会的产物而在现代日益出现"的话,想必也将不存在什么要尽快超越、克服资本主义的迫切感了吧。

对于望月而言,"贯彻价值规律"不是要克服的对象,而是展望未来社会的"必要中介"。其理由是,望月认为,作为剥削剩余劳动的"假象"的"等价交换"的"更深处",存在着作为"本源性行为"的"等价交换"。在他的语境中,所谓"本源性行为"是指"自我所有的劳动者各种能力的等价交换",以及"一个人可以为满足他者欲求需要而生产,并将获取他者的生产物作为自身的欲求对象——在此间产生的'社会联系'"。同时,他还将其称为"以颠倒的形式活生生地存在于资本家社会之中"的存在。因为,马克思称作"转变"(Umschlag)的分析工具,被他解释成"可以准确地将已经浮现于市民社会现象表面的本质复原出来的工具"②。"马克思的方法并不是将眼前的现象事实仅仅当作虚伪的表象予以抛弃,而是要在其中发现被颠倒和翻转以及被历史规定的真实"③。

望月通过某种方法或修辞,提出在资本主义异化和物象化的"深处",还有未被异化和物象化的"本源性"人类关系或"社会性关联"的存在。如此一来,原本存在于资本主义下的否定性事象都将颠倒为肯定性的经验。望月对"市民社会"的多重规定,是将否定转换为肯定的魔法杖。

根据村上俊介的说法,望月的研究可以分成以下三个阶段:第一阶段

---

① 望月清司:『マルクス歴史理論の研究』,東京:岩波書店 1973 年,第 611—612 页。
② 同上书,第 606 页。
③ 同上书,第 607 页。

是 1953 年至 1967 年的"中世纪西欧的农奴制研究"的时期,第二阶段是 1968 年至 1980 年的"望月历史理论"或"望月市民社会论"的建构时期,第三阶段是 1981 年至 1983 年的"第三世界论研究"的时期。① 根据村上整理的这一分期,本文讨论的仅是围绕其第二阶段的研究,且即便是就这一阶段的研究而言,关于望月该阶段研究的重要组成部分——早期马克思研究、异化概念研究以及围绕《德意志意志形态》研究的讨论也尚不完整,但受篇幅限制,只能另外撰文再作讨论。

笔者认为第三阶段的"第三世界论研究"在内容方面,是望月对第二阶段的"望月历史理论"的自我批判。

望月在其第二阶段研究中,曾十分肯定地指出:"他(马克思)研究历史的视角必定是……对人类历史上,为什么只有中世纪西欧才能够产生出人类向社会主义过渡的必经桥梁'近代市民社会',而且还能够使它充分发育起来这一问题的关注。"②

但在其第三阶段的研究中,他却说:"马克思言外之意是,在逐一抑制各个国家的'国内外原始积累'之前,首先应该把世界原始积累作为整体来把握"③,此外,"原始积累在历史上并不是'一蹴而就的现象',而是与早前的积累并行的"④。另一方面,关于"针对马克思只考察了西方为形成自存性积累构造而进行的原始积累而出现的批判",他强调了《资本论》原始积累章"第六节明确指出了'总的来说,在欧洲蒙上雇佣劳动面纱的奴隶制,是以新世界中没有面纱的奴隶制为基础的'"⑤这一事实的同时,还作出了以下的论述:

"原始积累章正确地将西方的原始积累方式定位于世界原始积累的语境之上,另一方面,与'掠夺者的掠夺'直接关联的市民社会历史的起点为何又再次……以个人所有及其解体为依据呢? ……如果不将之看作是

① 望月清司:『ドイツ史マルクス第三世界』,日本評論社 2019 年,第 388 页。
② 望月清司:『マルクス歴史理論の研究』,東京:岩波書店 1973 年,第 548 页。
③ 望月清司:『ドイツ史マルクス第三世界』,東京:日本評論社 2019 年,第 220 页。
④ 同上书,第 222 页。
⑤ 同上书,第 224 页。

多重视域,而是看成视域的分裂的话,马克思的原始积累论将会成为西方中心主义史观。尽管我承认其危险性,但我更愿意将后者视为基于西方固有的历史条件,对最佳的未来图景的积极理论提示。现在最值得期待的是如何在世界史中形成一种既能将后者相对化(Relativization),又能妥当包容第三世界的原始积累理论。"①

"基于西方固有的历史条件,对最佳的未来图景的积极理论提示"——在这一论述中,仍可发现其第二阶段研究中的"共同体—市民社会—社会主义"这一"马克思历史理论"解释框架的存续。不过,望月已对这一解释框架存在堕入"西方中心主义史观"的"危险性"抱有警惕心,因而主张必须将其向兼容"妥当地包摄第三世界的原始积累论"的世界史理论"转化"。"恐怕我们今后需要不断反思和内省,新的世界史论争是由第三世界向西方中心发起的意味所在吧"②,"如何正面对待第三世界的历史和现实问题,这将成为促进马克思社会—历史理论活性化和蜕变的力量"③。作出如上论述的望月,与曾主张马克思的历史观"固然是有意识地只以西欧为素材而整理出来的,但也正是因为如此,它才能描绘人类历史的未来","正因为如此,这一作为素材的西欧才被马克思视为回顾人类历史、展望未来的基点"④时的望月仿佛不是同一人。

① 望月清司:『ドイツ史マルクス第三世界』,東京:日本評論社 2019 年,第 224—225 页。
② 同上书,第 297 页。
③ 同上书,第 317 页。
④ 同上书,第 604—605 页。

平田清明市民社会论与"地主国家资本主义"①

内田弘②

（日本专修大学经济学部）

一、多重的市民社会概念与"地主国家资本主义"

首先,笔者拟在该部分重新确认马克思对市民社会的概念规定。但这一确认,不是要以马克思的市民社会概念为基准来裁断其他的概念规定,而旨在通过与马克思的市民社会概念进行比较,观察日本的市民社会概念在过去一段时间的多重发展。在该部分的工作完成后,本文还将揭示"地主国家资本主义"这一指称资本主义漫长过渡时期的概念范畴。

（一）马克思的市民社会概念

马克思对市民社会概念作了下述规定:

（1）私有财产的所有者通过商品—货币关系结成的市民社会。

（2）无产者以雇佣劳动者身份加入作为商品—货币关系的市民社会(1),结果是这一市民社会在实质上转变为受资本家支配的市民社会(资产阶级社会)。在此之际,市民社会(1)转化为"资产阶级社会的表层"(市

---

① 日译名『平田市民社会論と「地主国家资本主義」』,原文载自『アソシエ』2001年4月刊,经授权翻译发表。
② 作者简介:内田弘(1939—),日本专修大学名誉教授。译者简介:陈旺,南京大学马克思主义社会理论研究中心暨哲学系博士生。

民社会[2-1]），市民社会（2）则成为潜藏于其"深部"的存在（市民社会[2-2]）。

（3）以与资本家的市民社会（2）同类型的经济要素为胚胎的过去的市民社会（即《政治经济学批判〈序言〉》中所列举的罗马军队的例子）。

（4）作为过去一切私有财产制度在各个历史阶段的基础，并同适应特定生产力的特定社会相关联的市民社会（《德意志意识形态》提及的"全部历史的真正发源地和舞台"的市民社会。关于这点，后文有详细论述）。①

（二）内田义彦的市民社会概念

内田义彦的市民社会概念曾给予平田清明以极大启发，那么，内田的市民社会概念是以何姿态来呈现的？亚当·斯密认为，在"狩猎社会→畜牧社会→农业社会"这一人类的产业性发展阶段的深处，自然（神）赋予的交换本能、勤劳本能②以及积蓄（Hoarden）本能将使这片大地文明化，而这一历史倾向，也将打破各种人为制度，并终有一日会使包含各种文明社会在内的"商业社会"等"自然的自由的制度"显在化。在这一历史性的基础上，内田在《经济学的诞生》中写道：

"在斯密看来，文明社会的终点即资本主义社会，也即作为朝着这一方向被无限纯化进而把握的存在。在此意义上，他的文明社会自然便是市民社会／资本主义社会了。……文明社会＝市民社会＝资本主义社会。"③

尽管斯密认为文明社会在人类历史开辟时即已形成，但内田义彦还是提出了一项假设——即在自由的小农民方才登场的英国近代史（16世纪初）中，市民社会首先是通过支付货币地租实现身份独立的小生产者的社会，而后才历史性地转变为资本家社会。这两个市民社会，不仅在历史上存在先后关系，还在逻辑上存在先后关系，因为即使在形成了的资本主义当中，市民社会也总处于向资本主义转变的过程之中。此外，内田还补

---

① 参见内田弘「現実概念としての世界史」，载『情況』2000 年 3 月号。
② 关于这些概念，请参照《国富论》第 1 篇第 8 章、第 3 篇第 3 章。
③ 内田义彦：『経済学の誕生』，東京：未来社 1953 年，第 198 页。

充说:"随着强调的重点不再是关系和地位而转向能力时,市民社会开始产生抽象的性格特征并逐渐走出了纯粹资本主义。"①在这里,也可以将之称作"抽象的历史贯通性的市民社会"和"作为实体性概念即作为纯粹资本主义的市民社会"②。

总结起来说,市民社会概念在内田义彦的语境中,存在以下四个规定:

(a) 诞生资本主义的历史性前提,即马克思的市民社会(1);

(b) 诞生了的资本主义的逻辑性前提,即马克思的市民社会(2—1);

(c) 因市民社会(a)和市民社会(b)在逻辑、历史上的转轨而诞生的纯粹资本主义,即马克思的市民社会(2—2);

(d) 在资本主义深处形成的批判和超越资本主义的"作为历史贯通性存在的市民社会"。

市民社会(d)是内田义彦市民社会论所特有的规定。该市民社会概念就像"作为抽象的具有历史贯通性概念的市民社会——通过各种体制实现的市民社会"③的规定一样,被规定为了"历史贯通性的存在"。市民社会在位于西欧的英国中的形成方式,与其在其他欧洲大陆国家中的形成方式是截然不同的。"根据斯密的经济学,作为经济世界而被规定的市民社会,在英国……虽然有逐渐明确固定在布尔乔亚社会的倾向,但是在大陆,作为自然社会的市民社会并没有被收敛到经济世界之中,所以具有抽象的性格。因此,具备了从布尔乔亚社会中溢出的要素,并能实现存续和发展"④。在英国,专制主义王政没有大陆那般坚固,因此,市民社会(a)较早地转向了资本制市民社会(b)[资产阶级社会]的阶段。与此相对,在大陆由于专制主义王政的巩固和历史领有法则转变速度的缓慢,因而在其转变过程中,没落的小生产者阶层逐渐产生了批判资本制市民社会的群体意识。如果用内田义彦的话来说,即"具有了从布尔乔亚社会中溢出

---

① 内田义彦:『日本资本主义の思想像』,东京:岩波书店1967年,第71页。

② 同上书,第100页。

③ 同上书,第100页。

④ 同上书,第67页。

的要素"的市民社会(d),也即"作为历史贯通性存在的市民社会"。内田义彦认为,这一群体意识在法国或德国等国家演化成了自然法思想或社会主义思想,而马克思的经济学研究正是从大陆的这一思想的立场出发对英国经济学开展内在性的批判。

(三) 望月清司的市民社会概念

望月清司的市民社会概念是如何的? 望月清司从平田清明在《政治经济学批判大纲》研究中关于"资本循环=被积累论包裹的共同体=原始积累理论"和"第二循环的结束"等论断中受到了极大的启示①,在重新解读前述内田义彦关于市民社会的四个规定和马克思的基础上,发展了他自己的市民社会论。关于这一新发展,望月用"三重市民社会规定"来捕捉。②

(甲) 首先,是作为"整个历史真正基础"以及"直接从生产和交往中发展起来的社会组织"的市民社会。这一规定不在马克思对市民社会的直接规定范畴之中,但基本等同于马克思的"劳动过程/社会性物质代谢"概念,也相当于内田义彦的市民社会(d)。

(乙) 其次,是以历史上 16 世纪初英格兰自由的小生产者构成的分工关系为原型而形成的资本主义,以及与之相当的以社会性分工关系为自身"质料基础"的商品—货币关系。这基本对应的是内田义彦的市民社会(a)和市民社会(b)。

(丙) 最后,即资本家社会(布尔乔亚社会),对应于内田义彦的市民社会(c)。

就像望月曾指出的那样——"在这一市民社会的二重构造[笔者注:即市民社会(甲)和市民社会(乙)]的表面,被披上了名为'资本家私有即剩余价值获取'的异化面纱"③,在望月的市民社会规定中,市民社会(甲)

---

① 参见望月清司『マルクス歴史理論の研究』,東京:岩波書店 1973 年,第 391—392 頁。

② 同上书,第 609 頁。

③ 望月清司:「マルクス歴史理論における「資本主義」」,收录于長洲一二(編):『講座マルクス主義 8　資本主義』,東京:日本評論社 1970 年,第 28 頁。

自不必说,市民社会(乙)也是承担价值关系的质料性存在。在望月的语境中,可以看出他始终坚持以由分工劳动所支撑的生产力及其所创造的使用价值为第一要义的方法论视域。这也可以说是资本家社会(市民社会[丙])的生产力。与资本主义生产方式之前的生产方式相比,望月积极评价了资本主义生产方式具有的人类解放力。在他看来,资本家的剥削是"异化的面纱",而规定使用价值的(剩余)价值关系方面很容易受到忽视。质料性的存在(使用价值)与形相性的存在(价值关系)之间存在一定的外接关系。在此意义上,内田义彦言说中的拥有"正·负·正"质性相互调节力的媒介关系变成了一种"重叠的关系"。

望月清司的市民社会(甲)是作为长期性历史结果的可分析的"世界史意义上的普遍性存在"。对此,内田义彦赋予了市民社会(d)以类似的规定。他指出:"在无视体制的超历史视角中,是无法捕捉到贯穿历史的存在的存在形式。但是,如果失去贯穿历史的存在的存在形式这一视角的话,就无法将体制所包含的问题在具体的层面上予以捕捉"①。这是一种超越既成经验世界的潜在力量,一种康德—三木清②式的"构想力",一种自然史的普遍性。因此,它是一种批判资本主义的基准。与此同时,对于内田义彦而言,市民社会(d)"将穿越历史并在遥远的将来得以最终形成,但是,现在,它作为一项课题已被人们意识到了,并为人们提供前行方向的指引"③。对于内田义彦,市民社会(d),即"作为历史贯通性存在的市民社会"不仅是进行体制批判的基准,还是实践的指南。

(四) 平田清明的市民社会概念

平田清明的市民社会概念又是如何的? 平田清明的市民社会论建基于具有先驱性意义的领有法则转变的研究之上。资本家社会(布尔乔亚社会)是领有法则历史性转向的最终结果。平田市民社会论的着眼点在于,从理论上探索"重建个体所有"的现实可能性,并通过运动实现这一转

---

① 内田义彦:『日本资本主义の思想像』,东京:岩波书店 1967 年,第 324—325 页。
② 三木清(1897—1945),京都学派代表性哲学家,法政大学法文学部教授。——译者注
③ 内田义彦:「『作品』への遍歴」,载『専修大学社会科学研究所月報』1982 年(NO. 231)。

变。创立"生活俱乐部"①的岩根邦雄②从平田的构想中得到了极大的启发。平田清明从现存的商品—货币关系的质料性的使用价值的侧面——"作为各种生产力体系的市民社会"中,追求剥离其资产阶级(Bourgeois)形式的可能性。试着探析平田与内田义彦市民社会论之间存在的关联性,就可发现资本家的市民社会(c)是以市民社会(a)和市民社会(b)为其历史逻辑前提的,市民社会(d)"作为历史贯通性存在的市民社会"是在资本家社会(市民社会[c])乃至现代资本主义的历史性现实形态中探求其生成的可能性。望月清司关注了历史性的"资本第一循环的开始"中存在的可能资本向现实资本生成的历史转变过程,进而从如何在历史理论中捕捉现代资本主义世界体系中仍在持续进行中的原始积累(现代原始积累)的现实问题意识出发,在马克思关于专制主义王政时期到产业革命时期的这一漫长历史过程(本原积累过程)的记述中分析了 13 个原始积累范畴③,批判性地重构了宇野经济学和大冢史学④,将马克思的原始积累理论扩展到了容纳现代第三世界的原始积累理论⑤。而本文的假定概念"地主国家资本主义"就是试图发展其中一部分的一篇试论。

平田清明在《大纲》"货币章"中解读了独立生产者的宗教(Protestantism),⑥在《市民社会与社会主义》中则提出了特权城市即近代性自由的起点的理解。望月十分敏锐地关注到平田在其著作中所记述这段内容:"bourgeois 指的是……中世纪自由城市 bourg 的人们。……'市民'这个

---

① 生活俱乐部(全称:生活俱乐部事业联合生活协同组织联合会),由日本全国 32 家生协(生活协同组织的简称,意为生活合作社)联合构成的生活协同工会组织,参与人数约达 30 万人,其中大部分是妇女,生活俱乐部认为"生活"一词意味着人们日复一日的日常胜场,而"生活者则指的是在工作、学习、娱乐休闲的日常生活中又积极又有意义地探索生活方式的人",而不再只是被动的消费者。生活俱乐部将生活者的活动作为基础并追求一种可持续、更有意义的生活方式,并力求实现公正的世界。生活俱乐部的会员单位生协由自主运作的 200 余个基层支部组成,分别自主运作,进行各种活动。其主要活动涉及预约共同购买、安全食品的开发与公正的价格、以严格的自主标准生产消费品、反转基因作物食品的运动等。——译者注
② 岩根邦雄(1932—),日本当代社会运动家、生活俱乐部创始人。——译者注
③ 参见望月清司「本源の蓄積の視野と視軸」,载『思想』1982 年(NO.659)。
④ 参见望月清司「宇野経済学をささえた宇野史学」,载『経済評論』1977 年 7 月号。
⑤ 参见望月清司「第三世界から提起された新世界史論争」,载『第三世界と経済学』,东京大学出版会 1982 年。
⑥ 参见平田清明『経済学と歴史認識』,東京:岩波書店 1971 年,第 207 页。

词本身就意味着其已经脱离领主支配的农村,自由地形成城市的商人和手工业者"①。他批评说,在理论上,近代市民社会的历史性开端并不在于这样的特权城市,而在于通过向领主支付货币地租从而在身份上实现自由的小生产者阶层的农村都市。② 内田义彦也早在《经济学的诞生》中就表示:"(自由的、农民的)土地所有在这种情况下,是人格独立性发展的基础。它是农业本身的(资本主义的)发展所必需的一个节点。"他指出,有必要从直接理解生产者的"以自我劳动为基础的所有"必然转向资本主义领有,并成为人格独立性发展的——这一普通意义上理解马克思的认识。③

(五) 水田洋④的评论

水田洋对日语语境中的"市民社会"作了以下的评论。(下述引用中的"[]"是笔者的补充,()是前述马克思关于市民社会四项规定的标号)

"关于[市民社会的]词源,就像从亚当·弗格森(Adam Ferguson)的《市民社会史论》(1767 年)中看到那样,(4)几乎是有史以来拥有私有财产和政治权力的社会的意思,但日文的译词却被认为是(1)斯密用文明社会或商业社会等词来表现的(2)资本主义的矛盾(恐慌和阶级对立)尚未呈现显在化的近代社会。……简言之,日语语境中的市民社会是将西欧近代社会理想化的虚构(fiction),是批判日本社会非现代性的立足点。因此,不得不说它不仅已经远离了语源的'civil society',也远离了'文明社会'或'商业社会'的基本内涵。……黑格尔和马克思赋予了它(意味着巨大社会的市民社会)以历史意义,将之作为人类社会发展的一个必然阶段(而且是在最终阶段之前的),当然,在这里就已同时包含了否定性和肯定性的两方面的评价。……这(最近,被认为是由葛兰西又或是哈贝马斯提

---

① 平田清明『市民社会と社会主義』,岩波書店 1969 年,第 150 页。
② 参见望月清司『マルクス歴史理論の研究』,東京:岩波書店 1973 年,第 575 页。
③ 参见内田义彦『経済学の誕生』,東京:未来社 1953 年,第 103—104 页。
④ 水田洋(1919—),日本经济社会思想史学者、名古屋大学名誉教授、日本学士院会员、社会运动家,是日本极具影响力的日本社会思想研究的代表性人物,其研究以斯密研究见长。——译者注

出的市民社会论)与日本从斯密中抽离而出的市民社会论之间,或许存在结合在一起的可能性。"①

尽管水田对日本市民社会论持批判态度,但正如前述,他还是指出了马克思关于市民社会四项规定中的三项。不过,水田认为日本市民社会论者没有认识到马克思关于市民社会(2)的规定。这明显是一种误会,因为在内田义彦的市民社会规定(c)以及望月清司的市民社会(乙)中都可以找到市民社会(2)的身影。至于水田所说的"将西欧近代社会理想化的虚构",或是切实存在的,因为内田义彦语境的"作为历史贯通性的存在的市民社会"和望月清司语境的"第一重市民社会"在马克思关于市民社会的规定中都不存在。斯密指认的潜伏在"狩猎社会→畜牧社会→农业社会"人类历史各个阶段深处的人为性的各种制度(封建制度或重商主义等)被打碎之后(农业社会之后)得以历史性显现的文明社会和商业社会,被马克思予以继承。内田义彦将斯密指认的文明社会和商业社会作为人类史的普遍基础即"作为历史贯通性的市民社会"来把握——而不是像马克思那样单纯地将它作为资本家的阶级社会来把握。可以看出来,内田义彦独有的市民社会论(d)的成立依据源于其对斯密文明社会—商业社会理论的重新解读。内田义彦在斯密的人类学—社会科学中,首先试图读取的是其根据历史形式规定而形成的普遍史的存在。

从水田指摘的弗格森《市民社会史论》的劳动异化论被马克思在《哲学的贫困》中予以引用的这一事实推测,马克思对市民社会(4)的规定,即关于贯穿阶级社会的市民社会的规定,或许也从《市民社会史论》中得到了一些启示。

弗格森指出:"形成社会的伟大事业是……一定人类以从商业和相互援助中得到利益为目的而展开的。如果没有民族之间的竞争或战争,市民社会就找不到自身的目的和组织。在不同的社会中划分成员的阶级、确立立法行政权力的模式、不同的习惯、统治者们不均衡权力和权威的产生等现象,无不揭示了就算是形似的组织之间也存在差异,人类关系在细

① 水田洋:『アダム・スミス』,東京:講談社学術文庫 1997 年,第 96—97 頁。

节之上生出了各种异同。"①

　　杰拉德·德兰蒂(Gerard Delanty)②认为,正如苏格兰启蒙道德哲学家所承认的那样,社会性领域已经超越了严格意义上的公共性领域,成了关系网络,这一点只要读一读弗格森的《市民社会史论》就会明白。甚者,他还认为,早期马克思的政治理论的中心课题在于对市民权这一社会性概念的恢复方面,这为社会主义注入了活力,从平均派到卢梭再到托马斯·潘恩(Thomas Paine),在激进民主主义的传统中,比起市民的"经济性的"概念,民主主义和"社会性的"概念更加惹人注目。③ 然而,德兰蒂并没有指摘出马克思决定将经济学解剖市民社会作为核心问题的意义所在。德兰蒂指出,马克思认为必须在社会领域中通过阶级斗争的方式来解决市民变质为资产阶级(Bourgeois)的现实事态。但事实上并非如此,马克思在领有法则转换的经济学研究中早已阐明了资产阶级经济学变质为所谓"所有论的个人主义"(C. B. 麦克弗森)的根据所在。

(六) 围绕市民社会概念的各种问题

　　《德意志意识形态》写到的"这个市民社会是一切真正历史的 Herd 和 Schauplatz"④这一段话中的"Herd"和"Schauplatz",望月清司在森宏一⑤翻译(1947 年)以来不知为何就固定下来了译词"炉灶与舞台",特别是在"炉灶"中读取出了历史贯通性的劳动过程和社会性物质代谢理论的含义。他还将内田义彦说的"作为历史贯通性的存在的市民社会"作为解读马克思的根据所在。如此一来,在斯密=马克思的作品中,内田义彦=望

---

① 参见亚当·弗格森《市民社会史》(影印本),中国政法大学出版社 2003 年版,第 1 章第 3、4、10 节。
② 杰拉德·德兰蒂(Gerard Delanty),西利物浦大学社会学教授,研究方向为现代性问题,主要著述有《变化世界中的社会理论》《发现欧洲:理念、身份和现实》《社会理论:超越实在论和建构论》等。——译者注
③ 参见 Gerard Delanty, *Citizenship in a global age*, Buckingham: Open University Press, 2000, pp. 12—13.
④ 『手稿復元新編輯版 ドイツ・イデオロギー』,广松涉编译,東京:河出書房新社 1974 年,第 38 页。
⑤ 森宏一(1901—1993),日本哲学家、早期马克思主义者,毕业于东京帝国大学(现东京大学)。——译者注

月清司的市民社会论在《德意志意识形态》中得以存在。把"Herd"和
"Schauplatz"分别译成"灶台"和"舞台",只要理解它们属于修辞上的隐
喻,不存在什么太大的理解问题。根据濑户贤一①的说法,"隐喻是将……
无法直接接触到的抽象物……比作容易理解的具象物来表现的方法"②。
《德意志意识形态》中的"Herd"和"Schauplatz"所提示的"无法直接接触的
抽象物"是指"发源地和现场"。把"发源地和现场"作为"易于感官理解的
具象物"进行理解,并分别译为"灶台"和"舞台"是没有问题的。但问题关
键在于《德意志意识形态》是如何规定"一切历史的真正发源地和现
场"的?

　　《德意志意识形态》写到的作为"发源地和现场"的市民社会,是由在
"发源地和现场"这一隐喻表现出现之前的"受各种生产力制约,并反过来
制约各种生产力的交往形态,即市民社会"③这一定义转换而来的市民社
会规定(均为恩格斯笔迹)。这一市民社会在《致帕·瓦·安年科夫的信》
中曾被以另一个说法提及:"在生产、交换和消费发展的一定阶段上,就会
有相应的社会制度形式、相应的家庭、等级或阶级组织,一句话,就会有相
应的市民社会。"④也就是说,这个市民社会指的是"家族、身份或阶级的组
织"。暂且将这一文献史的语境搁置一旁,假定与"Herd""Schauplatz"分
别对应的日文译词"灶台""舞台"不是隐喻(意译),而是字面翻译(直译)
的话,那么在其中(特别是在"灶台"中)读出各种具有历史贯通性意味的
解读方式,就将不再是可容许范围之内的"重新解读马克思"。平田清明
将这个作为"灶台和舞台"的市民社会理解为就像奴隶制或封建制(而并
非农奴制)那样的市民社会的"欲望、劳动、私人利益和私人所有权的世
界"⑤。此外,马克思在 1846 年 1 月致恩格斯的信中,将"德意志意识形

① 濑户贤一(1951—),日本语言学者,大阪市立大学名誉教授、佛教大学文学部英美文学科教授。——译者注
② 瀬戸賢一:『認識のレトリック』,東京:海鳴社 1997 年,第 35 页。
③『手稿復元新編輯版 ドイツ·イデオロギー』,广松涉编译,東京:河出書房新社 1974 年,第 38 页。
④《马克思恩格斯文集》第 10 卷,北京:人民出版社 2009 年版,第 43 页。
⑤ 平田清明:『経済学と歴史認識』,東京:岩波書店 1971 年,第 223 页。

态"看作二人的共同著作,并向恩格斯寻求将《德意志意识形态》的内容用于《哲学的贫困》写作素材的许可。如此看来,望月清司有关二人之间存在历史观的对立主张并不符合客观事实。

但是这样的指摘,也决不会使研究发生倒退。实际上,马克思曾在研究亚里士多德、伊比鸠鲁和斯宾诺莎等自然哲学的基础上,预言式地将后来内田义彦和望月清司所固有的市民社会论的实质内容称作"自然史的过程"。这是以亚里士多德《灵魂论(De Anima)》对自然史过程中生成的人类能力论的论述和斯宾诺莎在《神学政治论》中所说的"普遍性的自然史"为基础的。① 不能忽视的是,内田将"作为历史贯通性的存在的市民社会"换了一种说法,将之称为"自然史的过程"②。这是内田从事学问研究方面的敏锐直觉。向来将《资本论的世界》当作枕头书的望月清司是否注意到了内田的这一变换说法? 可是,内田又将"作为历史贯通性的存在的市民社会"与前述的提法并行使用。这是为何? 内田义彦在《经济学的诞生中》曾将"文明社会=市民社会=资本主义社会"③等词在同等地位上使用,但《资本论的世界》在论述"斯密的世界"时却全然不再使用"市民社会",转而使用"文明社会"和"资本主义社会"。这又是为何呢? 而且,内田还将历史贯穿性的市民社会(d)概念等置于经济学中的"自然法"。

内田表示:

"魁奈、斯密等古典经济学的学者们在引进自然法,将其作为批判现实法的基础的同时,作为(自然法)存在的根据,他们在其更深处还引入了经济的自然法则——即规定人与自然之间的物质代谢的法则。并从——以是否与(置于经济自然法则根据之上的)自然法相适应为标准的——这一观点出来,进而批判支配着现实世界的实定法。"④

可以看出来,内田义彦对"由人类史生成的具有普遍性的存在"的表达是多样的,而不仅限定于"市民社会"一词。

---

① 参见内田弘「スピノザの大衆ぞとマルクス」,『専修経済学論集』2000 年(第 34 卷第 3 号)。
② 参见内田义彦『資本論の世界』,東京:岩波新書 1967 年,第 120、121、159、162、165 页。
③ 内田义彦:『経済学の誕生』,東京:未来社 1953 年,第 198 页。
④ 内田义彦:『読書と社会科学』,東京:岩波新書 1985 年,第 178—179 页。

二、"农奴主的国家资本主义"的问题像

笔者将资本主义生产方式历史中的市民社会分为以下三个历史阶段：

(ⅰ) 作为资本主义成立基础的市民社会；

(ⅱ) 将工人纳入共同市民的市民社会；

(ⅲ) 超越资本主义的市民社会。[①]

发生于17世纪英国的两次市民革命，并未使英国成为一个完整的市民社会——直至工业革命时期却仍存在奴隶制和血腥立法的事实足以证明这一点。市民社会(ⅰ)充其量仅对近代自由商品—货币关系的"体系的构成要素＝原理＝始元"（亚里士多德所说的元素[stoikheion]）的历史性产生具有决定性意义。饭沼二郎[②]和富冈次郎[③]有过如下的论述：

"把通常所说的'资产阶级革命'看作是'第一次资产阶级革命'，将工业革命的结果以及由此引发的政治和经济上的变革——以英国为例的话，即1832年的选举法修改到1846年的谷物法废除期间——看作'第二次资产阶级革命'，我们认为，只有将二者结合起来，才意味着第一次真正意义上的'资产阶级革命'——即从封建制向资本制的转变——的完成。"[④]

工业革命不只是资本主义技术革新的开始，也是前期的东西逐渐消解的过程。在16世纪初实现的直接生产者的自由，就曾一直受到前期性各项限制的抑制。但是，通过工业革命，"资本的、对人和自然的独特的动态开发＝剥削，使得工厂立法成为必然……一种自然史的必然"[⑤]，随着这

---

① 参见内田弘「世界資本主義と市民社会の歴史理論」，收录于『グローバリゼーション』，東京：专修大学出版局2001年。

② 饭沼二郎(1918—2005)，日本农学研究者、市民运动家，京都大学名誉教授，研究方向为农业经济学、农业史。——译者注

③ 富冈次郎(1927—)，日本历史学者、京都大学名誉教授，研究方向为西洋史尤以中世纪英国史见长，兼治日本近现代劳动史。——译者注

④ 饭沼二郎、富冈次郎：『資本主義成立の研究』，東京：未来社1960年，第ⅲ—ⅳ页。

⑤ 内田义彦：『日本資本主義の思想像』，東京：岩波書店1967年，第358页。

一立法作为一个主体被社会性地承认为资本主义社会不可欠缺的一部分时,他们的自由就得以复活。如此一来,市民社会(i)就会被市民社会(ii),甚至是被市民社会(iii)作为后资本主义的市民社会所继承并发展。

平田清明市民社会论的核心在于向现代资本主义探求已转向资本家社会转型的市民社会应如何再生的现实可能性。在此意义上,平田从事学问研究的主要关注点是发达国家的革命。他在《市民社会与社会主义》中描述了关于如何实现从资本家社会重新转轨回协同体社会的问题像①,并在《市民社会与调控》(1993年)中探讨了这一重新转轨在现代资本主义中的现实可能性。平田的这一探索是以市民社会(iii)论为基础的。平田从——后资本主义社会的征候存在于何处、以何形式潜在?——这问题意识出发,使《资本论》的后资本主义论——"个体所有重建理论"以及"协同体生产方式理论"在现代性理论意义上得到了重生,进而在现代资本主义的福特主义(Fordism)体制中探求超越它的市民社会的实践可能性。②正如望月清司批判的那样,平田对市民社会(i)的发源地(Herd)的理解方面是存在一定问题的,但如果试着将——历史上,以直接生产者的现代性自由为基础的市民社会曾在农村都市中形成过——望月的这一指摘,与平田所固有的个体所有重建论、协同体生产方式论结合在一起的话,或许就能建构起一套横跨资本主义头尾的"资本家的市民社会的历史理论"。市民社会(i)和市民社会(iii)的区别在于:在市民社会(i)中,"直接生产者"以"实物的形式直接"将"小规模的生产资料"作为"个人的所有"进行占有,而在向后资本主义社会过渡的市民社会(iii)中,"直接生产者"以"股份、协同体基金等社会性的形式间接"将"大规模的生产资料"作为"个人的所有"进行占有。

笔者想在这里讨论的问题不是平田的社会转型理论,而是如何在现代世界资本主义的历史构造中把握夹在其头尾市民社会之间的资本主义的长期历史=过渡期的问题。因此,下面我们将试着讨论从(i)到(ii)再

① 参见平田清明『市民社会と社会主義』,東京:岩波書店1969年,第312—313页。
② 参见平田清明『市民社会とレギュラシオン』,東京:岩波書店1993年。

(iii)的"过渡期问题"。

从封建土地所有者的支配中得以独立的小生产者的黄金时代是一个极其短暂的时代,它在产生时就迅速迎来了消亡。尽管它的存在极为短暂,但必须强调的是,这是现代自由的起点。这里要关注的问题不是《资本论》第3卷第20章(关于商人资本的历史考察)中描述的——在封建生产方式向资本主义生产方式的过渡过程中,究竟是"生产者变成商人"还是"商人变成生产者"的问题,而是在这一过程中谁成为土地所有者以及他们形成何种形式的霸权集团的问题。对此,内田义彦有过如下论述:

"在从土地所有者支配的社会向资本主义过渡的情况下,存在有两种类型的可能,即要么作为直接生产者的农奴成为其自身劳动成果的占有者后,其中一部分人成为与土地所有者相对抗的资本家,要么相反,土地所有者得以存续,并继续坐庄成为资本家。"①

截至目前为止,我们看到的是农奴从封建领主的支配中得以独立的过程。但在这里,还存在另一过程,即封建领主向现代地主转变的过程或商人向现代资本家式的地主转变的过程。这与平田对苏俄的直观判断存在一定关联。

平田清明对传统共同体向市民社会过渡在苏联中迟迟不进的事态作出了"焦躁"的反应。关于这点,笔者曾介绍过平田发表在《立命馆产业社会论集》(第31卷第4号,1996年)中的一篇关于苏联问题的文章,依他之见,由于苏联还存在雇佣劳动关系和货币制度,所以毫无疑问,苏联还处在资本主义的阶段。

平田说:"关于苏联的体制,我在1969年《市民社会和社会主义》中将它称作由共产主义政党/国家全面支配的社会,在此意义上,我把它命名为在通过政党实现的国家与社会的再混合化中形成的一种俄国式的法西斯主义。直至今日,我仍坚持这一想法。"甚至,平田还发出了这样的提问:"在今天日本的大学中,包括我在内,都对'现存的社会主义各国'作出

---

① 内田义彦:『日本資本主義の思想像』,東京:岩波書店1967年,第346页。

了何种的讨论?"①在这里,不妨思考一下平田的这一指摘有何含义。

从苏联—东欧走向崩坏的节点(1989 年)再往前追溯二十年,平田曾以华沙条约组织国家军队弹压"布拉格之春"的事件为着眼点写作了《市民社会与阶级独裁》②一文,并在其中着重讨论了苏联的体制问题。他强调,"危及俄国革命政权的特殊政治社会条件"首先在于"俄国的落后性"。也就是说,"必须强调旧社会的母胎性=连续性所具有的深刻意义。而且,必须说明这种母胎性不是西欧革命的市民社会,而是农奴制的共同体;不是西欧的市民资本主义,而是农奴主的国家资本主义"③。

他还指出:"地处亚洲的日本,于明治维新后的某个时间节点诞生的'国体',竟与俄国社会主义所固有的某一属性具有某种类似的性质。这种国体的构造和……预防性的拘禁以及自我破坏的逻辑和冲动是分不开的。"④

平田在日本发现了与俄罗斯共同体同源的问题性。这里最值得注意的是,平田认为俄国属于"农奴制的国家资本主义"。在这里,与其将"农奴主的"和"国家的"视作与名词"资本主义"同格的形容词,倒不如将这两个形容词二合一为"国家农奴制",即在整体上"与国家农奴制相接合的资本主义"。

三、从"领主国家"向"地主国家"

关于国家的"领主"形式,在《资本论》关于劳动地租理论的讨论(即第 3 卷第 47 章第 2 节)中有所记述:

"同直接生产者直接相对立的,如果不是私有土地的所有者,而是像在亚洲那样,是既作为土地所有者同时又作为主权者的国家,那么,地租

---

① 转引自内田弘「平田清明の市民社会論が意味するもの」,载『神奈川大学評論』1997 年 3 月号。
② 参见平田清明「市民社会と階級独裁」,载『世界』1969 年(NO. 278)。
③ 平田清明:『市民社会と社会主義』,東京:岩波書店 1969 年,第 322—323 页。
④ 同上书,第 334—335 页。

和赋税就会合为一体,或者不如说,在这种情况下就不存在任何同这个地租形式不同的赋税。……在这里,国家就是最高的领主(Der Staat ist hier der oberste Grundherr)。在这里,主权就是在全国范围内集中的土地所有权。但因此在这种情况下也就没有私有土地的所有权,虽然存在着对土地的私人的和共有的占有权和用益权。"①

平田在提到"农奴主的国家资本主义"时,脑海中或许也会想到"国家农奴制"的概念和关于"这基本上就是农奴制,国家(专制君主)即农奴主"的记述吧。中村哲②将马克思的国家奴隶制论发展为了国家农奴制论。③饭沼二郎整理了中村关于国家奴隶制论和国家农奴制论的观点:

"在国家奴隶制下,小农(国家土地占有奴隶)作为农耕共同体的一员,逐步积累剩余生产物、发展生产力,为农耕共同体或其转化物的专制国家提高它们的小经营的独立性,由此增强了与作为基本生产资料的耕地之间的联系,并实现进入对耕地私人所有的阶段,与此相应,国家奴隶制开始转向国家农奴制。……这基本上就是农奴制,国家(专制君主)即农奴主。在这种情况下,农奴以公民的形式存在,支配—隶属关系以对国家的臣服关系的形式存在,而通过国家这一中介对剩余劳动的剥削(地租)则以向国家支付地租的形式存在。"④

饭沼二郎严格地将封建制定义为了"农奴制+封地制(Lehn)",并对"领主"和"地主"的范畴做出了如下的区分:

"从封建领主的单一支配体制——封建社会向资本家的单一支配体制——资本主义社会的过渡期(地主王政),是一个领主——国王利用地主和商人的力量对其他领主进行支配的体制(即国王和地主、商人之间相互勾结的权力结构)。二者(领主和地主)在出借土地—收取佃户租金这

---

① 译文略有变更,此处将中文版《全集》原译文的"国家就是最高的地主"改译为"国家就是最高的领主(Der Staat ist hier der oberste Grundherr)"参见《马克思恩格斯文集》第 7 卷,北京:人民出版社 2009 年版,第 894 页。——译者注
② 中村哲(1912—2003),日本政治学者、宪法学者。曾任法政大学总长、参议院议员。——译者注
③ 参见中村哲「奴隷制農奴制の理論」,東京:東京大学出版会 1977 年。
④ 饭沼二郎:「国家的農奴制」,载『経済評論』1978 年 1 月号。

一点上是没有任何区别的,但是领主直接攫取近代国家时期集中在国家的各种权力的一部分(身份制特权),并以此收取佃户租金,而由于地主不掌握任何权力,完全只是根据经济契约关系(即私有财产制)——或也可说是以国家权力为后盾作为保障来收取租金。……英国革命废除了国王特权——这一领主权力的集中表现,而在确立起土地的完全私有财产权时,却也完全不顾及农民的诉求,而仅是保护了地主的利益。资产阶级革命的社会经济性意义在于私有财产制度的法性确立(在此意义上,明治维新毫无疑问也属于资产阶级革命的范畴)。"[1]

饭沼以明治维新对私有财产制的法律确立为界分,区分了在此之前的"专制主义王政"和在此之后的"地主王政"。[2] 内田义彦指出,直至战败为止的"日本资本主义具有一定的封建基础,其以政商资本主义为特质扎根于专制主义的政治结构之中,并已发展到了一定的高度"[3],他将战前的日本资本主义视为具有封建主义和专制主义二重性的制度。河野健二[4]认为,资产阶级革命旨在取消领主的身份制特权,将土地作为商品解放,把土地利用作为土地商品所有者的权利,即资产阶级革命(也即某种意义上的"土地革命")。"'土地革命'构成了资产阶级革命这一政治斗争的核心部分。"[5]平田清明也表示,从地租论的角度来看,在导致绝对主义制度解体的各种因素中,最为重要的是"土地的商品化"[6]。换言之,资产阶级的革命性在于与从前的"劳动力原始积累""资金原始积累"合流,并促成"土地革命"和"土地原始积累"的推进。而以土地革命为基盘得以推进的工业革命的使命则在于"技术原始积累"之上。上述四点共同构成资本主义原始积累的要素。关于这点,正如我们后来看到的那样,在作为现代原始积累的发展中国家的工业化中也得到了贯彻。

---

① 饭沼二郎:「地主王政」,载『同上誌』1978 年 3 月号。
② 参见饭沼二郎「地主王政」,载『同上誌』1978 年 3 月号;饭沼二郎「思想は現実を変え得るか」,载『思想の科学』1992 年(NO.153)。
③ 内田义彦:『日本資本主義の思想像』,東京:岩波書店 1967 年,第 363 页。
④ 河野健二(1916—1996),日本历史学者,经济史学家,专攻法国经济思想史,京都大学名誉教授、京都市立芸術大学名誉教授,新京都学派代表人物之一。——译者注
⑤ 河野健二:『フランス革命の思想と行動』,東京:岩波書店 1995 年,第 243 页。
⑥ 平田清明:『経済学と歴史認識』,東京:岩波書店 1971 年,第 507 页。

在英国,"处于封建制向资本制过渡期的'工场手工业时期'乃至'重商主义时期',不是由'资产阶级革命'终结的,而是由'工业革命'终结的"①。在此意义上,资产阶级革命是通过工业革命确立的。资产阶级革命推动了土地的商品化和农业的资本主义化,在此基础上积累的农业利润和地租成为推动工业革命的基金(fund)。工业革命时期劳动力的所有权(自由劳动力的商品化)是通过废除最高工资法(1812—1813年)、团结禁止法(1824年)、英帝国奴隶制(1833年)、斯皮纳姆兰法[最低收入保证给付金制度法](1834年)和制定10小时工作日法案(1847年)而确立起来的。"市场机制主张人的劳动必须商品化,并为实现这一目标而大声疾呼"②。这样,承认雇佣工人作为自由劳动力商品的所有者=市民,也即所谓的"雇佣革命"在工业革命时期得以展开。资产阶级革命是按照土地革命→工业革命→雇佣革命的顺序,也即按照"土地→生产资料→劳动力"的顺序进而实现"自由的所有"。

从对剩余劳动的支配以何种形式得以开展——这一阶级社会贯通性的视域出发观察资本主义生产方式的本源性成立过程的话,就可发现构成其方式的原理性元素(stoikheion)即商品形式。商品形式一度捕捉到了直接生产者的剩余生产物,但也以此为契机,其首先捕捉到了作为自然史根源(Ereignis)的土地,反过来,在历史上曾短暂获得过自由的直接生产者又再次成为不自由的劳动者。以市民革命为契机推动了"土地的商品化",接着在工业革命中推动了"技术的商品化"和"自由劳动力的商品化"。内田义彦提供了一项图式,这一图式包括了(1)"劳动→生产资料→土地"这一贯穿历史的物质代谢过程的方向,以及与其正好相反的(2)"土地→生产资料→劳动"这一划分人类历史方向的构成。③ 由自然史中生成的人,反过来以自然为生命生产对象的场和生产方式,从而具有了历史的固有性。方向(1)表明了人类通过利用"劳动力"以"生产资料"为中介作用于"土地"(自然),即人类进行的与自然之间的物质代谢的自然史行

---

① 饭沼二郎、富冈次郎:『資本主義成立の研究』,東京:未来社1960年,第ii页。
② ポランニー、カール:『大転換』,吉沢英成译,東京:东洋经济新报社1975年,第138页。
③ 内田义彦:『日本資本主義の思想像』,東京:岩波书店1967年,第343页。

为。方向（2）指出了人类生命生产的各种条件（土地、生产资料等）的支配史，即从土地和劳动力所有者（奴隶主/农奴主）的支配，到生产资料的支配者（资本家）的支配，再到劳动力的所有者（自由的个性体）——这一生产方式的历史的固有性。

在《1844 年经济学哲学手稿》（第一手稿）中关于"工资—利润—地租"三大阶级收入的比较分析中也存在"劳动（力）—生产资料—土地"的质料性基础。商品化以"土地→生产资料→劳动力"这一根源性的顺序渗透。这一顺序即产生于从封建制向资本制（国民经济）的历史过渡期的顺序。在形成了的资本主义中，"雇佣劳动（劳动力）—资本（生产资料）"的现代商品—货币关系是基轴，但在过渡期，"土地所有（土地）—资本（生产资料）"的商品化（土地革命→工业革命）才是支配性关系，地主为争夺霸权（hegemony）而与资本家形成的阶级联盟成了彼时的核心结构，也可将之称为"地主国家资本主义"（关于这点后文会有详细论述）。

在《第一手稿》地租一栏里，马克思从多个角度审视了从封建制到资本制的过渡时期和已经形成了的资本主义。这里的问题是过渡期的支配性关系。继地租栏之后的"异化劳动"的四项规定是对——以已形成的资本主义为前提，作为生产过程"结果"（1）"从劳动的产品中产生的异化"→发生于生产过程本身的（2）"产生于劳动活动本身的异化"→作为生产过程前提的（3）"类生活的异化"（劳动力的生产手段和土地的异化、分离）→（4）"人与人的异化"[共同体（Gemeinwesen）的解体]的向下分析。这种分析与资本循环的方向截然相反。如朝着该方向继续前进，想必总有一天会到达历史性的端绪（debut）。这一最初的逻辑性前提是作为"本源的非剩余资本"的资金和劳动力商品，它们是本源性积累过程中由历史赋予的结果。马克思的考察顺序便是如此的，即从我们自己生活的现成的资本主义出发，到达它的历史性前提，进而把这些前提看成是由原发生在日耳曼共存体中的"劳动和所有权的直接统一"的瓦解——的考察顺序。换言之，也就是从"逻辑性的存在（形成了的资本主义的资本循环＝积累结构）"向其历史前提下沉，进而到达决定这些前提的"历史性的存在（原始积累过程→本源的共存体）"起源的追溯顺序。根据这种顺序，论证形成了的资本主义是具有历史性起源的历史性个体。完成于《第一手稿》之后的《詹姆斯·穆勒第一评注》，在尚未解决是否从本源性共存体和生产开始的这一问题前，就从商品经由货币并向上到资本，即转向国民经济（资本主义）是历史终结的个体的论证之中去了。虽然只要"逻辑性存在"成为"历史性存在"的分析基准，"历史性存在"就将依存于"逻辑性存在"，但"逻辑性存在"只要以历史性生成的存在为其前提，就将依存于"历史性存在"。通过论证由这种相互依存关系构成的结构具有独立运动并消灭其关系本身的现实可能性，来证明自己的研究对象是生成＝消灭的"历史性存在"，进而论证自己的研究具有历史制约性。也就是说，马克思采用了一种使其方法适应其学问研究的方式。这种方法不是突然从自己生活现场超越其他恣意的观点，而是自觉地在认识结构中建构自我认识的历史性的限制性，这就是把康德批判学继承为自身历史理论的马克思的批判方法。

四、地主国家资本主义

"地主国家资本主义（rentier-state capitalism）"产生于传统共同体（Gemeinschaft）向资本主义式的市民社会（Gesellschaft）过渡之间的漫长历史时期，也即这一时期的基本社会形态。那是一种——掌握经济政治社会领导权的地主阶级用包括军事力量在内的强制力量来支配土地和生活在那里的直接生产者，以其"廉价的土地和劳动力"为基金筹措"资金"、开发"技术"，进而试图创制资本主义生产方式的——原始积累时期资本主义所共通的体制。在那里，作为土地所有主体的地主阶级和国家，不仅将收取的地租再投资于农业，还将通过商业/金融业融资获得的利润/利息用作工业资金，自上而下地实现对工业资本的支配。这一支配方式，就像在"名望家（Honoratioren）支配"中看到的那样，诞生出了某种文化威权主义的意识形态。土地的富饶向地主的人格性发生转化。在地主国家中存在以下两种形态：

1. 地主阶级联合统治国家的形态（地主王政国家、天皇制法西斯国家、宗教权威主义国家)。

2. 国家自身作为国土的法定所有主体的形态(社会主义国家)。

今天被称为"开发独裁"(developmental dictatorship)①体制的,正是"地主国家资本主义"。在一个正处于由领主国家向地主国家过渡的国家之中,或就存有领主国家残渣的情况,但随着其资本主义基盘在世界资本主义体系中的发展和政治体系的现代化,这些残渣终将会消解。

"开发独裁体制"的存在并不是 20 世纪后半期才有的现象。河野健二说:"有必要重视发生在与工业革命直接相连的前一阶段的由地主领导的资本主义——即'地主式的'资本主义的作用"②。工业革命的资金曾由农业资本主义供给。河野还补充说:"英国在海外各国内部培养'地主自由主义者',使他们成为本国资本的尖兵,与此同时,在这些尖兵的主导下形成各国自己的国民经济。……在'地主自由主义'下,农业生产力的提高带来了地租所得的增加和积累,……并转向工业投资,使其工业最终不得不进入到同英国的竞争关系之中"③。英国不仅是地主阶级掌握其国内国家权力的地主国家资本主义,对外也作为印度等殖民地土地的国家所有者持续吸附着租金(Rent)。这样一来,在一种双重的接合关系中——即英国国内自由劳动力和不自由劳动以及它们同外部之间的接合关系中,英国资本主义/帝国主义得以构建。即使在现代,资本主义的典型特征也不在于劳动者和土地作为商品而被全面地利用这一点之上。西方中心的资本积累是通过让非中心地区负担非中心地区出身的处于幼儿期和老龄期的劳动者的生活费来实现的。世界资本主义经济的特征在于自由的劳动者和自由的土地与"不自由的"劳动者和"不自由的"土地的接合。④

---

① "开发独裁"(developmental dictatorship),政治学术语,在国内学界也称(译)"发展独裁""发展中专制""发展型专制"等,用于指称奉行开发主义的独裁型体制或模式,较早流行于政治学者对朴正熙政府体制的研究描述中。
② 河野健二、饭沼二郎(编著):『世界资本主义の形成』,東京:岩波书店 1967 年,第 16 页。
③ 同上书,第 25 页。
④ 参见 I・ウォーラーステイン『资本主义世界经济』,名古屋:名古屋大学出版会 1986 年,第 200—202 页。

五、作为地主国家资本主义经济理论的重农主义

平田清明在《经济科学的创造》中研究的魁奈及其时代不正是"法国地主国家资本主义"的形成期吗？但是，平田想要做的是在魁奈经济表（范式）的基础上彻底解读法国资本主义再生产轨道的理论像。在其范式关于"生产阶级——地主、主权者和占总人口十分之一的征税人——不生产阶级"关系的描述中，简洁地刻画了法国资本主义（地主国家资本主义）走向地主王政的历史过程。在这一过程中，生产资料由非生产阶级（工商业者）供给，相反，向他们供给生活资料和加工原料的生产阶级（农民）则需要向由所有者阶级（地主、主权者和十分之一的征税者）联合成立的行政国家（政策原始积累国家）缴纳行政基金。但是，平田在范式中看到了存在于"封建外观和资本主义本质"之间的"转换器的不平衡"，进而在范畴中解读出由工业资本掌握了霸权的真正资本主义的再生产轨道。

平田指出："当对整个过程进行回顾时，就会发现这一（产生于工商业中的）生产资料所有者，既是近代市民社会所有者阶级的代表，也曾发挥了作为资本—土地提供者的职能。在这里，（土地）所有者即指资本家阶级，生产阶级指称生产的劳动者阶级，不生产阶级则说的是不从事生产的劳动者阶级（仆从）。"①

通过这种重新解读，存在于范式中的法国资本主义的过渡性也随着消失。平田清明遵循了马克思在《1861—1863 年经济学手稿》中通过魁奈经济表解读资本主义再生产轨道的方法（approach）。

但是，马克思还把握了重农主义的过渡性特质，例如他在《1844 年经济学哲学手稿》中写道："魁奈医生的重农主义学说是从重商主义体系到亚当·斯密的过渡。重农学派直接是封建所有制在国民经济学上的解体，但正因为如此，它同样直接是封建所有制在国民经济学上的变革、恢

---

① 平田清明：『市民社会思想の古典と現代』，東京：有斐閣 1996 年，第 70 页。

复。"①马克思认为英国革命以后的两个世纪(1688—1847 年)属于从封建制到固有资本制(资产阶级独裁)的过渡时期。② 马克思运用了一种强烈的"风格化的照射法"③,即基于他所选择的不同视角将同一主题的不同方面内容清晰地照射出来。例如,他将鲁滨逊有时解读为商品交换者的(三木清言说中的)人类类型(《哲学的贫困》),有时解读为近代市民社会兴起期的人类类型(《政治经济学批判〈序言〉》),有时解读为未来社会的人类类型(《资本论》)。从范式中解读资本主义的再生产轨道的分析是平田自身的问题意识所在,但这一问题意识也恰恰成为使他忽视了重农主义的过渡性特质的一大动因。福克斯·吉诺维斯(Fox Genovese)④等学者指出了这一过渡性特质:

"重农主义者们是这样主张的:他们认为,自己的科学绝对会把专制主义王政从财政困境中解救出来,如果遵从他们自己的意见,就可重建建基于切实的社会经济基础上的体制,该体制将与自然法的法令完全统一,政治对立和财政代表者的破坏性干预也将随之消失。……他们把农业放在第一位,支持所谓正当的专制政府。这意味着他们明确承认对政治、社会斗争所抱有的不信任感。"⑤

于是,很快,重农主义主张的所有权理论在政治意义上变得危险起来。魁奈和米拉波(Honoré Gabriel)⑥最初选择同理论分离而直接接纳现实。米拉波为了不使那些似乎合法性的存在也暴露在危险之中,于是决心保护即使是以最不自然的不正当方式取得的财产。随着封建财产与重农主义的所有权理论不能等同视之的证据的出现,他开始慢慢收回了

---

① 《马克思恩格斯文集》第 1 卷,北京:人民出版社 2009 年版,第 180 页。

② 饭沼二郎:「思想は現実を変え得るか」,载「思想の科学」1992 年(NO. 153)。

③ 参见三木清:『構想力の論理』,東京:岩波書店 1993 年。

④ 伊丽莎白·安·福克斯—吉诺维斯(1941—2007),美国历史学学者,以关于南北战争前南方妇女和社会研究而闻名。她在职业生涯早期是马克思主义者,后来皈依了罗马天主教,并成为保守妇女运动的主要声音。——译者注

⑤ Elizabeth Fox—Genovese and Eugene D. Genovese, "Fruits of merchant capital: slavery and bourgeois property in the rise and expansion of capitalism", in *History Teacher*, 1983, p. 277.

⑥ 米拉波(1749—1791),18 世纪法国资产阶级革命时期立宪派领袖。——译者注

这一"教义"。像这样,吉诺维斯等学者指出了重农主义理论从封建现实中得以分离并转向成为将新制度正当化的理论的发展趋势。这一新制度指称的不是真正的资本主义,而是"地主国家资本主义"。经济表描绘了过渡期资本主义的基本结构。实际上亨利·列斐伏尔(Henri Lefebvre)也指出了为推进资本主义而建立起军事独裁的法国革命的最终结果:

"人民要求重建基于规制的旧有经济体制。这是资本主义开花结果的一大障碍,政府、大地主所有者和上层资产阶级在 18 世纪的历史进程中逐渐摧毁了资本主义。……权利的平等让手段的不平等的存在得以明晰。……有产者和无产者之间的政治、社会斗争愈加显在化。……然而,直面这场斗争的资产阶级却在十年后决心诉诸军事专政以重建'名望家'①的统治。"②

这也即笔者所指摘的"开发独裁体制＝地主国家资本主义"。

六、后发资本主义原始积累的问题像

作为日本型开发独裁体制的昭和前期的总力战体制(天皇制法西斯国家)是开发独裁体制的一种类型。在这一体制下,以天皇——这一最大的地主为盟主的地主贵族集团,将在不自由的农民那里掠夺来的地租转化为工业资金,并进入和支配资本主义的经济部门(Sector),根据其物质基础以保持政治权力。他们在宣传将该体制合理化的天皇制意识形态的同时,对反对派实施军事独裁的镇压,并在这种情况下使资本主义的生产方式得到发展。明治维新后,随着私有财产制在法律意义上的确立,地主制迅速发展。从明治维新(1868 年)到战败(1945 年)为止,日本处在"地主王政时期"。那时天皇即最大的地主,也即最大的资本家。战败时天皇家的净资产以当时的时价来算,竟有 37 亿 1500 万日元之多。③

① "名望家"在日本指的是对地方经济、文化、政治具有影响力的名士或豪族世家。——译者注
② 列斐伏尔:『1789 年—フランス革命序論』,高桥幸八郎译,東京:岩波書店 1975 年,第 302—303 页。
③ 参见伊藤隆、百濑隆(编)『事典　昭和戦前期の日本』,東京:吉川弘文館 1990 年,第 247 页。

资本主义生产方式的基本关系在于资本—雇佣劳动关系,原始积累的基本要素则在于"资金原始积累和劳动力原始积累"①。但是,仅凭这点是无法确立起应然的资本主义的生产方式。工业革命是资本主义技术创新的启动阶段,它以其启动力抹去了前一阶段的残余。不仅限于此前的工场手工业时期,就连通过此后的工业革命导入技术革新成果的资本主义农业,也反过来提供产业(工业、商业和金融)资金、食材和工业原料(农业资本主义的相互依存关系)。因此,资本主义生产方式的确立(相对剩余价值生产=劳动力的实质性包摄)不仅需要"劳动力原始积累和资金原始积累",还需要"土地的商品化"和"对技术的资本主义化"之间的良性互动,也就是说,"土地原始积累和技术原始积累"是必不可少的(技术更是为即将到来的市民社会创造了物质基础)。这四项原始积累的要素对于资本主义生产方式而言是最基本的要素。

这四个原始积累的要素对于发展中国家的工业化——即现代的原始积累的展开方式而言,也是基本要素。在这里,以当地"廉价的土地和劳动力"为诱因,引进超国家资本的"资金"和(包括经营经验和各种制度在内的)"技术",并试图将这四个要素接合起来进而确立起资本主义生产方式。现代的发展中国家和地区的工业化,就如英国工业革命一样,不是单纯的技术现象,而是一种经济、社会和政治现象。这意味着一种深刻的历史转折正在发生。正如过去的英国工业革命是从内外调度劳动力、资金、土地、技术等,并将其接合在一起那样,作为现代原始积累的发展中国家的工业化也是从内外调配并接合这四个基本要素的过程。从内田义彦"劳动力→生产资料→土地"的这一图式来看,凝集于"生产资料"的"技术"乃是以"劳动力和土地"为媒介的质料性媒体。与此相对,以商品形式存在的"劳动力""生产资料(技术)"和"土地"为媒介的则是资金(货币)这一形相性媒介。这一质料性媒体(技术)和形相性媒体(自己)正由现代的超国家资本支配着。只要我们回顾一下发生在技术的对外依存被切断的战时体制(日本地主王政末期)时的"技术争论",就可明白技术原始积累

① 望月清司:「本源的蓄積の視野と視軸」,载『思想』1982 年(NO. 659)。

对于资本主义生产方式的确立所具有的决定性意义。

　　饭沼次郎认为,"工业革命"的契机——即通往资本主义技术原始积累的契机,不会发生在可以大量找到低工资工人的生产形态中,而是会发生在相对难以找到低工资工人的生产形态中,而且最有可能发生在企业内部工业资本性能比率最低的"家族企业"中。①人员不足极大促进了技术革新。现代发展中国家拥有"确保大量廉价劳动力"的条件。从越南等东南亚发展中国家吸引海外直接投资的方案可以看出,为通过推进技术原始积累也即"超国家资本的技术引进"以保障高额的利润,雇佣工人的劳动基本权受到限制,其甚至陷入了可以被随时解雇的不平等状态之中。"公平竞争(fairplay)为时尚早"②的时代恐怕还会继续持续。

　　那么,被平田清明视为"农奴主国家资本主义"的苏联属于何种历史理论的范畴? 在社会主义各国中,国家是何种存在? 平田所说的"农奴主国家资本主义",也可理解为中村和饭沼所说的"国家农奴制"与外部"世界资本主义体系"接合的一种体制。苏联社会主义经济并不是仅苏联一国封闭的体系,而是与世界资本主义体系进行部分接合,并从中汲取必要的各种要素而形成的体系。正如西印度群岛的奴隶制殖民者(planter)作为 19 世纪英国资本主义定义的"资本家(Anomalie)的变种"(马克思《政治经济学批判大纲》资本章),苏联也是由世界资本主义体系定义的"地主国家的变种",即使它以合法理由通过社会主义法律以税收的名目向人民征收"剩余"。在苏联,国土和生产手段基本属于国家所有,企业和个人拥有其利用权,国家从他们那里以地租和上缴金的形式收取利用费(土地、生产资料使用权的代价)。劳动力未被承认为自由所有权,换言之,即劳动基本权(组织权、争议权和罢工权)未得到事实承认。劳动力的所有权受到了国家的限制(限制劳动力所有权)。从总体上来看,苏联经济的基本部门是市场经济,劳动基本权尚未确立,劳动力却被商品化为了不自由的劳动力,所以基本上是世界资本主义体系内部化为了苏联的"资本主

---

① 参见饭沼二郎、富冈次郎『资本主义成立の研究』,東京:未来社 1960 年,第 341 页。
② 鲁迅语,原文为"'费厄泼赖'应该缓行",参见鲁迅《论"费厄泼赖"应该缓行》,载《莽原》1925 年第 1 期。——译者注

义"。在此意义上,过去的苏联包含在"地主国家资本主义"之中。

资产阶级革命不断将土地、生产资料和劳动力转换为自由所有的对象。与此相对,苏联将土地和生产资料化作为国家所有的对象,进而限制了自由所有权。苏联是从国民手中收取租金(Rent)的"地主国家(rentier-state,Rentner-staat)"。但要注意的是,人们一提到地主,脑海中就会浮现出吸附他人劳动的贪婪人物的形象,但在这里,"地主国家"的"地主"指涉的是土地所有主体的中性(neutral)含义。由此,收取地租的正当性何在? ——这成了问题的关键所在。在社会主义国家中,土地所有权归属国家,而归属于国家的国民只有其使用权。对伊斯兰各国极具影响力的穆罕默德·伯基尔以及萨德尔也持有相同的主张。即如国民不再使用土地,就必须将土地归还给国家。这是认为劳动是以使用权为其根据的一种观点。[1]

盐川信明[2]指出,一些处于体制过渡期的旧社会主义国家正在从"特意的开发独裁"走向"普通的开发独裁",因此需要对包括"社会主义型的开发独裁"在内的开发独裁进行比较研究。[3] "特意的开发独裁"——苏联的垮台和"普通的开发独裁"的显在化,原本是由于苏联经济"将万物纳入计划是善也是可能的"这一限界合理性和无缘由的理念构成的体系造成的,也是由开发独裁体制向"特异型"变质的体制造成的。笔者将"开发独裁"转换为历史理论概念的"地主国家资本主义"。盐川认为,旧社会主义国家的经济体制正在向"某种类型的资本主义"转变,而其政治体制则在"自由民主主义"和"权威主义"之间摇摆不定。[4] 但是,"某种类型的资本主义"不会是、也不可能是封闭体系。它存续于世界资本主义体系之中。在那里,总有一天会生成使之成熟为作为资本主义的市民主体。从长远来看,为了适应这样的政治体制,还需实现权威主义体制向自由民主主义

---

① 参见ムハマンド·バーキルッ゠サドル『イスラーム経済論』,黑田寿郎译,東京:未知社 1993年。
② 盐川伸明(1948—),日本政治学者,东京大学名誉教授,以俄罗斯政治史和比较政治学研究见长。——译者注
③ 参见盐川伸明『現存した社会主義』,東京:勁草書房 1999年,第321—322页。
④ 同上书,第510页。

体制的过渡。

在产生于世界资本主义体系史的"地主国家资本主义"的多元存在和展开中,存在着平田清明曾将苏维埃/俄国描述为"农奴主国家资本主义"的理论内涵。虽然平田市民社会论有着不同于望月清司市民社会论的侧面,但1969年由平田提出的有关"农奴主国家资本主义"的问题意识,在容纳第三世界的扩大了的望月历史理论中被重新定义时,其理论发展又被赋予了新的生命活力。在这一历史理论的发展可能性中,马克思将以理论活力继续留存于世。

现代市民社会论的源流
——高岛善哉的"市民制社会"概念①

渡边雅男②

（日本一桥大学社会学研究科 北京理工大学人文与社会科学学院）

  本文旨在通过高岛善哉③的"市民制社会"概念，探究日本的市民社会论的源流，并分析其在现代发展的可能性。

  1990 年，高岛善哉与世长辞，享年 85 岁。高岛善哉在其漫长学术生涯的最后，花费了近 10 年的时间，经反复打磨后形成了"市民制社会"④概念。⑤ 这一着实令人耳生的概念为高岛所独创，其出场时间最早可追溯至 1981 年出版的《社会科学的重建——重审人与社会的眼》⑥。这一概念是支撑高岛晚年学说构想的重要支柱，他在其中摒弃了——资本主义抑或是社会主义——二者择其一的传统性思考的同时，又将这两种体制概念

---

① 日译名『現代市民社会論の源流——高島善哉の「市民制社会」概念』，原文载自《一橋社会科学》第 2 号（2007 年 3 月）。

② 作者简介：渡边雅男，日本一桥大学名誉教授，北京理工大学人文与社会科学学院特聘教授。译者简介：陈旺，南京大学马克思主义社会理论研究中心暨哲学系博士生；陈宝剑，北京外国语大学北京日本学研究中心博士生、淮北师范大学外国语学院讲师。

③ 高岛善哉，日本经济学家，一桥大学教授。专门研究经济理论与经济史，特别在亚当·斯密的研究方面作出很大贡献，基本阐明了"亚当·斯密"问题，编著的社会科学年表曾获每日新闻奖，另著有《经济社会学的根本问题》《亚当·斯密的国富论解说》《亚当·斯密的市民社会体系》等。——译者注

④ 封建制→资本制→市民制是该用语的逻辑由来。——译者注

⑤ 关于高岛善哉的学术成果，请参见『高島善哉著作集』（全九卷），東京：こぶし書房 1997—1998 年。

⑥ 参见高島善哉『社会科学の再建—人間と社会を見直す目』，東京：新評論 1981 年。——译者注

纳入视野之中,包含了他欲将市民社会——这一 18 世纪的历史性概念——现代化的学术意图。并且,这一概念及其具有总结生产力现代体系意义的内涵,在高岛最后的著作——《挑战时代的社会科学》一书中被他作为该作第三部分的标题("市民制社会和意识形态")得以揭示。① 高岛在完成该作之后,先后两次受邀到位于东京神田的如水会馆进行讲演。正是在这两场讲演中,高岛善哉将融进这一概念的社会科学的意图公布于世。这份讲演录,虽最终被《一桥学术思考会》整理发行在了"大塚金之助②先生与一桥学问"和"市民制社会与一桥学问"两本小册中,但由于没有面向市场发售,所以这份讲演录一直无缘于相关人员之外的读者。③ 不过幸运的是,现在这份讲演录已同高岛善哉的其他讲演稿一同在互联网上公开,可供诸君自由参阅享读。

本文以高岛于生前交付笔者的讲演录手稿为线索,试探究前述课题。④

一、一桥学风和市民社会论

高岛在阐释其独造的"市民制社会"一词时,首先从自己熟悉的一桥大学学风(一般惯称为"一桥精神")谈起,这也是高岛在如水会馆讲演时的一大特征。

高岛建构"市民制社会"概念的背景及其形成经纬,与同大塚金之助之间的相遇密切相关,或可说正是与大塚金之助的相遇,才奠定了高岛的

---

① 参见高岛善哉『時代に挑む社会科学』,東京:こぶし書房 1998 年,第 203 页。
② 大塚金之助(1892—1977),日本经济学者、思想史家、讲座派代表人物,一桥大学教授,撰写《经济思想史》《解放思想史的人们》等。——译者注
③ 参见高岛善哉『大塚金之助先生と一橋の学問』(橋問叢書　第 57 号),一橋の学問を考える会 1986 年。
④ 高岛善哉先生战后以来,视力日渐衰退,直至先生逝世以前,双目近乎失明。因而,在高岛先生漫长的学术生涯的后半段,诸多包括写作在内的学术活动几乎是在依靠助理的帮助下完成的。而本文作者正是高岛先生最后一位学术助理。也正是出于这个原因,1997—1998 年期间陆续完成、出版的《高岛著作集》(全九卷)是由渡边雅男教授主持编撰完成的,因此,高岛先生的遗稿多由渡边教授保存。——译者注

学术之基。从这点来看,高岛的学术生涯可说是一部与从大塚那继承而来的"市民社会"概念终身"搏斗"的历史。① 实际上,战前特别是"关东大地震"之后的一桥学风,对经由大塚而为高岛所继承的问题意识的突现,具有重要意义。虽然高岛在讲演中回顾了大塚金之助结束长期留学海外的生活回到日本即 1924 年时的光景并断言说:"在日本首次提及'市民社会'(Civil society)概念的是大塚老师"②,但从正面继承由大塚提出的问题意识并将之继续发展的却是高岛。自那以来,由战前直至战后,他的学术经营,以亚当·斯密及学说史研究和价值论、技术论、生产力论、风土论、国家论等诸多研究理路为基础,逐渐向市民社会论的构建之路过渡前行。那是一种作为先锋、充满苦涩的学术探索之行。如若说在一桥大学播下市民社会论种子的是大塚,那么,将大塚播下的种子培育成长的,或可说就是高岛。但有时,即使播种和培育之人作何努力,可倘若种子所处的土壤状态近乎干瘪,种子也就不能顺利生长。因此,年近晚年的高岛回顾自己走过的学术历程,进而回顾孕育了市民社会论的一桥大学往日的学术氛围,并非只是单纯的怀古情趣,而是为了揭示学术土壤之于作为"进口学说"的社会科学在日本社会扎根、成长所具备的决定性作用。而面对日显颓势的一桥大学市民社会论的学术传统,想来没有人比高岛更为痛心了。

高岛在那次演讲伊始便提出了一个问题:何为一桥学风?

为答该问,高岛回顾一桥校史,并将其划分为三个时期。第一时期:升格为东京商科大学前的高等商业学校之时期(1975—1920)。第二时期:变更校名为"一桥大学"前的东京商科大学之时期(1920—1949)。第三时期:变更校名为"一桥大学"后至今的新制大学之时期(1949—)。因为高岛是在一桥实现"升格大学"后翌年入学预科的,从那时起,他经历了包含前述后两个时期长达 45 年的学校生活。甚至可说,高岛本身就是一

---

① 关于大塚金之助的学术成果,参见『大塚金之助著作集』(全 10 卷),東京:岩波書店 1980—1981 年。

② 高島善哉:『大塚金之助先生と一橋の学問』(橋間叢書　第 57 号),一桥的学问を考える会 1986 年。

部一桥大学校史的最好体现,一桥浓厚的学风和历史厚重感皆由他所继承。

回顾一桥校史上的第二时期,从世界史的维度来看,即指"一战"结束至"二战"开始之间的一段动荡时期。正如高岛所言,对于一桥来说,"可以称上苦难、动荡的,一是'封城事件',二是'白票事件',再就是东京商科大学校名被改为东京产业大学的事件了"①。但同时这一时期也是铸造一桥学风基础的重要时期。在这一时期所经历的遭遇,对奠定高岛学术基础有决定性的作用。据高岛所言,在他入学一桥前,即一桥还是高等商业学校的时期,就其学风而言,当时的一桥还是一所十分典型的商业学校,甚至常常被揶揄说是"算盘学校"和"围裙学校"②,总而言之,就是十分重视实践的学风。入学预科的学生,首先要彻底接受书法、算盘、记账、商业英语等实务教育。但是,使师生大为雀跃的压倒旧事物的新机运的逐渐萌生,也是这一时期的重要特征。以"升格大学"为契机,刹那间,一股势要摆脱旧弊、树立新风,充满朝气、象征新气运的学校热潮将方才入学的年轻学生们的情绪都给带动了起来。"那时学校内的师生每天都在热议着要建设什么样的大学,其中一种主流的说法是:我们要建立起一所尽管校名是商科大学,但其实质是覆盖文科诸学科的综合大学。尽管如此,喧嚣的议论声还是充斥在学校里。"③高岛如是介绍了一桥当时的氛围。

由于第一次世界大战后(日本)经济态势逐渐向好,世间对经济学家特别是能在国际部门活动的经济学家的需求愈来愈多,这对向来以"国民的(National)亦是国际的(International)"自诩的一桥学风(高等商业以来

---

① 所谓"封城事件",即指发生在一桥升格为大学后的1931年,根据当时的政府指示,一桥大学决定废除预科和专科,而对此教授会(即由教授构成的会议组织)发起的反对决议,学生在学生大会的决议支持下,以校舍为基地发起抗议,以阻止废除(预科和专科)的事件;所谓"白票事件",是指发生在1935年,教授会对杉村广藏助理教授的学位申请论文投出了大量的白票(弃权票),而由此导致的校园分裂对立外显化的事件;而校名变更,则是指在1944年战时体制商业教育否定论的影响下所发生的变化。关于前述事件的详细内容,烦请参见一桥大学学园史发行委员会『一橋大学百二十年史』,一桥大学1995年。

② 指账房先生的形象。——译者注

③ 高岛善哉:『大塚金之助先生と一橋の学問』(橋問叢書 第57号),一桥的学问を考える会1986年。

的学风)而言,是一道使其彻底转型的强风。而在这样的大势中,"关键是要建立起一所覆盖文科诸学科的综合大学,这不仅是一项课题,也是一种理念"。

恰逢其时,大塚金之助从德国学成归来。① 那年高岛才从预科毕业并升入本科,依他的说法,"当时大塚(助)教授的人气是压倒性的"。"大塚老师的讲座大获成功,仿佛席卷课堂"般的"热情"四散洋溢,(他的课堂就仿佛)"思想转换"的漩涡,吸引着众多年轻人的崇拜目光。而年轻的高岛也成为被俘获的一员,后经由福田德三研讨会介绍而加入了大塚研讨会。②

那么,高岛从大塚那里继承了什么? 在讲演中,高岛将从大塚那里继承而来的学问,整理了三点。

第一,经济学的社会学化。高岛将他参加研讨会时听到的大塚的言说复述如下:

"大塚老师……谈及经济理论的社会学化,并有如下论述:'经济理论必须更加社会学化。这意味着它不再是一个狭隘意义上的纯粹经济学,而更像是主观学派提倡的边际效用理论、边际效用均等法则、消费结构。倒也不是说要以这样的观点来看待社会,而是更进一步地站在社会全体的立场上从事学问研究。'听闻至此,我方才恍然大悟,也正是如此,我在之后的求学生涯中,或多或少、有意无意地接受了许多边际效用学派的理论。"③

在这样的学习体验中,高岛定下了自身学术探索"一生的主题",且反

---

① 大塚金之助 1919 年留学美国的哥伦比亚大学,之后留学英国的伦敦经济学院,1920—1923 年留学德国的柏林大学。

② 高岛在晚年采访中作了如下回答:"福田老师的研讨会,第一年时是专业研讨会,之后的两年是读书研讨。研讨会第一年结束时,福田老师受到苏联的邀请去了莫斯科。因此,要停课一年,我们就恰好被大塚研讨会给临时收留了。因为大塚老师也是方才留学归来,山田雄三君等也同我一同参加了大塚老师的研讨会。不过,福田老师回国后,山田君又回到了福田老师那里,而我则继续留在大塚老师这里。"参见高岛善哉(讲述),本间要一郎、清水嘉治(记录)『私の経済学を語る』,エコノミスト 1980 年,第 82—83 页(收录于高岛善哉《人間、風土と社会科学》,東京:秋山書房 1985 年)。

③ 高岛善哉『大塚金之助先生と一橋の学問』(橋間叢書 第 57 号),一橋の学問を考える会 1986 年。

复自问自答式地思及"何为经济理论的社会学化"这一问题,其对这一问题进行探索而抵达的彼岸正是"生产力的理论"。同时,这也是第二主题——市民社会论的重要支柱。

第二,"市民社会"的概念。这一"市民社会"概念不是经由马克思的"bürgerliche Gesellschaft",而是作为"Civil Society"的市民社会。依高岛的说法,"在日本第一次提出市民社会(Civil Society)①的正是大塚老师。……如此看来,或就可说大塚老师是(日本)第一个学习英国(学问)的人。大塚老师的诸多思考确是以英国的东西为基础,而后在去往德国留学的过程中,才对德国的歌德、海涅以及贝多芬等产生了兴趣。虽在此前,我们(日本)已有了许多德国式的学问,但有关'市民社会'的概念却是(由高岛)首先在日本提出的。"②

而如何将它(市民社会)进一步本土化(日本化)的问题,便成了一项课题。高岛晚年的"市民制社会"概念正是基于前述思考基础而出发的一场"学术之旅"。

第三,大塚留给高岛的"遗训"或说是"教训","也就是关乎思想的问题"。虽说是思想,但这里的"思想"并不指关于政治的意识形态思想,而是关乎"我们生存的方式和观点"的重要之思。高岛从大塚身上认识到以社会科学证实了的思想,或以思想证实了的社会科学的重要性。如笔者

---

① 关于该译词的选用问题,译者曾致信向作者讨教,经同先生的讨论,基本可以确定大塚率先在日本言及的市民社会(Civil Society)概念是斯密意义上的"市民社会"。根据作者的说法,法国和英国都经历了拉丁语境即古典意义上发达的市民社会阶段,但德国那个时期的市民社会是不发达的,德语里没可以精准表达 Civil Society(即斯密意义上市民社会)的单词,马克思为便于德国人理解,就选择了 die bürgerliche Gesellschaft 来描述"市民社会"。但随着德国市民社会的发展,特别是到了 20 世纪之后,德国人发现,其实 Zivilgesellschaft 的语义才更符合斯密语境里的 Civil Society。此外,渡边认为,日本早期马克思主义者乃至战后的一些马克思主义者(包括植村邦彦)都未能理解 Civil Society 和 die bürgerliche Gesellschaft 之间的差异,而大塚、高岛等一桥大学的学者是在充分理解前述二者之间的差异之后才对市民社会论进行深入研究的,同时,这也是"一桥学派"的"市民社会"论的一大特征。——译者注
② 高岛善哉:『大塚金之助先生と一橋の学問』(橋間叢書 第 57 号),一桥の学問を考える会 1986 年。

颇为喜好的虚子①的一句俳句"仿若贯穿去年今年的棒棍一般的物"②，高岛将贯穿自己整个人生的"思想、社会观、人生观、生命观"等如种子般的精神（Geist）都留给了后人。

（高岛）第二次演讲——"市民制社会和一桥之学"，也是以大塚传递给他的三点学问之思为基调的。只是高岛对其进行了更深入的理论挖掘。高岛在此也强调了"商业与工业/勤勉（commerce and industry）"③、"直面官僚（官方）的市民（civil）"的构思、"非军事性的人类生活、事物的思考方式"、"遵从工商业的普通市民的生活态度、感觉"等一桥学风和传统。特别有意思的是，高岛还就学风问题将一桥大学和东京大学进行了比较，在这里试着引用一下高岛的原话：

"对于东大的传统而言，最重要的莫过于提供强力统御国家和国民的多面手段，即培育政治家。在那里有的尽是如支配、权威、官僚等字眼，所以有关市民社会和市民性的学问是极难在这种学风支配下的东大教育中萌发而出的。"

高岛指出，如若说培养出一代代国家领导层是作为"帝国大学"的东京大学的使命的话，那么一桥的使命则完全相反，"一桥之本的出发点在于 commerce and industry，以及最广泛意义上'市人'的世界"。如此想来，也能明白高岛言说中，市民社会这个一桥式的发想同东京大学的学风格格不入的原因。事实上，尽管战后也涌现了在"市民运动"领域开展研究并发表言论的学者，但至少在高岛了解的范围内，东京大学并未出现过积极提倡市民社会论的学者或学问传统。在西欧的历史传统上，近代的市民社会也是在同国家的分离、独立的过程中逐渐发展起来的，所以战前东大和一桥学风的区别，或许还反映了彼时日本正发生着某种形式上的

---

① 指高滨虚子(1877—1959)，本名高滨清，系日本俳句诗人、小说家。——译者注
② 渡边先生在这里使用的是虚子代表作的一句俳句，日文是："貫く棒の如きもの"，完整的原句应是"去年今年貫く棒の如きもの"。贯穿去年今年的"棍棒"指的是虚子本人坚定的信念，渡边在此挪用虚子的俳句意指他的老师高岛学术信念之坚定。——译者注
③ 原文用词为"コンマース・アンド・インダストリー"，"industry"兼有工业和勤勉的双重语义，国外的历史学界向来有用勤勉革命代替工业革命的说法，高岛的这一发想用片假名表意，想来是有用"industry"在指称工业的同时提示他对"勤勉"的观点的想法。——译者注

"市民社会之学"同"国家之学"（即两种对作为进口学说的社会科学的接受方式）的分离和独立。此外,这对于被迫自上而下实现现代化的发展中国家的思想界而言,或是一种典型状况。

高岛如是说:"如若要问明治时期东大都进行了何种经济学研究,其结论自是德国历史学派的理论。他们在法学研究方面,亦不推崇市民法,而是崇尚由德国官僚支配的法律。关于这一点,自不必说宪法,民法以及其他部门法研究领域亦十分流行德国法学。不仅如此,在社会学、历史学等其他人文社会学科中,都有如前述所言的强烈倾向。与此相反,如前所述,一桥所推崇的研究是市民性的。但是,即使是在这样的一桥里,市民法、市民社会、市民性的文学、市民性的文化、市民音乐等的研究对于其学统、学风而言尚不能说已然根深蒂固。而就在此时,大塚金之助老师留学归来,还带回了谓之为'市民社会'的理论,我想这在一定程度上也从感官上予以我们新鲜的刺激。'市民社会的解剖学'这一大塚的金句,成为后来一桥社会科学研究,特别是经济学研究常引为指导性思想的精髓所在,我认为这亦是一桥学统的本质所在。"①

一朝种落,花开是时。但花开得却未必会如所想一般艳丽。② 这是因为"市民社会,不单单是指市民的社会。说到市民社会,我们日本人只能想到城市居民所居住的社会。（日本）没有可供'citizen'这一外来词汇扎根的土壤。如果是那样的话,就不能理解市民权这个词"③。所谓市民权是指市民/公民身份（citizenship）。在市民权（citizenship）尚未被确立起来的战前的政治环境下,市民社会等归根结底只是画上的大饼而已。这往往表现于世间对市民概念的不理解中,也源于持续至今对其的误解。此外,对"社会"和"国家"的不解,是社会科学不成熟的实质表现。这一点可从政治学研究者石田雄至今仍强烈反对使用市民社会这一概念的行为

---

① 高岛善哉:『大塚金之助先生と一橋の学問』（橋問叢書　第 57 号）,一桥の学問を考える会 1986 年。
② 指市民社会论在日本的发展及其日本化。——译者注
③ 高岛善哉:『大塚金之助先生と一橋の学問』（橋問叢書　第 57 号）,一桥の学問を考える会 1986 年。

中窥探一二(见下文),将市民社会等同于西式产物(或将其误解为扁平的平等社会)的狭隘理解仍存在于日本的社会科学的底流中。

正是在如此恶劣的条件中,高岛着眼于市民社会论的本土化,他说:"我是说了要在英国、法国和德国的个性的基础上袪除西欧市民社会的个性,但这并不意味着只取其共性。为思考日本的市民社会,我从西欧市民社会中提炼并炮制了'市民社会'这个概念。"①

在演讲的后半段,高岛言明了市民制社会这一新词中包含的两个意图。

第一是"启发性意义"。他以现行宪法为例,提出现行宪法实际上也是一种带有市民制社会色彩的模式。②

"众所周知,其实日本的宪法十分接近我言说中的市民制社会,它是一种其他任何国家和地区都没有的宪法。(日本现行)宪法的根本理念及其基本形态,若用一个颇难理解的词描述的话,即我所说的要袪除西欧市民社会的国民个性并从中生成一种社会模型的理想型,且这一理想型同马克斯·韦伯所说的理想型③并不可等量齐观,而是基于理想像的价值悬设之上的一种现实尝试。其实我们的宪法也未必与前述所说的理想型完全一致,这当中也存在日本式的例外情况,如象征天皇制就不是市民制社会语境中的存在物。但也和那样的'理想像'稍微有些接近了。这些制度决不是从他国带来的,而是日本自己的产物。不过仔细想来,或许会有人将这认作是麦克阿瑟(从美国)带来的特产。但不论如何,日本式的制度存在于此时却是不争的事实。我认为市民制社会就是这样的,即使稍有出入或偏差,但我想我们完全可以用市民制社会这个词来表达它,这样对我们日本人而言不就可以生成更具 Famiria 特征的东西了吗? 它包含的

---

① 高岛善哉:『大塚金之助先生と一橋の学問』(橋問叢書 第57号),一橋の学問を考える会 1986年。
② 对于是否护宪的问题,在日本根据这一议题直接就可区分出左右两派,许多日本学者认为日本的宪法其实并不是美国人炮制的。——译者注
③ 即 idealtype,译作"理想型"又译"理念型"。——译者注

正是这样的启发意义,这也是我的目标之一。"①

　　于战前播下的市民社会种子终究是在战后、在现行宪法下逐渐发芽,并开始生长。毫无疑问,这样的认知是存在于高岛的思考之中的。

　　第二个目的是从作为特殊性存在的西欧各国的历史性市民社会中抽象出"生产诸力②的体系"这一普遍性要素。据此可分析得出各国市民社会特殊历史形态背后共通的普遍基础,也可捕捉到如何使市民社会同样适用于日本环境的宝贵线索。依高岛的看法:

　　"政治、经济、教育以及诸文化,彼此间存在着一种垂直错位的段差关系。以一栋高达 12 层建筑物的建设过程为例,从地基到三层、四层、五层直至封顶,楼层之间存在段差,这个段差则由楼梯联结,如此,一个巨大的建筑物最终即由台阶和楼梯共同构成。而我们可将其命名为生产力体系。生产力体系、生产诸力体系,这就是市民制社会。如以英国、法国、德国为模型,并从中进行本质的一般性推论,便能得出这样的构图。生产力体系(System of productive powers),我欲将其打造为我自己的社会科学学说最为核心的内旨所在。"③

　　高岛的市民社会论为我们提供了一种独特的视角,它直观地捕捉到了存在于历史性市民社会根底中具有普遍性意义的"生产诸力的体系"。

　　"迄今为止的社会科学学者,或是从资本主义或是从社会主义,抑或是从第三世界的立场进行思考,这无异于形成了二分或三分的相互对抗的阵营。而我从一个更高维度的立场,即在充分把握市民制社会的前提下,并且从资本的立场,从企业的立场,从资本主义的观点出发来对市民制社会进行活用,与其说利用,倒不如说是运用。"④

　　这是暗示体制和市民社会关系的重要指摘。正如高岛所说,如何运

---

① 高岛善哉:『大塚金之助先生と一橋の学問』(橋問叢書　第 57 号),一橋の学問を考える会 1986 年。

② 与和平田清明提到"生产诸力＝资本的生产力＋劳动的生产力"不同的是,高岛在使用生产诸力时并非指称"造物"意义上的生产力,而是指称包含经济、政治、教育,而后是文学、音乐、宗教在内的统一的泛生产力体系。——译者注

③④ 高岛善哉:『大塚金之助先生と一橋の学問』(橋問叢書　第 57 号),一橋の学問を考える会 1986 年。

用"生产诸力体系"是判断一种体制优劣的决定性因素。"至少 18 世纪到 19 世纪社会的进步,是由资本的力量带来的。"这是资本的文明作用。然而,现在,一方面,资本主义陷入僵局(从市场失控,到环境破坏、自然破坏,再从人类破坏到社会的荒废和由全球化引发的深刻的负面影响,可以看出这个体制系统内的诸多疲势)。另一方面,社会主义被迫退出日本的历史舞台(至少社会主义或共产主义在日本都已失去了现实选择的意义)。我们应站在什么样的立场上运用(掌握)上一代人托付的"生产诸力的体系"呢? 21 世纪的课题关键就在于此,我们极有必要对市民制社会进行再认识:高岛的市民社会论,便是基于前述立场展望社会科学课题的。

二、日本市民社会论的系谱

与高岛并称"市民社会"派的是丸山真男①、大塚久雄②、内田义彦③、平田清明④,他们的观点和高岛的市民社会论之间的区别在于何处? 或说宣扬 Civil minimum 后成为市民运动思想支柱的松下圭一⑤的观点和高岛的观点之间存在着什么联系? 他们真是高岛意义之市民社会论的倡导者吗? 由于世人常将他们与"市民社会"派一概而论,因而有必要就此进行考察。

曾受过丸山真男教诲的石田雄⑥对世人的这种归派方式表示了反

---

① 丸山真男(1914—1996),日本的政治思想史学者、东京大学名誉教授。——译者注
② 大塚久雄(1907—1996),日本的历史学者,曾任东京大学、法政大学教授、日本学士院会员。其历史学方法将马克思经济学与韦伯社会学相糅合,自成一派,一般称为"大塚史学",与政治学者丸山真男的"丸山政治学"并称为日本战后民主主义的代表性学说。——译者注
③ 内田义彦(1913—1989),日本经济学者、专修大学名誉教授,以研究马克思、亚当·斯密和近代日本思想史而闻名于世。——译者注
④ 平田清明(1922—1995),日本经济学家、新马克思主义思想家、京都大学名誉教授。——译者注
⑤ 松下圭一(1929—2015),日本政治学者、法政大学名誉教授,作为丸山真男的弟子以提倡大众社会论而闻名于世。——译者注
⑥ 石田雄(1923—2021),日本政治学者、东京大学名誉教授——译者注

对。① 在一次演讲中,他发表了一个令人震惊的言论,"丸山真男自身几乎没有使用过'市民社会'这个词",就算在少数场合罕见地使用了,也是在指认"日本不存在典型的市民社会"这一"否定形式"意义上使用的,丸山不仅认为"市民社会在日本没有存留的余地",还断言称"未曾把建立市民社会作为战后日本的课题"。依石田的看法,之所以"丸山没有使用市民社会概念"的理由或许就在于,丸山将今日社会视为大众社会,而"对大众社会化前景的悲观预期妨碍了丸山对'市民社会亦是一项课题'的察觉"。但不管怎么说,正如石田所言,"丸山将由等质分子构成的市民社会这一概念,作为现实日本社会的分析框架,当然也作为课题加以摒弃",似乎已成不争的事实。那么,丸山用什么取代市民社会作为社会的分析框架便成了一个问题。如若石田所言及的"大众社会"就是丸山的真实思考的话,那这作为社会科学学者的分析框架未免有些匮乏。

笔者对丸山社会分析框架的匮乏(或是不在场)的指认臆测是有其根据的。作为石田演讲听众之一的住谷一彦表示:"其实这个问题,也是我从以前开始一直想要思考的一个主题。"他还指出:"大塚久雄先生也多不使用'市民社会'这个词,在他完稿于战时的一篇论文中,有过'资本主义和市民社会'这样的章节,再就是在战后的一段时间中他偶尔使用过'市民社会',除此之外就再无过多地使用过这个概念了。而取而代之的是'国民国家'的用语,大塚久雄先生则是'国民经济'。"②

作为前述的支撑论据,住谷有其两点指摘。第一,"不论是丸山先生抑或是大塚先生,从战前开始就时常阅读马克思的著作。特别是反复阅读了《政治经济经济学批判》等,在《政治经济学批判》的序言部分中写有所谓的'唯物史观的公式',马克思在那里对黑格尔《法哲学原理》中的市民社会(bürgerliche Gesellschaft)进行了本质性的挖掘,并指认市民社会就是资本主义社会。想必丸山先生和大塚先生对此也都十分熟悉,所以

① 以下内容引自石田雄、姜尚中:『丸山真男と市民社会』,神奈川:世織書房 1997 年(除去讨论部分的内容,其余内容也收录在石田雄『丸山真男と会話』,東京:みすず書房 2005 年)。
② 石田雄、姜尚中:『丸山真男と市民社会』,神奈川:世織書房 1997 年,第 95 页。

我认为他们是不会想在方法概念的层面上回到黑格尔的市民社会吧"①。

有意思的是,这一指摘出乎意料地暴露出了包括丸山、大塚等在内的思想家在战前、战时对市民社会的理解同当时众多"马克思主义者"对市民社会的理解之间,可谓是"五十步笑百步"的关系。当时的"马克思主义者"亦认为市民社会不过是对资本主义社会的虚假想象,因市民社会概念(与资本主义社会概念)的同质性,就对其的使用予以了拒绝。因为,对他们而言,有能够分析阶级对立的"资本主义社会"概念这一框架足矣。经由马克思学习"市民社会(bürgerliche Gesellschaft)"的人,大多被当时对马克思学说进行片面解释的论点所影响,进而将市民社会论理解为阶级社会论所要超越的意识形态对立物。他们并无高岛和大塚(金之助)那样看到近代社会的根底之处还存在着极富张力的二重构造——市民社会和阶级社会的学术方法,或说在他们身上并无可将作为"Civil society"的市民社会同"市民社会(bürgerliche Gesellschaft)"相区分、并加以理解的学风存在。住谷和石田都以与当时的"马克思主义者"处于同一水平的"市民社会"理解进行上述推论,这本身是极具特征的。但反过来看,丸山真男和大塚久雄应该都不是那样的"马克思主义者"。

在此意义上,住谷的第二点指摘就显得颇为重要,他说:"在战前日本的学问世界中,社会学还未取得'市民权'。并且,在形式社会学与综合社会学之间针对何谓'社会'的问题存在着激烈的学术争论,不论是丸山先生还是大塚先生都始终对其抱有关注。所以,或是因为'社会'概念还未被明确界定,他们对'市民社会'在一般意义上的使用是心存抵触的也未可知。我隐约记得,大塚先生曾对我说过,或许社会学最终会成为一门现象整理的学问。"②

仔细想来,这个指摘的立论也颇为奇怪。关于"'社会'为何"的认知问题,并非是社会学研究范畴的专利。不论讲坛社会学③在学问世界拥有"市民权"与否,政治学和经济学的研究范畴中也必然包含对"社会"的一

---

① 石田雄、姜尚中:『丸山真男と市民社会』,神奈川:世織書房1997年,第95—96页。
② 同上书,第96页。
③ 指学院派社会学。——译者注

定认知。这就是所谓的社会科学。如政治学者和经济学者以社会学学界的现实状况为借口而回避社会本质的认知问题，那无异于放弃他们作为社会科学研究者的身份事实。如若住谷的指摘正确，那就不能说拒绝"市民社会"概念本身是由社会认知的匮乏或不在场所导致的了。而且，令人感到讽刺的是，取代"市民社会"而现身的"大众社会"，归根结底也不过是"现象整理"的概念罢了。溯及原因，在于"大众社会"这一构想本身，也不外乎是通过诉诸现代社会的直观和表象性的形象（常以"大众社会状态"来描述）而获得说服力而已。

　　所以，关于是否将丸山真男、大塚久雄等视作市民社会论者，我们应予以慎重考虑。依石田、住谷等的主张，不论对"市民社会"的理解存在多大的问题，应将丸山真男、大塚久雄等从世人指认其是市民社会派的误解中脱离出来。那么，将丸山真男、大塚久雄等奉作市民社会派的又是谁人呢？众所周知，即内田义彦和日高六郎。内田将丸山真男和大塚久雄称为"市民社会青年"，日高则把丸山和大塚列为"现代主义者"①。不过，值得注意的是，不论是内田或是日高，都未在作为社会分析框架的社会科学意义上使用过"市民社会"一词。其中包含的是一种同正统派马克思主义思想保持距离的，或说不与教条的马克思主义、反共的自由主义任何一方相提并论的第三条道路（"现代主义"）的政治意识形态的含义。不论是"市民社会青年"还是"现代主义者"，都不是指称将市民社会作为社会分析框架的青年们，前者是指"接受'讲座派'理论的压倒性影响，在政治性窒息的时代于各自的专业领域中独自开展研究的人们"②，后者则是指以"对日本的现代化及其特性持有强烈关注"为共性特征，将"市民社会的历史性成立"和"市民社会的一般特质"视为（日本）的"终点站"而非"中途站"的人们③。

　　如被"市民社会青年"或"现代主义者"等巧妙命名所诱导，而产生"丸

① 参见内田义彦『日本資本主義の思想像』，東京：岩波書店1967年，第153页、追记；日高六郎编
　　著『現代日本思想大系34 近代主義』，東京：筑摩書房1964年。
② 内田义彦：『日本資本主義の思想像』，東京：岩波書店1967年，第39—40页。
③ 日高六郎：『現代日本思想大系34 近代主義』，東京：筑摩書房1964年，第8—12、28页。

山和大塚的论说在对现代社会进行分析时引入了市民社会概念"的错觉,那就大错特错了。这对提出"市民社会青年"和"现代主义者"的内田以及日高而言,也是不曾预见的事。只不过,如石田的指摘正确,那么,作为"市民社会青年"代表的丸山真男在作为社会科学的"概念装置"意义上拒绝使用"市民社会",这对内田而言想必又是极为讽刺的。

此外,令人感到矛盾的是,在拒绝将"市民社会"概念作为社会分析框架来使用的同时,却又积极将"市民"概念作为分析社会成员的框架使用。这一矛盾在松下圭一的身上尤为显著。① 依他的说法,市民虽在现代社会登场,但这一"社会"却是大众社会的社会,而非市民社会的社会。在他的认知中,所谓"市民社会"至多不过是限定于 18 世纪的英国社会而已,而在 20 世纪后的现代则专指"大众社会"(或说是"都市型社会")。关于社会成员,是以"探讨市民古典原型再生的现代条件"②的问题意识为根基,追求"市民"分析框架的适用可能性,而对于"社会"本身,强调断裂性而非强调同过去相连接的连续性,且决不追求社会的"古典原型"的现代化。

综上所述,丸山、大塚、松下、内田、日高等人的论说,在接受"市民"概念的同时,却又拒斥了作为社会形成概念的"市民社会",就算是使用,也至多是在思想性(意识形态性)含义上使用"市民社会"而已。因此,基于这一事实,若再将他们称作市民社会派恐怕不妥。而平田清明的论说,明显就同这一立场划清了界限。对他而言,"市民社会"既是关于跨越过去、现在、未来的社会形成的普遍原理,亦是对社会的分析框架。即使这本是在欧洲得以确立的社会形成概念,但通过对在"马克思主义"③中已然丢失的"市民社会"范畴的复权,也能使其在日本得到充分适用的可能性。也就是说,正因为相信"通过对市民社会本身的内在批判,将寓于西欧知性中的市民社会史的历史把握运用于真正的人类史之中,才是马克思的独

---

① 在松下圭一的众多著述中,笔者要特别列举的是松下圭一的『「市民」の人間型の現代の可能性』以及『日本における大衆社会論の意義』(参见松下圭一『現代政治の条件』増補版,東京:中央中央公論社 1959 年,第 XI、XII 页)。

② 松下圭一:『現代政治の条件』増補版,東京:中央中央公論社 1959 年,第 228 页。

③ 指正统派的马克思主义,即教条的马克思主义。——译者注

到之处"①,平田"通过恢复失去的东西,开辟并保证马克思固有的社会＝历史认识再生的线索"②。平田的目标十分明确,即将所有精力都放在了对马克思主义市民社会概念的复权上。

平田市民社会论的最大意义在于,他并未试图将市民社会作为历史性实存概念而复权,而是将其作为逻辑性的方法概念进而理解。对于这一点,在他下面的言论中得到了充分的体现。

"市民社会在资本家社会成立之前的某个历史时段上并不存在;市民社会也并非是从资本家社会中剥离开的某一独立的历史阶段。也就是说,市民社会阶段并非是作为其本身而存在。在伴随作为市民社会的初级社会形态向资本家的次级社会形态的转变过程中,现实社会形态才得以发展完成。"③

与此相对,平田市民社会论最大的弱点就在于,他提出的用于支撑上述方法概念的"个体所有"范畴。从其言说中可以清晰地看出,他认为个体(个人)所有是一种同私人所有相对立的普遍的、整体的所有权概念。在他的论说中,最大的线索是马克思所说的"这是否定的否定。这种否定不是重新建立私有制,而是在资本主义时代的成就的基础上,也就是说,在协作和对土地及劳动本身生产的生产资料的共同占有的基础上,重新建立个人所有制"④中的"重建"。⑤ 在平田看来,重建个人所有制才是社会主义的意义和目标。

但其中却有一个极大的误解。所谓私人所有,是指在私人领域(与公共领域相对立)中确立的所有(所有名义或所有权)。"所有"原就是指允许对土地、人身、物象进行排他性占有的法律规定,但是在此可以实现包括"个人"在内的主体(所有者)假定。换言之,不论所有者是何种中间团体[家庭、企业、地区社区和非赢利组织(NPO)等]——或工会、或团体、或

---

① 平田清明:『市民社会と社会主義』,東京:岩波書店 1969 年,第 50 页。
② 同上书,第 51 页。
③ 同上书,第 53 页。
④《马克思恩格斯选集》第 2 卷,北京:人民出版社 2012 年版,第 300 页。
⑤ 平田清明:『市民社会と社会主義』,東京:岩波書店 1969 年,第 105—106 页。

法人、或机关都是无所谓的。这也就是说,在私人所有的情况下,所有主体(名义人)并不仅限于个人。同样,对于先于私人所有出现的共同所有,既有像从日耳曼共同体中历史性地产生"个人所有"的情况,也有像"如在亚洲、埃及等地那样""代表共同体的个人"才能成为"土地所有者"的情况。① 如若平田所设想的将来的社会(主义)所有制只将"个人"视为所有主体,那么"在资本主义时代的成就的基础上……在协作和对土地及靠劳动本身生产的生产资料的共同占有"②的"法的规定",其本身实现的可能性就会变得非常渺小。由于在任何社会形态下,个人的实存都需要得到必要的保证,因此在任何所有制形态下,个人(个体)所有制都有作为其一部分并成立的可能性。因此,除非无条件地以意识形态立场(个人主义)为前提,力图将一切都还原为个人的本性并加以理解,否则将作为实体的个人所有视作是市民社会才有的特征的方法概念的思考就是毫无道理的。在平田的论说中,在平田将"个人所有"作为一个丢失的范畴进而复权之时,市民社会论的丰富内涵就已在其对这一概念的详尽窥探中进一步消散而去了。

总的来说,平田清明的市民社会论,是将经由大塚金之助而至高岛善哉的问题意识理路进行通俗化但也矮小化的理论产物。③ 这不仅没有使经济学实现应有的社会学化,反而使作为社会(科)学的市民社会论陷入了经济学化,且导致了马克思学说的经济学化。平田清明在将社会指认为"'生产方式''交通方式''消费方式'的基础上,再将其统摄为'再生产方式',并置于新的经济学范畴中进行重新建构"④的市民社会论构想,最终也并未使经济学在剖析市民社会中发挥应有的作用,而是将市民社会运动还原为一种经济活动,进而将市民社会论矮小化为一种物种经济学(也就是他所谓的"马克思经济学")的范畴体系并趋于流行。在那个体系

① 参见《马克思恩格斯文集》第 7 卷,北京:人民出版社 2009 年版,第 714 页。
②《马克思恩格斯文集》第 5 卷,北京:人民出版社 2009 年版,第 874 页。
③ 水田洋基于对平田在《市民社会与社会主义》一书中的论说的观感作了如下论述:"似乎是在对高岛研讨会上形成的模糊论点的基础进行重新论证,但并未给我带来过多的心灵冲击。"(水田洋:《平田清明——萨摩藩家老的后裔》,载《情况》1995 年 5 月,第 130 页)。
④ 平田清明:『市民社会と社会主義』,東京:岩波書店 1969 年,第 18、56 页。

中,虽诞生了经济学主义的市民社会论,但却未给由大塚、高岛构想的作为社会科学的市民社会论进一步生存、发展的余地。正如一位论者言,在人们从现代角度对战后日本仍然留存的传统社会关系进行批判的同时,平田(《市民社会与社会主义》)给日本思想界带来了冲击,这种冲击恰好可以警醒人们得以由"市民社会"而实现对"斯大林主义的批判"①。但是,这虽可以称得上具有意识形态意义,但能否称得上具有思想性意义则是两说。要想具有思想性,首先就必须追问是否有高岛所说的"贯彻如一"的思想的存在,在这种情况下,就必须追问平田作为马克思主义者的思想经纬有多少社会科学依据。② 无论如何,都不能狭隘地将市民社会论理解为,只是为了更新马克思主义意识形态的目的性存在。

三、通往市民社会论的三种社会科学方法

将市民社会论作为一门社会科学而建构的现代性要求,虽以经济学为起点,但绝不等于是复归,乃至同化于经济学,这一方法论意义上的态度立场,正是大塚金之助和高岛善哉的意图所在。或可将其称之为通往市民社会的经济学方法论。大塚金之助认为应将经济学作为市民社会的解剖学,并企图将经济学社会学化之,而高岛善哉受其影响,也试图在英国古典经济学中觅得市民社会论的原型,这些都足以阐明这一方法论的特征。

关于其形成经纬在前述已有充分论述,因此,在此处笔者拟就方法论之意义捡其要点并归纳为如下四点:

第一,强调了市民才是生产力的承载者,并据此将作为现代型人类的市民置于更为源远的人类历史长河之中。当然,以市民为主体的市民社会,是贯穿以生产力为内核的人类社会的、某种地基或基础的现代存在方

---

① 村上俊介:『市民社会と協会運動』,東京:御茶の水書房 2003 年,第 16 页。
② 水田对平田的生涯有如下评价:"平田清明虽然对市民社会有一定的论述,但是其论述方法与市民社会却没有任何关系",正是因为水田的评价如此辛辣,所以我们才不能忽视这一点(村上俊介:『市民社会と協会運動』,御茶の水書房 2003 年,第 122 页)。

式(体系)。

第二,基于对市民所处的社会关系的认识,坚持、强调了市民和阶级的双重视角。这一点尤为重要。高岛善哉强调被"不平等"原理所渗透的阶级立场(视角)与希求平等并以此为前提的市民的立场(视角)之间的互补性。① 这是高岛市民社会论的独特之处,也是其他市民社会论所无法比拟的。

第三,区分了市民社会与市民制社会的概念差异。(高岛的市民社会论)试图寻求一种国民的或说超越时代特征和制约的具有普遍性意义的市民社会原理。因此不难理解为何高岛会在晚年回避了欧洲舶来的、属于历史过去的"市民社会"概念,转而炮制了"市民制社会"这一新颖概念。

第四,为当时作为市民运动而备受瞩目的各种运动和论说敲响了警钟。这便是高岛对所谓"市民主义"的批判。② 高岛在早期市民运动中感受到一种将市民的立场绝对化的态度以及一种——将市民独立于阶级斗争、不平等斗争之外——独善其身的立场,同阶级的独善主义一样,高岛对市民的独善主义也抱有戒心。

对于前述通往市民社会的经济学方法论,加拿大政治学家 C. B. 麦克弗森(Macpherson)③提出了通往市民社会的政治学方法论④。在其代表性著作《占有性个人主义的政治理论》一书中,麦克弗森提出了极具冲击性的论点。依他的看法,17 世纪英国的政治思想隐晦地包含着"占有性个人主义"(possesive individualism)的"统一性假设",他认为:"这一假设同市场社会的现实关系有着实质性的对应关系,在 17 世纪为自由主义理论注入了强大力量,但伴随着 19 世纪市场社会的发展,占有性假设却又破坏了自由主义理论演绎所需要的一定的必要条件,另一方面,这些假设仍

---

① 参见高岛善哉『時代に挑む社会科学』,東京:岩波书店 1986 年,第 268—271 页。

② 高岛善哉『時代に挑む社会科学』中的第 6 章以"克服市民主义"为章节名。

③ 麦克弗森(C. B. Macpherson,1919—1987),加拿大著名的政治理论家,其理论工作集中于对西方自由主义民主理论的反思和诊断,并致力于在真正的民主社会中促进社会全体成员充分而自由的发展。——译者注

④ C. B. Macpherson, *The Political Theory of Possessive Individualism*, Oxford University Press, 1962(麦克弗森:『所有的個人主義の政治理論』,藤野涉等译,東京:合同出版 1980 年)。

同社会现实紧密黏着,因而无法割舍。如此一来,这便成了该理论在本世纪走向衰弱的根本原因。"①

麦克弗森提及的"占有性个人主义"指称"个人既不是一个道德整体,也不是一个更大的社会整体的一部分,而应被看作是自己自身的占有者(owner)。对越来越多的人来说,占有(ownership)关系是一种决定、实现他们全部可能性的现实自由和现实前景的重要关系。因此,对此可追溯至个人本性中进行解读。所谓'个人',可看作是掌控自己身体及其诸能力的占有者,即自由的存在。人的本质是来自于不依赖于他人意志的自由,而自由是占有(possession)的函数②。社会是由无数平等自由的个人——获得使用、掌控自身诸能力的占有者——彼此之间的关系建构而成。社会是在占有者相互间的交换关系的基础上得以成立的。政治社会则是为保护这一占有以及维持曾作为秩序的交换关系而被炮制出来的装置"③。

根据麦克弗森的理论,市民享受的自由、权利和义务,或市民社会的形成原理本身,都建基于个人即占有者的假设。换言之,它们是通过占有性个人主义"而被强力赋形的"④。但要知道,这一所谓的占有性个人主义充其量不外乎是建基于意识形态的一种"假设"而已。虽然这一假设"同市场社会的现实关系有着实质性的对应关系",但伴随着市场社会的历史性发展,这一"占有性个人主义"假设在成立之初的历史性条件已然消弭,且这一假设本身也正陷于功能不全的实质性境地。或说,正是市场社会在现实中的发展,带来了"工人阶级政治话语权的强化"⑤,并导致"占有性个人主义"意识形态的自我暴露。毋庸赘言,面对二十世纪的困境(Dilemma),可在现实化的市场社会中窥视一二,应将"基于劳动的所有"(个体性所有)这一意识形态假定视作是过去历史性的伦理界限之表现。麦

① 麦克弗森:『所有的個人主義の政治理論』,藤野涉等译,東京:合同出版1980年,第13页。
② 即自由取决于占有。——译者注
③ 麦克弗森:『所有的個人主義の政治理論』,藤野涉等译,東京:合同出版1980年,第13页。
④ 同上书,第13页。
⑤ 同上书,第304页。

克弗森理论的最大意义在于揭示了潜藏于占有性个人主义深处的根本难点。

另一方面,我们尚不能通过该论说精准把握在战后逐渐形成的市场社会特别是福利国家中迎来的市民社会的成熟与扩张。确实就像麦克弗森所言,"市场社会的成熟化,消除了所有持有政治话语权的人们在占有性个人主义假设的价值悬设中演绎自由国家义务所需要的凝聚力"①,"目前,我们尚无法期待可以在占有性市场经济中提出适用于自由民主主义国家义务的贴切理论"②。但未必就可据此认为战后的市场社会已然完全失去其凝聚力。战后的市场社会,通过扩充社会权利,承诺向市民提供教育、医疗、福利等社会服务,由此确保新的凝聚力得以形成之可能性。或可说此时的市民社会已然到达成熟阶段。形成能明确理解和把握市民社会的方法论之必要性在此得以揭示。

通往市民社会的第三种社会科学方法论——社会学方法论,可在英国社会学家 T. H. 马歇尔③(1893—1981)在"市民身份"(citizenship)论中窥见一二。④ 这一论说的意义在于,马歇尔对市民身份的构成要素及其进化进行了大胆的定型化设想,并且描绘了一幅市民社会现代化发展的宏伟蓝图。

依马歇尔之见,"市民身份"原指称"赋予共同体正式成员的身份地位",而"持有这一身份地位的所有成员都是平等的,都有与其地位身份相匹配的权利和义务"⑤。市民身份由市民权利、政治权利和社会权利三种要素构成,每一要素都源自历史的各个阶段,并由此发展而来。具体而言,市民权利出场于 18 世纪,它包含"人身自由,言论、思想和信仰自由,

---

①② 麦克弗森:『所有的個人主義の政治理論』,藤野涉等译,東京:合同出版 1980 年,第 309 页。

③ T. H. 马歇尔(1893—1981),英国著名经济学家、社会政策大师与社会学理论家。——译者注

④ T. H. Marshall and Tom Bottomore, *Citizenship and Social Class*, Pluto Press, 1992(马歇尔·汤姆、巴特摩尔:『シティズンシップと社会階級』,岩崎信彦等译,京都:法律文化社 1993 年)。

⑤ 马歇尔·汤姆、巴特摩尔:『シティズンシップと社会階級』,岩崎信彦等译,京都:法律文化社 1993 年,第 37 页。

缔结占有财产的正当契约之权利,诉讼裁判的权利"①。政治权利出场于19世纪,它是指"作为被政治权威所认可的团体成员,或作为选举该团体成员的选举人,进而参与政治权力行使的权利"②。社会权利到20世纪后得以再确立,它包含了"请求经济福利与最低限度的安全保障的、共同分割社会财产的、参照社会标准水平作为文明市民生活的等诸多广义上的权利"③。马歇尔的论说,不仅寻觅了在广义上作为经济共同体的市民社会的形成原理,且通过探寻构成市民身份要素的历史源起及其发展以将社会市民形成经纬的理论逻辑成功定型。在马歇尔将市民身份论定型后,社会各领域分野中涌现出诸多新形式的不平等(如性别的不平等)和差别(如人种差别)现象。通过市民身份的扩张、扩充和扩大(而不是缩小、缩减和废除)可以克服前述的不平等和差别现象,至少大家普遍都是如此认为的。

四、市民社会概念的现代性

在保留市民社会概念其古典含义的前提下,能否确保它的现代性?它又能否适应现代社会? 这是本文所欲探讨的最后问题,为答该问,我们可从下列视角予以思考。

第一,可基于市民社会的本质规定进行思考。

石田雄针对"市民社会的分析框架"论述了他对市民社会概念本质规定的"疑问"④。他如是说:"尤尔根·哈贝马斯(Jürgen Habermas)……提出了区别于 bürgerliche Gesellschaft 的 Zivilgesellschaft 这一新的概念,但按我们今天对'市民社会'概念的理解,恐难明确区分两者之间的差异",所以他认为"与其使用'市民社会',倒不如使用'公共圈'这一概念"。

---

① 马歇尔·汤姆、巴特摩尔:『シティズンシップと社会階級』,岩崎信彦等译,京都:法律文化社1993年,第15页、第20—24页。
② 同上书,第15页、第24—27页。
③ 同上书,第16页、第27—35页。
④ 以下引文引自石田雄、姜尚中:『丸山真男と市民社会』,神奈川:世織書房1997年,第9、37—39页。

现实中"市民并非处于横向并列的状态,而是常常被置于一种不平等的权力状况中,因此为让所有'个人'的话语权都具备其实质意义,就应对这一权力状况予以纠正"。石田的忧虑就在于此,如将其唤作"市民社会",那么就会有"将存在于'市民社会'成员中的异质性——急速扩大的格差①——遗漏的危险性"。这是关于市民社会本质规定的最大疑问。

其实,这样的疑问和忧虑,对于理应被称为市民社会论源流的高岛善哉和大塚金之助而言,是意料之中的问题,或可说是已基本解决了的问题。他们在最初,就已将现代社会置于兼具——阶级社会和市民社会——二元性的基础上进行考察。因为在现代社会中,时刻演绎着以"不平等"和"对立"为原理的阶级社会同以"平等"和"共同性"为原理的市民社会二者的纠葛,而这又体现出二者相互斗争的生成原理。如高岛早已论述的那样,前述的"纠葛"即指"市民的立场"和"阶级的立场"之间的纠葛,而他主张二者的互补性。因此,所谓市民社会的本质规定只不过表现了现代社会在最初形成时的一个侧面。当然,通过这一侧面可窥见现代社会的历史特征也是事实。例如,我们在比较分析现代市民社会和古代市民社会时,其特征就能清晰地突现而出。当以经济领域和政治领域以及公共领域和私人领域的分离作为背景,将政治功能从市民社会中排除、抽离而出,在那里,作为观念共同体的国家就会随之得以集约而成。这种现象不存在于古代市民社会中,而为现代市民社会所特有。正因如此,现代市民社会的本质具有如下特征:首先,现代市民社会就是经济社会,它本就是作为一个追求私利关系的场而存在。其次,现代市民社会是从国家分离出来的。最后,现代市民社会虽然在其内部孕育着阶级对立的萌芽,但面对国家时,却又代表了某种共同性。②

不过,从现实层面考虑的话,公共领域(国家)和私人领域(市民社会)不仅是相互分离的,还是互相渗透的。市民社会通过"公共圈"的扩大,进

---

① "格"在日语中有等级、阶层之意,古汉语中也有此意,但今时此意已失,格差即指的"阶层差别"。——译者注
② 关于市民社会的本质规定,请参见拙文「市民社会の帝国主義」,载『一橋社会科学』创刊号2006年。

入国家的公共领域。相反,国家通过对市民社会的介入,不断强化对私人领域的渗透。所以,可将"'公共圈'的扩大"认作是在市民社会的成熟和发展(以及国家对社会介入)中生成的现象,但这并不意味着作为分析框架的市民社会概念是无效的。

第二,可基于市民社会中社会关系的特质和依据进而思考将市民社会概念现代化的可能性。

梅恩①以"从身份到契约"这一命题准确表达了现代社会形成的历史性转换,进而闻名于世。但也如马歇尔所言,"身份和契约存在于除最原始社会后的所有社会阶段中"②,因而不能按其字面意思来理解这一命题,而是要思考现代契约的历史性特质。如尝试分析现代契约和封建契约二者之间的差别时,就会发现现代契约内含"自由协议的实质"③,而封建契约并以此为前提。这意味着,市民社会的社会关系并非是由他人强制缔结的社会关系,而是以市民普遍认可的自我利益为基进而自发缔结的社会关系。也就是说,市民社会并非是被强制性缔结的社会关系,而是一种基于人们自发性以及他们自身利益而形成的社会关系。

当然,在以协议为基始的社会契约的背后,还隐藏着权力所带来的不平等。正如马歇尔所言,"现代契约在本质上是指基于地位身份的自由平等的——但有时因权力的介入,也未必可说就是平等的——人们之间的协议"④。这一不平等势必会造成社会的分裂,进而导致社会凝聚力随着消散。毋庸多说,社会危机,是在市民社会中的平等和共同性与阶级社会中的不平等——的对立纠葛中产生的。所以,如果怠慢社会凝聚力的育成,社会潜在的分裂倾向只会愈发扩大,这必然导致国家失去社会的支撑。毕竟国家是以社会的凝聚力、集结力、统摄力为基础才得以形成的。

社会只有在维持其凝聚力的基础上,以社会成员自发的协议为基础的社会关系才能得以稳定,作为国民的市民才能如约履行在国家同社会

---

① 指英国古代法制史学家梅恩(Maine, Henry James Sumner, 1822—1888),其是 19 世纪历史法学派在英国的主要代表,被称作影响世界的 100 位法学家之一。——译者注

②③④ 马歇尔·汤姆、巴特摩尔:『シティズンシップと社会階級』,岩崎信彦等译,京都:法律文化社 1993 年,第 44 页。

之间生成的义务。国民和市民的"幸福婚姻"保证了国民国家和市民社会的"幸福婚姻"。市民对国家应尽的义务在宪法中得以明晰,而宪法同样明晰了国民作为市民所拥有的权力,如此,市民和国家的契约关系在法上得以追认。日本新宪法将教育、劳动、纳税规定为国民的三大义务(亦是权利),这是对国家—市民社会的契约关系的直接体现。而旧宪法将纳税、兵役指认为臣民(而非市民)的两大义务,这是单方面的关系而非社会契约。

第三,可基于保障市民社会平等性的场和制度进行思考。

市民社会为了保持其凝聚性,以及顺利履行和国家之间的社会契约,确保平等的社会场和制度的在场就成了最为重要的课题。通过创造这一社会场和制度,市民社会的现实发展才成为可能。回顾过去,我们就能发现经济意义上的法庭和市场,政治意义上的选举和议会,社会意义上的教育、医疗、护理等福利制度和社会服务,对市民社会的确立而言,具有战略要位式的意义。之所以这么说,是因为市民权、政治权、社会权在历史发展中已然形成,其制度也有相应保障。市民社会的现实发展,是通过社会场中各方面的持续制度化从而实现的。

第四,可基于支配市民社会的意识形态进行思考。

回顾现代市民社会的历史发展,就可发现在其发展的各个阶段都有固有的支配性意识形态的出场。依据现在的视阈来看,作为支配市民社会各领域的部分性意识形态,同时也发挥同整体保持关联、维持体制功能的作用。

例如,支配市民社会经济部门的意识形态,即麦克弗森指认的"占有性个人主义"。在这一意识形态下,"个人"被假定为作为所有者(占有者)平等的市场参与者、脱离对他人意志的依存的自由经济主体之存在。但是,在这一假设中存在其固有的难点。在一物一价的市场中,能缔结对等关系的只有所有者(占有者),非所有者(占有者)则被排除在外。人们都是所有者(占有者),进而人们都可缔结对等关系的假设,不过是在人们都能平等地持有"所有物"的基础上提出的假说。

所以,英国哲学家洛克(John Locke)在说明这一假说的时候,就提出了"劳动力"概念。人们都占有自己的劳动力,且任何只要不是奴隶或农奴的人,其劳动力的所有力都实现不了对他者的让渡(即使是雇佣劳动者,也仅能实现在一定时间内的让渡)。只要在确保对其占有的基础上,就可确保所有市场参与者的对等关系。① 但是,随着市场的成熟发展,可供占有的对象就不仅限于劳动力。在某种意义上讲,劳动力最终会沦落为不可见、微不足道的占有对象。而在此时出场的是远比劳动力要更为巨大的压倒性存在——资本。如果市场得以达到这一阶段,那么洛克假说就再足以赋予所有人其内含的自由和平等。因此,个人占有的意识形态假说,只有在市场的占有物只是劳动力时的情况下才能得以实现。

市场的成熟,必然导致作为劳动力的占有者,同时也是除劳动力以外一无所有的无产者(Proletariat)也即马克思所讲的市民社会此前任何阶段都不曾出现的"市民社会阶级的市民社会阶级"②的出场。另一方面,随着出场的是不断压榨大众劳动力的庞大资本占有(以及有产者)。被市民社会排除在外的阶级,却发出要参加市民社会的申诉时,市民社会便会陷入两难的困境中。这也是市民社会迎来的首次危机。以市场的发展为背景,由被市民社会疏远、排除的人们发起的异议申诉运动——社会主义以及工人运动的兴起,皆是这一危机的象征。

但是,普遍选举权的授予,或代表民主主义③的制度化,在极大程度上压制了工人阶级的战斗性,这次危机伴随着工人阶级在政治意义上被统合起来而得以克服。通过向人们授予一人一票的参政权,市民社会有了继续向前迈进一步的可能性。所谓代表民主主义的理念,支配这一阶段的市民社会的政治意识形态的核心。但是,正如在一物一价的市场部门中得以确立的占有性个人主义一样,在一人一票的政治部门得以确立的代表民主主义中,亦存在某种难点。

在确保平等的参政权的同时,既有代表更多政治利害关系的人,也有政治上的弱者,既有拥有更多政治资源可进行更有效动员的人,也有被这

---

① John Locke, *Two Treatise of Government*, Cambridge: Cambridge University Press, 1988.
②《马克思恩格斯选集》第1卷,北京:人民出版社2012年版,第15页。
③ 指代议制民主主义,为确保作者原意,在此仍沿用"代表民主主义"这一提法。——译者注

种动员体制所排除、疏远在外的人。前述情况同样亦是代表民主主义日日持续的现实情况。

市场要从形式上保证人人享有平等的权利，但是实质上却滋生出了诸多的不平等现象。政治的现实状况因权力分配、利害关系代表等因素亦难实现实质意义上的人人平等。代表民主主义中存在着沦为保障少数精英掌控国家权力的制度工具的危险性。尽管市民社会已发展至第二阶段，亦不能从中消灭不平等现象。

把那些被政治所排除、疏远的人们再次统一到社会之中，是福利国家或说"福利资本主义"的理念①。这些福利国家在以资本主义为基础的前提下得以快速发展，并可在一定程度上实现福利的供给。这在战后的一段时期内亦是如此。但是，伴随战后资本主义黄金期的结束，福利国家的衰退或说福利国家的动摇便成了时下不得不面对的现实问题。因此，现在不得不对在战后被承诺的教育、福利医疗的平等分配原理进行重新思考。这也是市民社会发展至第三阶段所面临的深刻危机。

市民社会的意识形态变迁，在一定意义上如实反映了市民社会在其漫长的历史长河中不断迎来危机、又不断克服危机的事实。

第五，可基于市民社会历史发展的动力（dynamism）进行思考。

市民社会在其历史发展中不断迎来危机而又不断克服危机的事实，在形式上经历了以下过程：格差的扩大→平等的退步→凝聚性的丧失（统摄功能的衰减）→为恢复平等而开辟新的场域。

社会性格差的扩大必然导致不平等现象的扩大。而这又会引发市民间不平等体验的增强。从长远来看，这会使社会的统摄能力衰退，从而使以市民的平等性为依据建构而成的市民社会的凝聚性的丧失。而以市民社会凝聚性为基底得以形成的国家必然也会深受影响，以至于将迎来各种形式的危机。当然，面对这一事态，可考虑以下两种应对策略：第一，要同现阶段的不平等现象作斗争。第二，积极探索为恢复平等的新场域或

---

① 关于这一问题，请参照艾斯平-安德森的理论。Gøsta Esping-Andersen, *Social Foundations of Postindustrial Economies*, Oxford：Oxford University Press，1999.（艾斯平-安德森：『ポスト工業経済の社会的基礎』，渡边雅男、渡边景子译，東京：桜井書店 2001 年）。

新理论。而现在日本社会所面临的格差问题,正是我们要充分思考的新课题。

市民社会必须在以对过去遭遇的危机进行充分理解的基础上,进而直面现在的危机。继以有产者与无产者对立为象征的第一次市民社会危机之后,出现的是第二次市民社会危机(全体主义①的兴起),其是以民主主义和全体主义(法西斯主义)两个阵营的对抗为象征的。甚至就算第二次世界大战守护的正是市民社会也不为过。市民社会在战后福利国家的理念下,成功地将曾被医疗、教育、福利排除和疏远在外的人们作为市民再一次统摄起来。由此,市民社会实现了向前一步的迈进。但是,伴随快速成长期的结束以及对福利供给的重新评估,福利国家正走向衰退。当下福利国家所遭遇的危机,正是传统的市民社会在历史发展过程中遭遇的第三次危机。

如上所述,我们从五个方面对市民社会概念的现代性进行了思考。据此,或可对前述提出的两个问题进行暂时性回答。在保留市民社会概念其古典含义的前提下,能否确保它的现代性? 答案是能确保。它能否适应现代社会? 答案是能适应。以上便是笔者想藉由本文想表达的全部观点。

五、结语

究竟是什么给市民社会带来了危机? 行文至此,笔者认为或许有必要重新回想一下高岛善哉提出的"市民立场与阶级立场"的论说、市民社会与阶级社会的二元性,以及平等与不平等的二元斗争的生成原理。换言之,如人类历史自近代以来形成的市民社会平等性原理即将遭受威胁,其原因只能在于不平等原则中。如这一不平等原则真被应用于社会现实,那么不与这一社会现实作对抗,或不对这一社会现实予以克服,则也

---

① 垄断资产阶级的一种社会观,形成于 20 世纪初叶垄断资本的统治确立、工人革命运动高涨时期,第二次世界大战前流行于德国、奥地利。——译者注

无法守护市民社会。为此,我们回顾了在日本尚未被广泛接受的关于市民社会和阶级社会的二元性论说,并据此思考如何切实解决由于平等陷于危机而引发的日益严重的社会不公问题。或许可以说,这才是隐匿于笔者近来对社会阶层差别的讨论中的真正问题域。

青年学者论坛

感性的多维视域与人的解放
——从历史唯物主义的观点看①

高 雪②
（吉林大学马克思主义学院）

一、审美与感性

众所周知,荷马史诗和希腊神话为希腊艺术提供了宝贵的素材,它们被应用于绘画、建筑、戏剧等领域之中,形成至今仍然能给我们以精神享受的希腊艺术。无论是绘画领域"短缩法"的发现还是帕特农神庙的多立安式建筑风格,希腊艺术家们以一场伟大的艺术变革构建了一个美的世界。在早期的造型艺术中,我们能看到埃及艺术的痕迹,尽管那时希腊人并没有形成一种明确的关于美的理论,但从一些绘画、雕塑作品中却能够清楚地察觉到希腊艺术家们对美的反思。"埃及人曾经以知识作为他们的艺术基础,而希腊人开始使用他们的眼睛。"③因此,美学"其含义是凭感官可以感知"④。

按照尼采的看法,希腊悲剧经由欧里庇得斯走向了最终的衰亡,原因在于他用理性思考取代了能够表达美之愉快的日神直观,而表达感性冲

---

① 本文为吉林省社科基金博士扶持项目"马克思政治哲学视域下美好生活观研究"(编号:2022C2)阶段性成果。
② 作者简介:高雪,哲学博士,吉林大学马克思主义学院鼎新学者博士后,主要研究方向为马克思主义美学、西方马克思主义。
③ 贡布里希:《艺术的故事》,范景中、杨成凯译,南宁:广西美术出版社 2008 年版,第 78 页。
④ 栾栋:《感性学发微》,北京:商务印书馆 1999 年版,第 3 页。

动的酒神精神也消失于艺术作品中,希腊艺术由此毁灭于"审美苏格拉底主义"——一种"理解然后美"的理性原则。这意味着,尽管根据词源学考察,美学意指感性概念,但在脱离原始氏族的古老神祇后,科学连同哲学的发展使希腊人开始探索事物的本性,感性被遗忘,反倒是将真理的本质纳入美的领域之中,即在美的艺术中掺入了逻辑范畴,在对事物再现的过程中寻求与事物的完全相符。换言之,将一种完善的理念纳入审美中。事实上,希腊哲学确实乐于在多样性统一的观念表现中寻求审美原则,从苏格拉底时期开始,美就表现为在一种合乎规则合乎尺寸的完善理念中实现其自身,这就赋予了美一种教化功能,即试图从社会伦理的角度为人们带来认识论意义上的知识。

这种寻求多样性统一的审美原则被近代理性主义所继承,将美学的对象定位为感性认识的完善是近代理性主义哲学的一贯思路。尽管鲍姆加登(Alexander Gottlieb Baumgarten)被后世奉为"美学之父",但将美归纳为完善知识的说法却早在莱布尼茨时代就已出现,甚至有论者认为鲍姆加登所依据的演绎方法完全可以追溯至笛卡儿。[①] 美学的认识论传统在近代理性主义哲学中滋生蔓延所导致的直接后果,就是美学的研究对象只能局限在认识论上。换言之,感性被赋予了一种沉思功能,为了使认识清晰可辨、使事物完善,它必须要在理性原则中获取知识。这样,美学就作为一个分支出现在近代哲学中,但其研究对象却只能定位为从理性知识中划分出的感性认识。鲍姆加登最大的贡献莫过于在哲学中给感性留出一个位置,尽管只是屈从于低级认识论之下的位置,但足以为美学回归其原初意蕴打开一扇窗,而这扇窗在康德那里呈现出另一番美的世界。

在《判断力批判》中,康德不仅把审美与感性互通,并且对鉴赏判断和认识判断加以区分。但康德在对鉴赏判断作进一步的说明时,强调美的普遍可传达性来源于人的内心状态的规定,"是诸表象力在一个给予的表

---

① 分析美学家比厄斯利（Monroe C. Beardsley）认为笛卡儿哲学在艺术领域所隐含的意义是由鲍姆加登表述出来的,并指出鲍姆加登的美学理论依据的正是笛卡儿的原理与理性主义方法。参见比厄斯利《西方美学简史》,北京:北京大学出版社2006年版,第133页。

象上朝向一般认识而自由游戏的情感状态"①。这种情感状态构成了鉴赏判断的主观依据,在一个鉴赏判断中,先天的评判能力"先行于对象的愉快"②,即评判能力要先于愉快的情感,换言之,判断先于审美。这就是说,尽管康德划定出了一个区分于科学认识的审美领域,但先天的判断力仍占据核心的地位。在晚期的《实用人类学》中,康德将丧失公共判断能力的人称作精神错乱的人,认为这些人丧失了共通感(sensus communis),并且出现某种逻辑偏执(sensus privatus[私人感觉]),这样他们便只能沉溺于一种思想游戏中。③ 可以看到,判断力的有效性被康德框定在公共世界中,通过事先划定的公共领域而对公共判断有感觉的人和没有感觉的人区分开,这种文化区隔的直接后果就是审美只能留给那些有条件玩游戏的人。在这个意义上,康德美学的实质对象是判断力,而非感性。诚如阿伦特所言,人们不是在直接的呈现中被打动,而是在表象的再现中即一种下判断的行为中感到快乐,此时"人们谈的就是判断而不再是品味(taste——引者注)了"④。因此,康德并没有使感性真正回归其合理位置,它只能在知性规则、公共判断的外衣包裹下成为被统治的部分。

我们在黑格尔哲学中同样发现了这种被进一步强化统治的感性概念。黑格尔直接将美学的对象设定为艺术美,将其称为"艺术哲学",从而彻底限制了美学的研究范围。对于黑格尔而言,美的对象"让它所特有的概念作为实现了的概念显现于它的客观存在,而且就在它本身中显出主体的统一和生动性"⑤。审美活动的内容是一种精神力量,他要研究的正是理念的精神世界,而不是现实的感性世界,这就把美学的对象框定在观念中,意味着同感性实践与社会生活相关联的现实内容只能在观念世界中才能实现与审美形式的统一。因此,黑格尔的美学也具有"头足倒置"的特征。马克思对其进行彻底的批判,通过回到美学的原初意蕴即感性

---

① 康德:《判断力批判》,邓晓芒译,北京:人民出版社 2017 年版,第 40 页。
② 同上书,第 41 页。
③ 《康德著作全集》第 7 卷,李秋零译,北京:中国人民大学出版社 2008 年版,第 212—213 页。
④ 阿伦特:《康德政治哲学讲稿》,曹明、苏婉儿译,上海:上海人民出版社 2013 年版,第 100 页。
⑤ 黑格尔:《美学(第一卷)》,朱光潜译,北京:商务印书馆 1996 年版,第 146 页。

概念,将现实的感性活动内化于社会生产结构中,进而揭示出物质的优先地位。"唯物论是一种感知优先性原则,看得见、摸得着的事物的本体论地位,要高于那些看不见、摸不着的对象的本体论地位。"①而黑格尔美学中所显露出的内容只能是观念上的自由,并且当他把这种内容设定为一种精神力量的时候,感性显现的形式仅仅只是作为绝对精神的低级阶段出现的,因此,在他看来艺术只能是真理发展的一个阶段,这就是艺术终结论。

马克思的唯物主义美学的激进性反对把美学当前的衰落理解为"艺术的终结",它力图回到历史唯物主义的视域中重新思考美学的对象问题,因而是现代美学的唯一出路。这种美学研究感性,并将其置于社会生产中,揭示资本主义生产关系中被褫夺的感性丰富性以及资产阶级审美背后隐匿的统治与臣服的权力关系。在马克思那里,自然美与艺术美、艺术的真理等问题当然没有被排除在研究之外,而是认为这些问题必然要经过感性结构的作用,才能去加以探讨。所以,感性才是马克思美学研究的根本问题,美正是通过对感性概念的深刻理解才获得了存在论的意蕴。而在审美以外,感性与经济、政治同样有着密不可分的关联,它架构了政治经济学批判与无产阶级的政治理论,使马克思的思想呈现为一个统合了经济—政治—审美的整体性视域。

二、经济与感性

按照马克思的理解,资本主义生产方式使人本应从一种丰富的感性存在蜕化为以财富为目的的异化存在。在古代社会自给自足的自然经济中,生财之道仅仅只是家务管理中的一个部分。在亚里士多德的《政治学》中,经济是作为一项"致富技术"从属于城邦政治。这种技术使财物以一种不正当的方式使用,这种不正当的方式正是以致富为目的的物物交换。最初的物物交换以"相互满足生活要求为度",这是自然的致富方法,

---

① 张文喜:《简评早期马克思的感性概念及思想意蕴》,载《学术交流》2019 年第 1 期,第 49 页。

也是获取的真正财富。当这种简单的交易方式继续发展,以"钱币"为中间媒介的另一种致富方法也就出现了,而这种致富方法"在交易中损害他人的财贷以牟取自己的利益",这是不合自然的,而且是要受到指责的。①然而,这种以致富为目的的交换原则并没有成为古代社会经济生活的主导形式,而是仅仅只存在于城邦、部落间的空隙之中。尽管古代社会就已出现了简单流通的交换关系,但古代人交换的真正目的是满足日常生活的必需,也就是要获取物品的使用性,即物品本身的可感知属性。对于古人而言,真正的财富就是这些物品本身的可感属性,通过交换获取使用物,在城邦生活中使自身与物获得一种感性的充分实现,从而实现真正的优良生活。由此,与以财富为生产目的的现代资产阶级社会相比,古代以使用价值为目的的经济形式就显得颇为崇高。

其实,古代对优良生活的寻求所暗含的某种伦理关怀在 18 世纪的经济理论中仍依稀可见,彼时经济学仍致力于以一种系统化、可预见性方式实现个人幸福的最大化,现代经济学正是建立在对享乐主义伦理的普遍接受上。② 斯密认为,人们致富的主要原因并非在于想要获取物品的实际效用,更大程度上则在于试图在多种多样的物品的铺张中呈现出一种整齐对称、天然和谐的安逸状态。也就是说,即使在精心布置中付出了心血与劳动,但得到的富贵与享乐也远比劳动过程本身可能带来的感性的充分实现而更能让人感觉愉快:"为了获得某种方便或欢乐而在手段上做出的精确装备与安排,竟然时常比这方便或欢乐本身更受重视"③。因此,感官所寻求的天然和谐极大地刺激了人们对财富的渴望,对斯密而言,获取财富后安逸而享乐的状态才是真正的自由与幸福。所以在马克思看来,斯密一定不能理解在正常的健康、体力、精神、技能、技巧的状况下,一个人"也有从事一份正常的劳动和停止安逸的需要"④。

---

① 亚里士多德:《政治学》,吴寿彭译,北京:商务印书馆 1965 年版,第 25—31 页。
② 罗兰·斯特龙伯格:《西方现代思想史》,刘北成、赵国新译,北京:金城出版社 2012 年版,第 175 页。
③ 亚当·斯密:《道德情操论》,谢宗林译,北京:中央编译出版社 2008 年版,第 221 页。
④ 《马克思恩格斯全集》第 30 卷,北京:人民出版社 1995 年版,第 615 页。

作为美学家哈奇森(Francis Hutcheson)的学生,斯密深受经验主义美学的影响。在哈奇森那里美感与道德感均是一种天然的感官能力,且两者是相通的,斯密进一步发扬了这一点,并将审美与公共幸福之间的讨论融入于经济生活中。在斯密看来,对于那美丽、井然有序的公共生活的追求是符合每个人的本性的:"公共政策的完善,以及贸易与制造业的扩张,本身就是高贵庄严的目标。沉思默想这些目标,使我们开心,凡是有助于促进它们的措施,我们都感兴趣。它们是伟大的统治体系的主要环节,借助于它们,政治机器的各个齿轮似乎运转得比较圆融顺畅"①。

可见,斯密是在一种对完善制度的追求中探讨经济理论的,对合乎秩序之美的珍视使个人能够在自利中生发出社会性,并成为了助推经济发展的重要因素,其经济中享乐主义伦理的直接表现就是放弃现有的安逸,以实现财富的最大化。在他看来,劳动分工与商品交换是个人的内在本性对最合乎秩序的完善制度所寻求的结果,人们在满足自身的基本需求后总是有一种获取他人赞赏的欲望,基于这样的自然本能,个人就能够在追求更多的财富与地位的过程中发生激情的碰撞,以此改善生存境况,并不断扩大公共社会的福祉。换言之,正是人类最初的感官本能所渴求的天然和谐状态以及人性中共通的渴望博得他人关切的同情之感,使得致富成了一种不自觉的结果,显然,致富只是为了获取更长远的安逸、愉悦且受社会赞扬状态的手段。这样,政治经济学就融于社会伦理思考之中,并涵盖了审美的意蕴。斯密如此生动地描绘劳动分工的巨大代价:

"一个人,如果他的全部生命都花在执行少数几个简单的动作……那么他就不会有机会运用他的悟性,或运用他的发明能力,去找出各种变通办法,克服各种前所未见的困难。所以,他自然会失去运用悟性的习惯,而通常会变成一个极端愚钝与无知的人。他的心灵麻痹,不仅使他无法领略或参与任何理性的对话,而且也使他无法怀抱任何恢宏、高贵或仁慈的情操,从而无法对许多甚至是平常的私

---

① 亚当·斯密:《道德情操论》,谢宗林译,北京:中央编译出版社 2008 年版,第 228 页。

人生活责任做出正当的判断……他那种生活模式甚至会腐蚀他的身体活力,使他无法精神饱满且不屈不挠的在任何工作上运用他的力气……"①

不可否认,在经济中融入对感性结构的考量,使政治经济学在经济形式与社会关系的问题上为马克思提供了启示。在斯密之后,经济学逐渐将感性概念排除在外,走向了理性的量化逻辑,这尤为突出地体现在李嘉图对劳动价值论的抽象发展中。

李嘉图无视斯密政治经济学显现出的社会伦理关怀,在他那里,感性不再被纳入经济的社会生产的考量之中,其理性的演绎推理方法使经济学逐渐脱离社会关系的结构,彻底成为一种可予量化的对象。同斯密一样,李嘉图看不到劳动与劳动力的区别,虽然他认为商品的价值正是源于工人劳动,但他却把商品交换只是看作一种资本与资本的交换,是工人之间等量劳动的交换,"商品的价值或其所能交换的任何另一种商品的量,取决于其生产所必需的相对劳动量,而不取决于付给这种劳动的报酬的多少"②。由此,劳动的价值被抽象化为一种生产工资所必要的劳动量。马克思认为李嘉图所谓的劳动量只是不同商品"作为价值所包含的物体化的相对劳动量",他没有看到商品在买卖的过程中所包含的"表现为社会的劳动,表现为异化的个人劳动"③,他总是把交换本身丢在一边,只关心生产过程中商品本身所包含的物化劳动量,从而抽掉商品的流通过程,这样他就不会察觉到劳动力商品在生产过程中所发挥的活劳动的作用。李嘉图混淆使用表现在使用价值上的劳动与表现在交换价值上的劳动,在他那里,商品转化为货币,只能是以物的形式掩盖同一的社会劳动性质,因此他根本无法提出这一问题:"为什么劳动表现为价值,用劳动时间

---

① 亚当·斯密:《国富论》,谢宗林、李华夏译,北京:中央编译出版社 2010 年版,第 904 页。
② 大卫·李嘉图:《李嘉图著作和通信集(第一卷):政治经济学及赋税原理》,郭大力、王亚南译,北京:商务印书馆 1997 年版,第 7 页。
③《马克思恩格斯全集》第 26 卷(Ⅲ),北京:人民出版社 1974 年版,第 140 页。

计算的劳动量表现为劳动产品的价值量呢？"①正是由于忽略了这个问题，古典经济学始终把注意力放在追问价值量的原因，漏过了对价值形式的追问，这样就"把资产阶级生产方式误认为是社会生产的永恒的自然形式"，从而忽略价值形式、商品形式及其进一步发展——货币形式、资本形式的历史特殊性。② 最终，创造价值的劳动被他视为一种在人类历史各阶段中都存在的无差别的抽象的劳动的自然形式。

现在应该指出，西方经济学所谓马克思丰富了李嘉图的劳动价值论一说，其实并未抓住其中的要领。从根本上而言，马克思并未接受李嘉图从抽象劳动出发所设定的政治经济学主题：确立支配着财富在社会各阶级之间的分配规律。因为这个主题意味着将资产阶级的财富形式和劳动形式视为既定的自然存在，这不符合马克思的批判要旨。相反，马克思重新确立了理论对象，即从分配形式再次聚焦于资本主义的生产形式，从这种"资产阶级体系的生理学"中重新思考财富与劳动的本质，以此蕴含了一种对资本主义社会秩序之结构的分析性重审。这就是从商品二重性出发，经过劳动二重性分析为枢纽的政治经济学批判体系。在此，劳动不再被形式地考量，而是从它的全面的物质现实性上被当作研究的主要对象，其感性确定性形式是：同物质生产资料相分离的无产阶级的雇佣劳动。正如柯尔施所说："政治经济学现在不再是关于商品的科学，并从而仅仅间接地是关于抽象与片面地理解的'劳动'的科学。它成为关于社会劳动，关于这种劳动的生产力，关于这种劳动通过当前资产阶级时代的社会生产关系的发展与束缚以及通过无产阶级的阶级斗争对这种关系以革命方式进行破坏的直接的科学。"③总之，马克思使政治经济学从其向拜物教性质的滑落中再次获得具有根本重要性的矫正：构成经济学对象的不是资本，而应是资本主义经济形式下的处在感性压抑中的劳动，通过无产阶级的革命解放斗争，它将朝向与社会相统一的自觉形式。

---

① 《马克思恩格斯文集》第 5 卷，北京：人民出版社 2009 年版，第 98 页。
② 同上书，第 99 页注。
③ 柯尔施：《卡尔·马克思：马克思主义的理论和阶级运动》，熊子云、翁廷真译，重庆：重庆出版社 1993 年版，第 82 页。

<h2 style="text-align:center">三、政治与感性</h2>

如前所述,尽管康德的审美判断以知性为准则,趋近于认识论美学,但其关于美、鉴赏力的理解却为资产阶级审美政治奠定了深厚的文化根基。按照康德的理解,审美判断是以对共通感的预设为前提的,这种共通感是人的先天的评判能力,它依据"在每个别人的地位上思维"这一知性准则,使个人能够不断地扩展自己的思维,以实现一种共同愉悦。所以,审美共通感在文化政治领域中扮演着重要角色,"美的艺术和科学通过某种可以普遍传达的愉快,通过在社交方面的调教和文雅化,即使没有使人类有道德上的改进,但却使他们有礼貌,从而对感官偏好的专制高奏凯旋,并由此使人类对一个只有理性才应当有权力施行的统治作好了准备"①。因此,康德是以资产阶级立法者的身份阐述着审美愉快的合法性,其对共通感的预设意味着那些对普遍的审美愉悦没有感觉的人已经被排除在外,留下的是附庸高雅艺术的资产阶级群体。

如果说在《判断力批判》中康德还将审美的阶级性遮掩在认识论机制之下,那么,在《实用人类学》中,他直接将资产阶级审美描述为"奢靡",即"一个共同体中带有鉴赏的社会舒适生活的过度"②。在这里,康德直接指出鉴赏力以社会交往为前提条件,愉悦成为了一项"源自感觉者的普遍立法",在这个过程中总要有人考究那种"为了理想的鉴赏",因此,奢靡只能被归于公共生活。③ 也就是说,个人只能在资产阶级感觉者的理性立法中感觉到愉快。资产阶级在其营造的唯美主义中驱逐了那些对公共生活没有感觉的人,与此同时又制造他们的、迎合其阶级利益本身的需要,这正是通过反思性判断实现的。"审美判断自然而然地采取一种假言判断的形式,这种假言判断暗中依赖对'类'的承认,而概念同时确定了'类'的完

---

① 康德:《判断力批判》,邓晓芒译,北京:人民出版社 2017 年版,第 221 页。
② 《康德著作全集》(第 7 卷),李秋零译,北京:中国人民大学出版社 2008 年版,第 244 页。
③ 同上书,第 238—245 页。

善性和应用的场。"①在布尔迪厄看来,康德将一种特有的审美配置置于审美判断的首要地位,统治阶级总是能够在一种假言判断中使个人顺从那些被指定的对象。

对审美判断的政治发挥还体现在阿伦特的相关解读中。阿伦特认为,审美判断本质上就是一个旁观者的判断,私人感觉通过想象力的运作过程和反思的运作过程为判断创造了一个可交流的空间,由此旁观者在公共领域内通过表象的再现建立适当的距离,进而做出不偏不倚的审美判断。在阿伦特看来,共通感的预设就意味着存在一个共享的、可交流的领域:

> 共通感(common sense),法国人称之为'好见识'(good sense, le bon sens)更有启发性,向我们揭示出,世界的本质在于它是一个共同世界;多亏了共通感,我们的五官及其感觉材料(严格来说它们是私人的和'主观的')才能适应于一个非主观的和'客观的'世界,这个世界是我们和他人共有的和共享的。判断是'与——他人——共享——世界'(sharing-the-world-with-others)在其中发生的重要活动,即使不是最重要的活动②。

阿伦特将审美判断直接应用于政治领域中,在判断者争取、期待每个他人都能赞同的方式上看到了古希腊政治的典型形式。在阿伦特看来,古代人让人信服的言说方式促使判断和决定成为了其公共生活领域中的重要方式,人与人在关涉共同世界事务时能够明智地交换意见、决定采取何种行动。这样,文化与政治就实现了彼此相属。在希腊城邦中,作为旁观者而做出的判断必然能够将不在场的东西在世界中显现出来,而现代世界却将共同感转化为一种与共同世界无关的内在机能,这导致的直接后果就是"劳动动物的胜利"。阿伦特的共同感理论是从康德继承来的,

---

① 布尔迪厄:《区分:判断力的社会批判(上册)》,刘晖译,北京:商务印书馆 2015 年版,第 68 页。
② 阿伦特:《过去与未来之间》,王寅丽、张立立译,南京:译林出版社 2011 年版,第 205 页。

这一对审美共通感的政治性应用,形成了一种脱离人的感性存在的贵族式的"旁观"。换言之,作为旁观者所做出的判断只能将不能感受到"沉思的快乐"的人滞留在前政治领域,且只能接受通过判断获得"沉思的快乐"的旁观者的统治。

不单是阿伦特对《判断力批判》进行政治解读,法国左翼思想家朗西埃(Jacques Rancière),将美学规定为"可感性的分配(partage du sensible)",内蕴了激进政治的观念。朗西埃认为,资产阶级依据划定好的感性界线,在现代社会中提前预设了一些声音和事情,使人们得以听到、看到,与此同时,也预设了一些虽然在社会中存在,但却不能听到、看到的"无部分的部分"——共同体的一些被剥夺了可感能力的存在者。朗西埃跟随马克思,其对"可感性的分配"的提出突破了西方传统政治思想中的公—私对立的问题。以《理想国》为例,他指出:"在柏拉图所建构的伦理性的[可感性]分配体系下,当关乎话语、表象以及真理之事的时候,以双手劳作的人们只会拍手鼓掌。他们的美学能力与其生存方式相一致,这种一致是消极性与消极性的契合,也是毒药与疾患的契合……无知和消极的阶级服从有知识的、积极的阶级。"①因此,制造出不同的声音是美学—政治的主要任务。从他所使用的 partage 一词同时具有"分配"和"分享"的含义可见,对感性的分配就意味着划清可感知与不可感知的界限,而划界指定了一种深层的纳入与排除关系,它直接将感知结构共享在一个政治领域内,通过以感性为切入点锚定了政治社会中的平等问题。但他没有意识到,单独作任何抽象的美学—政治讨论都仍只能固守于传统的学科视域,陷入政治与审美的自主性的幻相,而唯有将感性内置于社会生产中,才能超拔于资产阶级文化意识形态,重建美—经济—政治的整体性联结。所以,尽管朗西埃企图实现一场"艺术的美学体制",其终究也不过是回到了认识论美学在意识形态领域之内的表层变革。如同康德赋予审美以道德的功能一样,朗西埃也赋予那贯穿于艺术与现实生活之间的审美

---

① 汪民安、郭晓彦主编:《生产(第 8 辑):忧郁与哀悼》,南京:江苏人民出版社 2013 年版,第 200 页。

经验以认识论功能,企图直接从审美经验中获取对平等的政治性认知,其审美革命仍是一种无声的抵抗。

可以看到,当感性缺乏社会内容时,只能形成一种孤立于社会现实的狭隘的美学理论。而历史唯物主义提示我们,对美学的讨论要回归社会历史的视域,将美理解为一种现实的人的感性存在。这意味着,真正的审美不是意识形态,任何导向神秘化的审美与政治的关系都应该回到社会历史中以寻获对现实政治的本真理解。马克思以政治经济学批判向感性世界的回归,在历史视域中解蔽了商品世界背后不可见的统治与臣服的权力关系,由此在一个思想的整体性视域中重构感性的人的存在、实现解放。

四、感性的自然性与社会性

马克思将感性作为对象,在对感性世界的审美重构中呈现其自然性与社会性的意蕴。按照其观点,人自身作为一种自然力,通过身体四肢的运动作用,能够发挥其自然潜力,从而对自然物质进行改造。在这一过程中,无论人还是物,其感性的自然属性都得到了充分的实现,顺应自然本身的发展过程显现为一种自由劳动之美,因为人在对自然物质的改造中使其感性与理智的存在得到了实现,而自然的可感知性也在劳动中呈现出无限的丰富性。同时,自由劳动也成了人确证其社会性的主要方式,感觉在实践中直接成为理论家。当感性内化于社会生产中,个人总是能够在一种共同生活中依靠社会生产而实现人与人之间的联合,这就是感性的社会性,即基于社会实践而实现的一种共同的社会感觉。

唯物史观的社会辩证法中包含了对感性自然的重新证立。在前资本主义的历史阶段,自然更多地是以神化的形式呈现,人类在庞大的自然力量面前不得不"在一定界限内闭关自守地满足于现有需要和重复旧生活方式的状况",由此对未知自然的恐惧表现为"人类的地方性发展和对自然的崇拜"。①随着部落即一个天然的共同体的形成,土地逐渐被人们共同地占有、利用。土地所有制的出现使人类开始认识自然,并将其占有为再生产自身的客观条件。自然界由此为人的生命活动提供自给自足的生活资料,人类开始尝试通过改造自然以生产更多的生活资料,自然条件如同其活的躯体一样,在简单的劳动过程中能够实现最基本的感性满足。然而,随着劳动与劳动的客观条件相分离,资本启动了普遍占有的模式,自然成为"带来利润的、自行再生产的资本的范畴"②。在这个过程中,一方面,资本以其前所未有的趋势克服自然界的一切阻碍,不断使生产扩大化、多样化,进而导致自然和人在资本的统治下而成为异化的存在。另一方面,自然的可感性被资本积累所淹没,工人以异化劳动维持最基本的粗陋需要,而工业资本家也只是在精打细算的享受中臣服于资本。在资产阶级时代,自然的一切感性的光辉都消散了,资本驾驭自然的能力已超出了人们所能承受的限度,自然开始走向荒芜。

作为对浪漫主义的批判性超越,历史唯物主义承载了对"荒芜自然"的历史性扬弃,开启向更高级人类文明类型的转换。随着人对自然的统治不断扩展,自然成了人的对象性存在,随之而来的是自然力不断地被投入于工业生产过程中,而人类一旦以"联合生产"的方式扬弃资本主义私有制,劳动将能够重新成为确证人的本质力量的主要方式。

在马克思看来,由于人能够在对自然界的不断认识中积极地去获取一种整全的发展,现实的人在改造自然界的自由劳动中显示出自身的独特力量,从而挣脱对自然的依赖,在历史中实现个性与社会性的统一。在这个过程中,自然科学需要获得高度发展,以此能"发现、创造和满足由社会本身产生的新的需要",这样,"培养社会的人的一切属性,并且把他作为具有尽可能丰富的属性和联系的人,因而具有尽可能广泛需要的人生产出来——把他作为尽可能完整的和全面的社会产品生产出来"③。可见,作为感性的自然的人的存在总是要在社会生产活动中实现自身全面、

①《马克思恩格斯全集》第30卷,北京:人民出版社1995年版,第390页。
②《马克思恩格斯文集》第1卷,北京:人民出版社2009年版,第234页。
③《马克思恩格斯全集》第30卷,北京:人民出版社1995年版,第389页。

丰富、深刻的感觉,即成为社会性的现实存在。"只有在社会中,自然界才是人自己的合乎人性的存在的基础,才是人的现实的生活要素",这也就意味着,人的感性只能在社会实践的过程中才能实现对自身本质的现实的力量的确证,因为"社会是人同自然界的完成了的本质的统一,是自然界的真正复活"①。但在资产阶级社会中,生产力发展是以资本的力量征服自然力至毁灭的程度为代价,使人与自然在交换价值的主宰中被抽象为单一的量的存在,由此感觉的丰富性被褫夺,无产者成为游荡于现代社会中的剩余性存在。在资本的同一化统治中,感性被还原为一种外化于现实生命的生理器官,生命表现为只有作为资本而被我们拥有时才获得其存在价值,人与人之间的社会关系颠倒为物与物的关系———一种单纯价值量上的规定性。最终,在资本逻辑的规定中,生产者与奠立在商品形式上的审美主体获得了逻辑同构性,一同为自身披上了自然、永恒性的外衣。

必须看到,历史唯物主义中包含着美学问题意识的转换,只有回归唯物史观美学找到其自身生成的存在论根基。因为感性是社会历史的产物,美学只有回到社会历史的建构中才能找到未来发展的新方向。要实现自由劳动之美,就要以实现对私有财产的积极的扬弃为前提,这也就必须变革资本主义生产方式,以共同的社会性的感觉代替先天的共通感,从根本上消除西方政治传统中对可感性的公—私划分,以社会化的生产实践活动实现个人的联合与交往。马克思指出,"只要特殊利益和共同利益之间还有分裂,也就是说,只要分工还不是出于自愿,而是自然形成的,那么人本身的活动对人来说就成为一种异己的、同他对立的力量,这种力量压迫着人,而不是人驾驭着这种力量"②。换言之,只有在社会历史中才能实现人与自然的统一,才能摆脱社会分工的固定化,进而意识到共同生产活动所形成的社会共通感足以凝聚为一种能够与异己的、被强制的力量相抗衡的社会力量。也就是说,感性世界的重构是在一种连续不断的物质实践活动中进行的,这种活动以社会化生产的共同感觉为基础,在共同

---

① 《马克思恩格斯文集》第 1 卷,北京:人民出版社 2009 年版,第 187 页。
② 同上书,第 537 页。

体中重新获得了驾驭物质世界的现实力量,自由劳动就是这一力量的确证方式,现实的人在其中实现了与他人的联合与交往。

究其根本,人类的审美化存在必然指向扬弃私有财产制度的共产主义(运动),这不仅意味着人类的感官获得了具体化的本质力量,也意味着人类能够掌控自身的感性需要。在唯物史观的总体性视域中,马克思基于资本逻辑批判重构了感性的现实世界,由此赋予感性的自然性与感性的社会性以辩证的综合与统一,即作为自由自觉劳动的类生活,使人获得了真正的解放。

列斐伏尔"都市革命"理论的"生命"意蕴[①]

关 巍[②]

（大连理工大学马克思主义学院）

生命政治作为对资本主义制度下人类生存境遇系统反思的重要理论形态，得到了学术界越来越多的关注和讨论。生命政治不是个别卓越理论家精妙的思想创造，而是时代的精神产物。透过生命政治的理解方式，现代资本主义宰制下的人的自然生命、人的生存境遇，乃至人类社会生活的现实、本质及其解放路径等问题，都得到了新的理解、引发新的思考。如果说，福柯和阿甘本等人所代表的是资本逻辑下的社会权力控制及由其主宰的生命政治话语，而哈特和奈格里所代表的是生产逻辑及其反抗性主体建构的生命政治话语，那么列斐伏尔所启迪的则是基于人类日常生活诊断与未来整体发展趋势的时间、空间分析与身体解放的生命话语。

列斐伏尔试图以日常生活为基地，重新恢复我们对日常生活的掌握，使人的生命、生活、彼此间的交往等建立在坚实的日常生活沃土之上。为此，列斐伏尔的日常生活批判理论、空间生产与都市理论、节奏分析理论等主要建树，都可以看作围绕上述目标所展开的内在统一的理论体系。

---

① 本文系国家社科基金重大项目"人类命运共同体视域下的 21 世纪西方激进左翼文论批判研究"（项目编号：20&ZD290）和辽宁省社会科学规划基金项目"列斐伏尔节奏分析理论与历史唯物主义研究"（项目编号：L17CKS007）的阶段性成果。
② 作者简介：关巍，外国哲学博士，大连理工大学马克思主义学院国外马克思主义研究所副教授，研究方向为日常生活批判理论、空间理论、当代西方社会思潮。

在日常生活批判理论的整体视域下,日常生活异化包含了资本主义制度对人类空间、时间和身体的宰制。都市是列斐伏尔思考解放问题的现实维度和场域,也是列斐伏尔自身革命意识在理论形态上所达到的高峰,是列斐伏尔对资本主义都市治理下人的生命及其政治问题的讨论、控诉及革命性理论建构。在其中,空间、时间和身体的异化和扭曲彼此交汇,共同昭示着资本主义制度社会统治和权力控制无所不至的微观力量及其强度。在都市革命理论中,列斐伏尔创造性地开启了一个研究"盲域","意味着人类新的历史阶段与生活方式想象的革命"①,指明了人类社会的未来发展方向,论证了都市社会与资本主义工业城市及其社会关系与空间权力运作之间的联系和区别等问题。都市革命理论将个体及其日常生活与生命状态等融入既有的以及未来的城市之中,探索人类社会潜在的发展方向与全新的生存境遇。对都市革命的研究,既为充分理解列斐伏尔的日常生活批判理论、空间生产理论和节奏分析理论提供了重要的切入点,同时也有助于揭示列斐伏尔研究的生命意蕴,提示生命政治的别样理论形态与可能进路。

一、时间、空间与身体的生命意蕴与政治意涵

时间和空间是关系人类生命的重要场域。对时间和空间展开研究,不仅关系到对资本主义制度剥削性质的理解和揭示,更关系到以身体为核心的人类生存境遇与日常生活诊断。都市革命理论的重要议题是我们如何对待空间和时间,并在对这些问题的讨论中融入对人的生命、空间权力与日常生活的尊重。

列斐伏尔立足于都市社会理论,揭示时间、空间与生命的关系,是基于马克思主义理论传统的对人的生存境遇的时代性诠释。马克思对生命政治的奠基作用"不仅体现于马克思所创立的历史唯物主义为生命政治

---

① 刘怀玉:《社会主义如何让人栖居于现代都市?——列斐伏尔〈都市革命〉一书再读》,载《马克思主义与现实》2017年第1期。

学提供了方法论前提,更体现于他通过将雇佣劳动者置于资本主义生产关系生产和再生产过程中,揭示了隐匿其中的身体殖民与规训、人口调节与控制,并通过建立起资本关系与生命权力的内在关系,规划了生命政治学批判的根本路径"①。马克思指出:"时间是人类发展的空间。一个人如果没有自己处置的自由时间,一生中除睡眠饮食等纯生理上必需的间断以外,都是替资本家服务,那么,他就还不如一头役畜。他不过是一架为别人生产财富的机器,身体垮了,心智也变得如野兽一般。现代工业的全部历史还表明,如果不对资本加以限制,它就会不顾一切和毫不留情地把整个工人阶级投入这种极端退化的境地。"②与马克思所处的时代相比,现代资本主义社会生命政治问题得以发生的场所已经不仅仅是工厂这一直接意义上的空间,而是融入了人的整个生活、整体生命的全部时间和空间。在这一意义上,无论是福柯的监狱、精神病院,还是阿甘本的集中营、难民营,都不足以完全展现人的生命在资本主义制度下的总体状态,都不能充分揭示人的城市生活的具体总体性。列斐伏尔试图表明——空间已经成为资本主义制度下生命权力发生的典型性场域。这一空间,是现代社会人的生命的载体,是人的生命的创造物,是寓居的场所,更驰骋着资本主义制度与权力。

在列斐伏尔看来,城市已经成为资本主义治理技术与资本积累策略的重要基地。资本主义的治理技术和资本积累策略已经体现为空间意义上的城市布展和日常生活权力控制策略。在这一意义上,列斐伏尔展开了对都市社会的探讨,高度关注人类居住问题、日常生活异化和空间政治,尤其对身体问题做了系统考察,提出了人的生命、生存方式的空间、时间与权力问题。列斐伏尔讨论了现代社会的空间规划问题并对其实质进行研究。他指出:"都市规划是一种面具与工具,它是一种国家与政治行动的面具、一种利益的工具,即在战略与社会逻辑范围内被掩饰的工具。都市规划并不努力去把空间塑造为某件艺术品。它甚至并不打算像它声

---

① 许恒兵:《马克思与生命政治学的奠基》,载《天津社会科学》2019 年第 3 期。
② 《马克思恩格斯文集》第 3 卷,北京:人民出版社 2009 年版,第 70 页。

称的那样和其技术的帝国主义保持一致。它所创造的空间是政治性的。"①列斐伏尔不仅将资本主义制度隐秘的财富剥夺、空间掠夺等问题上升到了都市空间生命政治这一高度,更由于其试图对总体性的把握而具有了超越破碎化的整体性与形而上学意味。

对生命政治发生场域的研究,尤其是对空间生命政治意义的揭示,是福柯和列斐伏尔思想的交汇之处。因为在这一场域内,抽象的权力话语才得以转变为具体、现实中的权力关系,即权力的作用在空间中显现——"空间是任何共同生活形式的基础。空间是任何权力运作的基础。"②在具体问题上,福柯和列斐伏尔都注重从城市规划、空间权力等角度思考生命政治问题,这既受到二人面对的共同学术传统的影响,更意味着哲学的理论思维对时代问题的敏锐把握。与福柯相比,列斐伏尔对生命政治得以发生的场域——空间进行了更为深入的研究。列斐伏尔将生命政治问题建构在其与空间、都市、身体所形成的具体总体性与层次性关系中,一定程度上避免了生命政治成为抽象空洞的理论术语或丧失实践进路的分析范式。在列斐伏尔以都市社会为核心的分析语境中,国家的政治权力、空间(都市)、个体(身体)之间形成了整体性与层次性紧密结合的内在关系。对这一内在关系的揭示,以及对参与性都市主体的革命性实践活动与权利的主张,都成为使列斐伏尔都市生命政治理论得以成立并独具特色的实质性内容。

如果说马克思所揭示的"资本主义生命政治发生的典型空间是'工厂'",而福柯和阿甘本的"监狱"、"集中营"等属于非典型空间③,列斐伏尔所开启的都市革命理论则是建立在对人类进入都市社会这一空间形态的总体性的生命政治解读。但现实是都市总问题虽然已经显现,我们却仍然处于资本逻辑及其权力秩序与空间规划下的充满矛盾和纷争的城市社

---

① 列斐伏尔:《都市革命》,刘怀玉等译,北京:首都师范大学出版社 2018 年版,第 206 页。

② 米歇尔·福柯、保罗·雷比诺:《空间、知识、权力——福柯访谈录》,参见包亚明主编《后现代性与地理学的政治》,上海:上海教育出版社 2001 年版,第 13—14 页。

③ 王庆丰、李爱龙:《资本主义时间管控的生命政治》,载《当代国外马克思主义评论》,2019 年第 1 期。

会之中。"今天,统治阶级把空间当成了一种工具来使用,一种用来实现多个目标的工具:分散工人阶级,把他们重新分配到指定的地点;组织各种各样的流动,让这些流动服从制度规章;让空间服从权力;控制空间,并且通过技术官僚管理整个社会,使其容纳资本主义的生产关系。"①资本主义的权力行使,不仅重新塑造了空间,划分出城市和社区,将人口区隔化,更为严峻的是其空间权力统治策略已经全球化。从人类整体发展方向上看,都市社会作为未来形态,意味着人类全新的生活状态、生存境遇。这一情况要求对革命性主体问题做出新的探讨和回应。

二、参与性主体及其生命的解放性

生命政治理论的一个焦点问题是反抗性主体的可能性。对这一问题的解答,生命政治呈现出积极和消极两种理论立场。列斐伏尔对参与性主体和城市作为"作品"的理论探讨构成了一个相对积极且有意义的理论立场,丰富了生命政治主体问题的探索视域。

在福柯的生命政治理论中,个体处于权力的全面压抑与统治当中,因而资本逻辑对人类社会的统治是森严的、无孔不入的,主体在这样的权力统治秩序中被淹没。在哈特和奈格里的眼中,反抗性的主体不仅是可能的更是必要的,在资本主义的权力统治秩序中,反抗性的新主体也随之生成。与福柯等人的思路相异,列斐伏尔注重探讨工人阶级的现实状况。在《空间与政治》中他指出:"劳动力的技术分工和社会分工,就投射在了地域上,而且是根据世界性的规模,也就是世界市场来确定的,通过与地方性的、地区的、国家的、大洲的标准来确定的。"②在此背景下,工人阶级的命运和历史作用成为一个关键性的问题,但列斐伏尔对工人阶级的主体性采取了消极立场。在《城市权利》中,列斐伏尔将资本主义空间权力统治的对象重新建构为城市建设的参与者,提出了城市权利问题。列斐

---

① 列斐伏尔:《空间与政治》,李春译,上海:上海人民出版社 2015 年版,第 108—109 页。
② 同上书,第 119 页。

伏尔认为,"城市,近似于一种艺术作品,而不单单是一种物质的生产","城市有自己的历史,是历史的作品,也就是说,是书写它的人和群体所清晰定义了的作品"①。"城市权力不能被构想为仅是进入城市的权利和向传统城市的回归。它只能被阐述为城市生活权利的转变和更新",因为"每一种城市形式都可以被看作是一种兴起,一个顶峰,一种消亡"②。在新的城市形式形成的过程中,城市权利意味着参与、塑造城市日常生活实践的权利,意味着重新掌握时间和空间,意味着掌握身体与生命的权力和节奏,意味着一种全新的生活和全新的主体命运。这些都呼唤着新的城市主人。因此,列斐伏尔将革命性的主体直接理解为日常生活中的主体,理解为平凡的你和我。这样的主体生活在都市总问题式当中,生活于从现在到未来的潜在的可能性与历史的过程性中,存在于从工业城市到都市社会的变革当中。故而,列斐伏尔以都市日常生活为问题域,力求将都市社会的可能性与革命性蕴含其中,将微观革命与宏观革命通过参与性主体对自身日常生活的自觉塑造结合在一起,为进一步探索人类可能的都市生活提供了理论支撑。列斐伏尔试图以都市社会的出现,作为通往人类新社会形态、新生活方式的桥梁,将海德格尔的栖居问题加以进一步的理论说明,并从认识论和都市规划这一实践活动的重塑为突破口,既给"盲域"祛魅,展示出一个全新的问题域,又要求以都市总问题式革新人类的知识与理解框架,要求以一种全新的概念体系和逻辑结构,以全新的实践活动,推动都市革命。

在都市革命问题上,列斐伏尔参与性主体围绕城市权利的解放性探索及其实践活动与福柯强调权力治理对身体的"规训"和对人口的调控一样,都是资本主义社会权力运作之双重面向的理论描绘。福柯认为,从个体角度针对身体的惩戒技术是"一种支配人体的技术,其目标不是增加人体的技能,也不是强化对人体的征服,而是要建立一种关系,要通过这种机制本身来使人体在变得更有用时也变得更顺从,或者因更顺从而变得

---

① Henri Lefebvre, *The Right to the City*, Oxford: Blackwell Publishers, 1996, pp. 100 - 101.
② 同上书,第 106—107 页。

更有用"①。而调节生命的技术关注人口，进一步的是"包容它，把它纳入进来，部分地改变它，特别是由于这个惩戒技术已经存在，在可以说固定在它上面，嵌入进去的时候利用它"②。"不是围绕肉体，而是作用于生命：这种技术集中纯粹属于人口的大众的后果，它试图控制可能在活着的大众中产生的一系列偶然事件；它试图控制其概率，无论如何要补偿其后果。这种技术的目标不是个人的训练，而是通过总体的平衡，达到某种生理常数的稳定：相对于内在危险的整体安全。"③在节奏分析理论中，列斐伏尔的思考模式与福柯虽然形似但却有实质性的区别。列斐伏尔敏锐地意识到，现代资本主义社会的权力的直接作用对象就是人的身体，是个体的生命，但是列斐伏尔不仅对这一问题进行了分析，还将思考上升到另一个维度——人的身体何以成为了权力的直接对象。对这一问题的探讨，不仅关系到对森严的权力控制的洞悉和理论阐释，更关系到人与社会、与国家之间根本关系的变化和对这一变化的理解。

资本主义制度规训下的身体状况和精神状态是列斐伏尔节奏分析理论关注的重要话题。列斐伏尔指出，在资本主义制度下，其时间统治模式造成了"我们自身、我们自己的身体和肉体，尽管不完全是，但我们也几乎都成了客体（对象）"。④ 列斐伏尔认为，资本主义制度对日常生活、对人的身体的权力控制之所以可能，就在于其全面控制了人类的科学、技术和知识体系，通过知识和技术方法，通过身体的节奏化，实现权力统治，生产出驯顺资本主义制度的身体。在《节奏分析：空间、时间和日常生活》第四章"驯马术"中，他通过"训马术"描述并类比了资本主义制度的权力规训。"要实现科学驯马必须考虑多个方面和多种元素，如时值、刺耳的哨声、惩罚和奖励等。因此，节奏需要进行自我建构。"⑤"在动物被训练的过程中，

① 米歇尔·福柯：《规训与惩罚》，刘北成、杨远婴译，北京：生活·读书·新知三联书店 2012 年版，第 156 页。
② 米歇尔·福柯：《必须保卫社会》，钱翰译，上海：上海人民出版社 1999 年版，第 229 页。
③ 同上书，第 234—235 页。
④ Henri Lefebvre, *Rhythmanalysis: Space, Time and Everyday Life*, London and New York: Continuum, 2013. p. 20.
⑤ Henri Lefebvre, *Rhythmanalysis: Space, Time and Everyday Life*, London and New York: Continuum, 2013. p. 48.

动物也发挥了'主动性'。……这里的主动性是指在饲养员和训练员的专横指挥下,动物对自己的身体进行了'创作',……它们的身体进行着自我改变,同样它们的身体也被饲养员或训练员所改变。"①而就如同"饲养员知道驯马术所具有的节奏,教育家知道学习所具有的节奏,舞者和驯兽师知道训练所具有的节奏",②资本主义制度对身体的统治和节奏规训,反映的是资本对主体的内在要求。资本的全球扩张,资本在全球塑造新的空间和时间,不断为自身开辟领土,建立资本的全球统治和塑造驯顺的肉身,一样的节奏,一样的生活方式,一样的烦恼和忧愁。列斐伏尔以此尖锐批评了资本主义权力统治的同质化,这种同质化是时间和空间意义上的,也是城市、日常生活意义上的,而本质上是资本意义上的。

列斐伏尔不仅思考了资本主义的权力统治对身体、生命的戕害,更试图思考个体、社会与国家之间的关系,这就使他的理论呈现出某种共同体意味。这一问题的实质是,个体何以成为权力的直接对象,是否某种共同体可以成为权力压抑结构中的一个反抗性环节,即什么样的共同体能够将个体团结起来承担起反抗资本主义制度权力运作的责任。阿甘本也在一定意义上拓宽了对这一问题的看法。阿甘本认为,权力、政治的直接对象应该是人们的生活,而非人的生物性的生命,但现在的问题则是每个个体都在实际上成为了最高权力统治下的赤裸生命。阿甘本指出:"个体在他们与中央权力的冲突中赢得诸种空间、自由和权利的同时,总是又准备好默默地但越来越多地把个体生命刻写入国家秩序中,从而为那个体想使自己从它手中解放出来的至高权力提供了一个新的且更加可怕的基础。"③因而问题仍然是如何冲破现有的权力统治秩序。在都市革命理论中,列斐伏尔认为个体权利与社会治理之间的关系,不能仅仅得到理论上的抽象说明,其真实关系必须放到人类社会历史发展的具体总体中寻找

---

① Henri Lefebvre, *Rhythmanalysis*: *Space*, *Time and Everyday Life*, London and New York: Continuum, 2013. p. 48.

② 同上书,第 49 页。

③ 转引自吴冠军:《生命政治:在福柯与阿甘本之间》,载《马克思主义与现实》2015 年第 1 期。原文出自 Agamben, *Homo Sacer*: *Sovereign Power and Bare Life*, Stanford University Press, 1998, p. 121.

答案。若非如此,"盲域"也仅只能继续作为"盲域",福柯也仅仅只能在对弥散性权力的无能为力中诉诸个体觉解。在个体和最高权力的对抗中,列斐伏尔从个体角度诉诸参与性主体,从社会发展的总体角度诉诸都市社会从可能性走向现实性。在此意义上,列斐伏尔都市革命的改良性意义弱化,革命性意义得以提升。

三、以都市社会为核心的新生活的可能性

对生命和资本、生命与资本主义制度的权力秩序、对生命的自由解放可能性的探索,是生命政治的关键问题。对这一问题的解答无论采取积极或者消极的立场,还是采取个体或共同体的路径,通过生命政治的多棱镜,可以折射出多种理论形态和道路,而这些理论和道路无不是对现代资本主义社会的现实情况和人的生存境遇的反映。

都市,可以被理解为资本主义制度生命政治的"装置"。都市"装置"充分展示出资本主义制度权力运行的机制。"装置"既是权力关系的网络,更是权力策略得以行驶的场域,知识和权力在此相互交织,塑造自身所要求的空间、时间和生命。同时,这个"装置"也要求创造出自身的主体,要求这一主体服从甚至捍卫"装置"及其背后的权力与利益。"在这个基础上,福柯早已证明,在一个规训社会,装置如何旨在通过一系列实践、话语和知识体系来创造温顺而自由的躯体,作为去主体化过程中的主体,这些躯体假定了它们自身的身份和'自由'。因此,装置首先就是一种生产主体化的机器,唯有如此,它才成为一种治理机器。"①列斐伏尔将资本主义制度塑造的城市及其"装置"纳入到运动变化的历史中,将其视为人类社会发展的一个阶段、一个环节,因而对这一阶段、环节的超越就有了可能。

列斐伏尔要求以都市革命破除资本逻辑及其权力运行,重新给予人

---

① 吉奥乔・阿甘本:《论友爱》,刘耀辉、尉光吉译,北京:北京大学出版社 2017 年版,第 23—24 页。

们时间和空间,重建日常生活秩序。对福柯而言,现代社会中的权力运行机制已经完全将生命纳入自身之中,而对这一权力运行机制的研究和对由其规制的人的生命的探讨是其主要问题。列斐伏尔将都市社会作为现有社会的未来形态或对立面,它召唤新的参与性主体、新的存在方式和生活方式、新的生命与情感体验、新的人与人之间的遭遇和关系上的可能性。"'都市社会'这一表达则响应了一种理论的需要。它不仅仅是一种文学表达或教育方法,也不仅仅是既有知识的某种形式,而且是一种设计、一种探索,乃至一种思想的构成。这种思想的运动接近于某种具体,乃至接近于那个具体现实,它是自我概括和自我明晰的。假如得以确证,这种运动将走向一种实践——都市实践(*pratique urbaine*),从而被人们把握或重新把握。"①都市社会要求以都市革命结束旧的社会形态的权力关系及其秩序,以参与性的权力重塑社会秩序。而日常生活作为"土壤",不再充斥着鸡零狗碎,不再是日复一日的简单重复和循环,而是包含着可能性的希望之地和充满生机的生命延续之所,是平庸和神奇的辩证统一。

列斐伏尔的都市社会理论要求对时间、空间加以政治经济学批判。列斐伏尔通过对马克思主义理论的研究,已经深刻意识到人的感性生存境遇中包含时间与空间双重维度。而只有非日常生活领域的时间,尤其是劳动时间,才能使人们真正领会一种社会制度的实质及其与人的生命的内在关系。如果不把列斐伏尔都市社会理论中的空间、时间、日常生活、权利与生命等基本概念和问题与马克思的资本主义生产方式理论联系在一起加以考察,将会使都市革命本身成为盲目的,同时使列斐伏尔的深刻理论洞见流于表面,丧失其批判性的牢固基础。马克思指出:"时间实际上是人的积极存在,它不仅是人的生命的尺度,而且是人的发展空间。"②但在资本逻辑之下,"资本只有一种生活本能,这就是增值自身,创造剩余价值,用自己的不变部分即生产资料吮吸尽可能多的剩余劳动。"③在工人的生命时间中,"在资本主义生产的历史上,工作日的正常化过程

---

① 列斐伏尔:《都市革命》,刘怀玉等译,北京:首都师范大学出版社 2018 年版,第 7 页。
②《马克思恩格斯全集》第 47 卷,北京:人民出版社 1979 年版,第 532 页。
③《马克思恩格斯文集》第 5 卷,北京:人民出版社 2009 年版,第 269 页。

表现为规定工作日界限的斗争,这是全体资本家即资本家阶级和全体工人即工人阶级之间的斗争。"①在劳动过程中,资本逻辑表现为对工人生命力的压榨——"劳动**强度**的提高,可能使一个人在一小时内消耗他从前在两小时内消耗的生命力"②。这种严酷的生命压榨必然引起工人的强烈防抗,而"缩短劳动时间的最有力的手段,竟变为把工人及其家属的全部生活时间转化为受资本支配的增值资本价值的劳动时间的最可靠的手段"③。资本将工人阶级完全作为工具和客体,成为实现剩余价值的手段。这种手段之所以能够得以延续,实际上是在资本逻辑主导下其权力运行的自我生产。因此,奈格里、哈特指出:"资本主义生产正在变成生命政治生产。……我们还是回到马克思的方法,以抓住当下经济生活的状态:去考察资本的构成。"④列斐伏尔指出:"空间作为产物,来自被某个活动集团所控制的生产关系。"⑤"资本主义为了幸存,首创了这种方式。这种策略逐渐地超越了简单的出售空间的范围。它不仅把空间纳入剩余价值的生产中,而且试图将生产完全重组,从而使其从属于信息与决策中心。"⑥在《空间的生产》中,这一问题得到进一步明晰,成为对社会空间的历史和起源的逆溯式研究。

列斐伏尔试图建构以身体为核心的反抗性政治策略重思革命主体问题。在都市理论中,列斐伏尔对工人阶级的"沉默"作出了基于马克思主义的解释,从现代资本主义对工人阶级的深刻剥削与异化等问题出发,揭示出这种异化与控制既是身体上的、空间上的、时间上的,内蕴于日常生活中的,更是心理上的、精神上的深刻剥削。其后果是,工人阶级已经不得不成为资本主义社会的肯定性力量,除非依附于资本主义制度,否则不能生存,更为严重的是革命性的主体成为丧失自我意识、失去批判性和反

---

① 《马克思恩格斯文集》第5卷,北京:人民出版社2009年版,第272页。

② 《马克思恩格斯文集》第3卷,北京:人民出版社2009年版,第70页。

③ 《马克思恩格斯文集》第5卷,北京:人民出版社2009年版,第469页。

④ 迈克尔·哈特、安东尼奥·奈格里:《大同世界》,王行坤译,北京:中国人民大学出版社2016年版,第98—99页。

⑤ 列斐伏尔:《都市革命》,刘怀玉等译,北京:首都师范大学出版社2018年版,第176页。

⑥ 同上书,第177页。

思维度的个体,他不仅仅是单面人,更是无此人,是如马克思所言的身体与精神皆被摧毁的个体。对此,波德里亚指出:"大众是纯粹的客体,已经从主体的地平线上消失,已经从历史的地平线上消失。"[①]有没有可能重塑革命性的主体? 有没有可能使个体冲破自身的藩篱走向彼此之间的联合、走向共同体? 以何种方式提示人们? 列斐伏尔从政治经济学批判这一阐释路径进入到以空间为核心的都市生命政治领域,并以节奏分析理论加深了日常生活批判的理论探索。在都市理论中,列斐伏尔已经对实现都市革命的主体问题进行了一系列尝试性探讨,从对工人阶级的考察到对参与性主体的建构等,最后在节奏分析理论中走向了以身体为核心的革命和解放问题。但这一身体仍然是基于个体性哲学预设的身体,带有强烈的感性化和个体化特征,这也在根本上使列斐伏尔的思想局限于个体性的泥淖。虽然列斐伏尔试图诉诸辩证思维来沟通微观与宏观以打通革命道路,但在整体上却仍然以理论上的退却和实践维度的缺失而收场。

综上所述,都市革命既可以被理解为列斐伏尔资本主义反抗性革命理论的高潮和个体解放的途径,也可以被视为人类新的生产与生活方式的策源地,因此不论在理论地位上,还是在对人的生命权利的理解上,都具有十分重要的意义。列斐伏尔的都市理论深刻影响了对都市、空间等问题的研究。列斐伏尔表明"把城市作为孕育革命观念、革命理想和革命运动的摇篮。只有当政治斗争集中到作为主要劳动过程的城市生活的生产和再生产上时,其产生的革命冲动才有可能发展为彻底改变日常生活的反资本主义斗争"[②]。列斐伏尔的都市社会理论蕴含着丰富的生命政治意蕴,关联着日常生活、空间、时间、节奏、身体等多个关键词,包含着对资本主义制度下人类现实生存状态、困境与可能性的揭示和解放道路探索,包含着如何以都市革命将都市社会从可能带入现实的理论勇气。都市理论作为列斐伏尔革命思想意识的一个高峰,其实质是对人类社会未来发

---

① 让·波德里亚:《致命的策略》,刘翔等译,南京:南京大学出版社 2015 年版,第 133 页。
② 戴维·哈维:《叛逆的城市:从城市权利到城市革命》,叶齐茂、倪晓晖译,北京:商务印书馆 2016 年版,pix.

展方向与道路的探索,构成列斐伏尔资本主义批判理论的重要内容。但由于在本质上对个体性问题和参与性政治的偏重,严重削弱了其理论的革命性意义,不仅没有实现列斐伏尔自身强调的从个体通向整体的辩证性,也难以使个体生命真正摆脱资本主义制度而走向自由和解放。

复杂整体的结构转变

——阿尔都塞对认识论断裂理论的隐微论证

黄进①

（复旦大学哲学学院）

阿尔都塞对认识论断裂理论(epistemological rupture theory)的显白论证(exoteric argument)是，基于问题式(problematic)②界划意识形态与科学的方法论构架，将《1844年经济学哲学手稿》（以下称为《1844年手稿》）时期的青年马克思思想对应于单一的意识形态问题式，将以《德意志意识形态》（以下称为《形态》）为正式开端的后期马克思思想对应于单一的科学问题式。由于意识形态问题式与科学问题式异质，前后期马克思思想断裂。显白论证的理论后果是将青年马克思思想判断为后期马克思思想的理论负资产，政治后果是拒斥小资产阶级的西方马克思主义人本派。显白论证的理论难题是，由于青年马克思与后期马克思思想没有联系，不能在理论上解释后期马克思思想是如何产生的。吴晓明教授指出，

---

① 作者简介：黄进，复旦大学哲学学院博士生，主要研究方向为马克思哲学、西方马克思主义哲学。

② 阿尔都塞的 problématique 来自德语的 Problematik，对应的英语为 problematic，阿尔都塞将 Problematik 改造为解读思想的理论概念——problématique。阿尔都塞对于 problématique 的直接定义是思想家提出问题的方式。其要点不在于提出问题的内容，而在于提出问题的特定方式；即不只是问什么，更重要的是怎么问。因此，较为多见的"总问题"的译名没有抓住提问的方式这层核心含义。杜章智先生在翻译《列宁与哲学》时将 problématique 译为问题提法，（参见阿尔都塞《列宁与哲学》，杜章智译，台北：台湾远流出版事业股份有限公司1990年版，第42页。）是切中其核心含义的，不过此译名有些冗长。张一兵教授将 problématique 译为问题式，即理论问题的生产方式。（参见张一兵《问题式、症候阅读与意识形态：关于阿尔都塞的一种文本学解读》，北京：中央编译出版社2003年版，第25页。）正文中对于 problématique 的译名均为问题式，如果引文中存在与问题式不同的译名均以问题式进行替换。

问题式的特质是"问题式内部的绝对无差别和问题式之间的绝对差别"①。问题式划定的整体内部没有矛盾,没有缝隙,没有明面和暗面,现实和潜在的区别;问题式划定的整体之间根本异质,没有可供联结的方式,是取消任何理论连续的断开。吴晓明教授指出:"阿尔都塞的所谓'问题式'不仅不是思想整体的'发展',而且恰恰是发展原则的实际取消。"②由于意识形态问题式与科学问题式是两种异质的问题式,从意识形态问题式到科学问题式的转变只能是突变或断裂,而不能是渐进的过程。不过,阿尔都塞指出,马克思思想在1845年发生认识论断裂之后,还经历了12年的成长阶段,直到在1857年撰写《资本论》初稿时,科学问题式才发展成熟。如果将青年马克思思想对应于单一的意识形态问题式,将后期马克思思想对应于单一的科学问题式,科学问题式将没有成长阶段,其要么有,要么没有。为了理解马克思前后期思想的联系,且不违背法国科学认识论的特定理论背景,有必要引入复杂整体、主导结构与现阶段的概念,建构出既具有结构转变,又具有理论联系的马克思思想转变构形。此构形即阿尔都塞对认识论断裂理论的隐微论证,隐微论证的破题点在阅读马克思对于斯密的阅读。

一、阅读斯密:不同于显白论证的复杂文本结构

阿尔都塞对认识论断裂理论的显白论证③分为两个层面,一个是作为方法论构架(methodological gestalt)的问题式界划意识形态与科学,另一个是作为具体结论的前后期马克思思想断裂。在推理顺序上,方法论构架先于具体结论。阿尔都塞建构出意识形态问题式与科学问题式的异质结构,将这一结构应用于考察马克思文本,指出青年马克思思想对应于单

---

① 吴晓明:《思入时代的深处:马克思哲学与当代世界》,北京:北京师范大学出版社2006年版,第436页。
② 同上书,第446页。
③ 关于阿尔都塞对认识论断裂理论的显白论证的具体解读,参见黄进《问题式界划意识形态与科学——晚期阿尔都塞坚持认识论断裂理论的方法论构架》,载《学术探索》2020年第8期。

一的意识形态问题式,后期马克思思想对应于单一的科学问题式。由于意识形态问题式与科学问题式异质,从而前后期马克思思想断裂。显白论证的理论特设是,同一文本只有单一问题式,即"每种思想都是一个真实的整体并由其自己的问题式(problematic)从内部统一起来"①。从意识形态问题式与科学问题式的异质结构中,推理不出同一文本只有单一问题式。阿尔都塞进行这一特设,针对的是 20 世纪 60 年代初期人道主义盛行的政治和理论局势。只有将青年马克思思想对应于单一的意识形态问题式,将青年马克思思想从作为科学理论的马克思主义中排除,才能拒斥西方马克思主义人本派对马克思思想的人道主义诠释。阿尔都塞对于认识论断裂理论的隐微论证不是否定显白论证的方法论构架,而是去掉基于非学术目的的特设,将方法论前置的论证方式按照其本来的理论逻辑进行推理。隐微论证在承认问题式界划意识形态与科学的方法论构架的前提下,将复杂整体、主导结构与现阶段理论也作为文本解读的方法论构架。建构出既具有结构转变,又具有理论联系的马克思思想转变构形。作为文本事实的隐微论证出现在《从〈资本论〉到马克思的哲学》的 5—7 节。

列奥·施特劳斯指出,在特定政治权力的强制之下,作者为了阐述与特定政治权力异质的思想,在同一文本中进行显白写作(exoteric writing)和隐微写作(esoteric writing)。前者是建构文本的字面和总体含义,后者是采取字里行间(writing between the lines)的写作方式。前者是对普通读者的大众教诲,后者是对可能成为哲人的青年的哲学教诲。作者通过隐微写作使得特定人群理解其真实思想,又对于大多数人保持沉默,从而使自己免受政治迫害。并且,施特劳斯指出,对于同一思想家的思想或同一文本的理解的冲突,可能是作者的显白写作与隐微写作的不同。可以发现,施特劳斯将为特定政治权力服务的写作判断为显白写作,将与政治权力无关的理论写作判断为隐微写作②。将显白写作与隐微写作的区别应用于考察阿尔都塞文本,可以发现,阿尔都塞主要在《论青年马克思(理

---

① 阿尔都塞:《保卫马克思》,顾良译,北京:商务印书馆 2017 年版,第 48 页。
② 参见列奥·施特劳斯《迫害与写作艺术》,刘锋译,北京:华夏出版社 2012 年版,第 16—30 页。

论问题)》中对认识论断裂理论进行显白论证。《论青年马克思(理论问题)》是阿尔都塞 1961 年 4 月在《思想》(*La Pensée*)杂志上公开发表的阐述认识论断裂理论的论文。在其中,阿尔都塞针对 20 世纪 60 年代初期的政治和理论局势,进行了一定程度的文本表演,营造出马克思思想断裂这一戏剧化的理论效果。而《从〈资本论〉到马克思的哲学》是阿尔都塞 1965 年头几个月在巴黎高师与学生们研讨《资本论》的发言稿。在这一原本非公开且字面上少有讨论认识论断裂理论的稿件中,可以发现阿尔都塞更为真实、复杂和隐微的理论论证。

阿尔都塞对于《资本论》的阅读,首先是阅读作为斯密的读者的马克思的阅读。阿尔都塞是对于阅读的阅读。作为读者的马克思,阅读出了斯密的同一文本中的突变或断裂。斯密在《国富论》中追问"什么情况自然而然地决定工资率"①的问题。工资率是劳动与货币的比例关系,即斯密在追问什么是劳动的价格。在此追问的过程中,斯密去掉了供求关系和其他或然因素对于价格的影响,提炼出自然价格的概念。将原本什么是劳动的价格的问题,转变为什么是劳动的价值的问题。这一转变是同质性的,仍然沿着原本提问的逻辑在进展。可是,斯密对于什么是劳动的价值的回答是,"需要靠劳动过活的人,其工资至少需足够维持其生活。在大多数场合,工资还得稍稍超出足够维持生活的程度,否则劳动者就不能赡养家室和传宗接代了"②。劳动的价值被斯密判断为维持和再生产劳动力所必需的生活资料的价值。斯密在不自知的状况下改变了问题的领域,从什么是劳动(labour)的价值,转变为什么是劳动力(labour-power)的价值。因为,生活资料并不是用于维持和再生产劳动活动,而是用于维持和再生产工人的劳动能力。工资与工人的劳动能力等价交换。工人的劳动能力的职能是劳动活动,劳动活动创造出超出工资的价值,即剩余价值。斯密不但没有回答原本的问题,而且改变了问题的领域。

斯密对于什么是劳动的价值这一问题的回答是:"劳动(……)的价值

---

① 斯密:《国富论》,郭大力、王亚南译,北京:商务印书馆 2015 年版,第 57 页。
② 同上书,第 62 页。

等于维持和再生产劳动（……）所必需的生活资料的价值。"①生活资料维持和再生产的不是劳动活动，而是劳动能力。斯密的实际回答是劳动力的价值等于维持和再生产劳动力所必需的生活资料的价值。但在其表述中，劳动力的概念被删去了，本来属于劳动力的位置被劳动占据。这在文本中即呈现为阿尔都塞标注的这两个空白。这两个空白不是空无，而是沉默。斯密对于已经发现的新的理论内容保持沉默。这两个空白相对于斯密的言说说了许多，通过这两个空白可以发现在斯密的同一文本中的主导问题式的边界，发现在同一文本中不同问题式的相互关系。斯密提出的问题是什么是劳动的价值，那么对于问题的回答应是劳动的价值是什么。斯密提出问题的方式决定了其回答的方式。但是，斯密在对于问题的回答中毕竟发现了新的理论内容，毕竟发现了劳动力的价值。不过，这一新的理论内容被斯密的提问方式遮蔽。

　　阿尔都塞指出，"古典经济学家没有看到的东西不是它没有看到的东西，而是它看到的东西。"②斯密没有意识到在对于什么是劳动的价值的回答中，已经产生了新的理论内容，即劳动力的价值。斯密已经发现劳动力的价值，却对其视而不见。这一文本事件与理论内容无关，也与斯密的理论视力无关。不是劳动力的价值这一理论内容不出现，也不是这一理论内容出现了，没有被发现，而是其已经被发现却被斯密无意识地遮蔽。斯密不是主观故意地生产和遮蔽新的理论内容，而是无意识地生产和遮蔽新的理论内容。阿尔都塞指认的理论建构过程是特定问题式生产具体问题，生产对于具体问题的回答，从而划定理论的独特整体。特定思想家不是理论建构的主体，而是特定问题式运转的载体。斯密被什么是劳动的价值这一主导问题式支配，对于自己无意识生产出的新的理论内容视而不见。张一兵教授在解读马克思思想转变的过程时用到了理论无意识的观点，指出"马克思这里（《评弗里德里希·李斯特的著作〈政治经济学的国民体系〉》——引者注）的思想已经出现了从人学主体辩证法向客观的

---

① 阿尔都塞、巴里巴尔：《读〈资本论〉》，李其庆、冯文光译，北京：中央编译出版社 2017 年版，第 12—13 页。
② 同上书，第 11 页。

历史辩证法的无意识过渡"①。思想家的思想转变即主导问题式的转变。此转变的最初产生，即新的问题式在以旧的问题式为主导的文本中以理论无意识即文本症候的形式存在。

阿尔都塞指出："政治经济学没有看到的东西正是它做的东西：它生产了一个新的、没有相应问题的回答，同时生产了一个新的、隐藏在这个新的回答中的问题。"②斯密在对于什么是劳动的价值的追问中，生产出的回答实际是劳动力的价值。而在这一实际的回答中，已经蕴含新的问题，即什么是劳动力的价值。阿尔都塞指出，任何特定的理论整体均被特定的问题式即特定的提问方式支配。新的问题的出现标志着问题式的转变，是特定理论整体发生结构转变的契机。斯密提出的问题是什么是劳动的价值，这一问题应生产出关于劳动的价值的理论。但是，在这一问题生产的理论的内部，存在突变或断裂，这一突变或断裂被马克思发现了。马克思发现了斯密提出的新的理论内容，更为关键的是，发现了在这一新的理论内容中蕴含的新问题。马克思思想相对于古典经济学的结构转变，即改变问题的提法，从什么是劳动的价值转变为什么是劳动力的价值。

阿尔都塞在这一对于《资本论》的课程研讨中，指认了相对于认识论断裂理论的显白论证异质的理论要点。在显白论证中，马克思思想与意识形态问题式发生认识论断裂的原因在思想的外部，在真实的历史和现实，即马克思被卷入普鲁士的阶级斗争和由此导致的阶级立场的转变。而在阿尔都塞对马克思阅读斯密的解读中，马克思思想发生认识论断裂的原因发生转变。马克思从斯密的同一文本中读出了新的问题式。马克思新的问题式的来源不是真实的历史和现实，不是在思想的外部，而是在思想的内部，在由旧的问题式支配的文本内部发现了新的问题式。马克思不是凭空创造了新的问题式，而是发现了已经存在于斯密的同一文本

---

① 张一兵：《回到马克思：经济学语境中的哲学话语》，南京：江苏人民出版社 2009 年版，第 311 页。

② 阿尔都塞、巴里巴尔：《读〈资本论〉》，李其庆、冯文光译，北京：中央编译出版社 2017 年版，第 15 页。

中被遮蔽的新问题式,并将其转变为主导问题式。这是阿尔都塞对于认识论断裂发生机制的再建构。

在斯密的同一文本中存在被固有问题式遮蔽的理论内容和问题,这不是一个偶然的现象,而是问题式的本质规定。阿尔都塞指出,特定问题式决定对特定的理论内容的准确理解。哲学人本学问题式决定了《1844年手稿》中各概念的准确含义。工人这个词语在《1844年手稿》中的含义是人的类本质的异化,而不是被特定的生产方式塑造的现实的人。同样,共产主义这个词语在《1844年手稿》中的含义是复归人的类本质的运动,而不是基于社会结构冲突发生的无产阶级革命或后资本主义的社会制度。但特定的问题式也决定了对于与其异质的理论内容和问题的不理解。阿尔都塞指认:"理论问题体系不看自己的非对象。"[①]特定问题式在其运转过程中,会遇到与其异质的理论内容和问题,将这些理论内容和问题包括进其建构的理论整体中,会导致理论整体的动摇甚至瓦解。因此,特定问题式会遮蔽这些理论内容和问题。但它们并不会消失,而是作为承载特定问题式的文本的一部分,作为隐匿的文本事实,即以沉默、空白、残缺、中断和不充分等症候(symptom)形式存在。

阿尔都塞对于马克思阅读斯密的解读,揭示出在斯密的同一文本中存在不同的问题式,并且不同的问题式形成不平衡的作用力关系。在斯密的同一文本中,存在一个主导问题式,和其他次要问题式。主导问题式支配整个文本并遮蔽次要问题式。但次要问题式并不会消失,而是作为隐匿的文本症候存在。并且,在特定现阶段,被遮蔽的次要问题式可以转变为主导问题式,并发挥支配权力。同一文本是复杂整体,在复杂整体中存在不平衡的作用力关系,不平衡的作用力关系在特定现阶段发生转变。这一文本的复杂结构可能并不专属于斯密的文本,马克思的文本可能同样具有复杂结构。

在阅读马克思文本之前,有必要明确阿尔都塞的文本解释学。阿尔

---

① 阿尔都塞、巴里巴尔:《读〈资本论〉》,李其庆、冯文光译,北京:中央编译出版社 2017 年版,第 18 页。

都塞指出:"既然不存在无辜的阅读(innocent reading),那么我们就来谈一谈我们属于哪一种有罪的阅读(guilty reading)。"①无辜的阅读即直接阅读,其设定在读者和著作之间是无中介的,读者可以阅读出著作的原义。每个读者的阅读没有质的差异,读者的阅读结果的差别是阅读的仔细程度的差别。从而,马克思是比斯密视力好的斯密,斯密是比马克思视力差的马克思。马克思和斯密在主导问题式层面的异质差别被直接阅读掩盖了。阿尔都塞指出,没有直接阅读,任何阅读均是有罪的阅读,即由特定的方法论构架支配的阅读。读者的阅读是按照其既有的方法论构架生产出了对于著作的理解。这一理解不是著作的原义,而是特定的方法论构架对于著作含义的建构。在读者与著作之间存在不可克服的距离。以特定方法论构架为中介的阅读适用于阅读马克思文本。西方马克思主义人本派和苏东马克思主义均运用分析目的论的方法,将马克思思想建构为连续过程。阿尔都塞只基于问题式界划意识形态与科学的方法论构架,将马克思思想建构为前后异质的断裂。为揭示马克思思想这一复杂整体的结构转变,还需要另外的方法论构架。这一方法论构架阿尔都塞已经提出,即复杂整体、主导结构与现阶段理论。

二、方法论构架:复杂整体、主导结构与现阶段

阿尔都塞的复杂整体(complex whole)、主导结构(structure in dominance)与现阶段(condition)理论原本是阐述特定社会结构及其转变的理论。但阿尔都塞在对于马克思阅读斯密的解读中,指出斯密的同一文本是有主导结构的复杂整体,且这一复杂整体在特定现阶段发生转变。这提示出,可以将复杂整体、主导结构与现阶段作为文本解读的方法论构架应用于考察马克思文本,从而推理出不同于显白论证的马克思思想转变构形。在以此方法论构架考察马克思文本之前,需明确此方法论构架的

---

① 阿尔都塞、巴里巴尔:《读〈资本论〉》,李其庆、冯文光译,北京:中央编译出版社 2017 年版,第 2 页。

基本结构。

阿尔都塞引述毛泽东的理论，指认在同一整体中存在一个主要矛盾和其他的次要矛盾，即在同一整体中存在至少两个矛盾。复杂整体不是由只有一个矛盾的单一整体发展或复合而产生的，复杂整体是始终既与的(pre-given)，每个复杂整体的前一阶段均仍然是复杂整体。在复杂整体的内部，存在的不是作为单一本质的现象的多样性，而是异质的矛盾，它们各自相对独立存在并且均在发挥作用。由于主要矛盾对于次要矛盾的支配作用，经济基础对于上层建筑的决定作用，在同一个复杂整体的内部，存在水平和垂直两个层面的主导结构。复杂整体的主导结构是立体的理论构形。在经济基础这一水平层面和上层建筑这一水平层面，均是主要矛盾支配次要矛盾。在垂直层面，今村仁司指出，"那些水平的相互决定是被'最终层次（经济基础）的矛盾'垂直地决定的"[1]，即经济基础的诸矛盾作为一个整体决定作为整体的上层建筑的诸矛盾。

在水平层面，主要矛盾不是本质，次要矛盾不是主要矛盾的现象。主次矛盾的区别在于位置和作用力大小。主要矛盾处于支配地位，发挥较大的作用力，次要矛盾处于从属地位，发挥较小的作用力。这并不否认次要矛盾是与主要矛盾异质的东西，并且会对主要矛盾发挥作用力。水平层面的主导结构的特质在于，主次矛盾的位置可转变。次要矛盾在特定现阶段可以转变为主要矛盾，从而改变特定水平层面的原有主导结构。但是，"主次矛盾不会，或者不能在一个特定的整体中改变位置"[2]。主次矛盾位置的转变即水平层面既有的主导结构的瓦解和新的主导结构的建构。这是在革命的现阶段复杂整体的结构转变。而在其他阶段，主次矛盾的位置关系是确定的。

在垂直层面，马克思提供了经济基础决定上层建筑这一大厦的隐喻。

---

① 今村仁司：《阿尔都塞——认识论的断裂》，牛建科译，石家庄：河北教育出版社 2001 年版，第 132 页。

② Hyun Woong Park. "Overdetermination: Althusser versus Resnick and Wolff." *Rethinking Marxism: A Journal of Economics, Culture & Society*, London: Routledge Press, 2013, pp. 325–340.

经济基础是上层建筑的必要不充分条件,即没有特定的经济基础,必然没有特定的上层建筑。但是,有特定的经济基础,并不必然有特定的上层建筑。上层建筑的建构是相对独立的历史事件(incident)。从而上层建筑不能被还原为经济基础,上层建筑不是经济基础的现象。阿尔都塞指出:"在决定作用的次序上,基础和上层建筑的分量是不相等的。"① 经济基础的作用力大于上层建筑的作用力。经济基础划定了上层建筑的范围和结构。在一定的经济基础之上,只能有一定数量范围内的可能上层建筑,并且这些可能的上层建筑具有相同或相似的结构。阿尔都塞指出,"历史进程要在上层建筑的许多形式中为自己'开辟道路'"②。上层建筑的诸形式,包括政治、意识形态与理论在历史的特定现阶段,可以发挥决定作用。决定作用即历史进一步发展的必要环节,如果没有这个环节,历史即不能发展。但是,在大厦的隐喻中,经济基础与上层建筑的关系是固定的。经济总是基础,而上层建筑总是非基础。按照此结构,经济应总是在历史中发挥决定作用,不应有上层建筑的诸形式发挥决定作用的可能。问题在于如何理解经济归根结底的决定作用。

阿尔都塞的学生波朗查斯(Nicos Poulantzas)指出,"事实上经济之所以起着决定性作用,是因为经济让某一个环节起统治作用,而由经济掌握着起决定作用的环节的转换。"③ 经济发挥的是归根结底的决定作用,而不是直接的决定作用。经济发挥决定作用的方式是间接的,所谓间接,即有中介。经济的归根结底的决定作用体现在经济决定何种矛盾成为发挥决定作用的矛盾,并且决定发挥决定作用的矛盾的更替。另外,经济的归根结底的决定作用的发挥是复杂整体的综合作用。在特定历史局势的形成过程中,经济发挥归根结底的决定作用,发挥主导力。但如果没有上层建筑的诸矛盾,没有各种矛盾的汇聚和斗争,那么仍不能形成特定的客观局势。从而,经济以间接和综合的方式发挥决定作用。

---

① 阿尔都塞:《哲学与政治》,陈越译,长春:吉林人民出版社 2011 年版,第 162 页。
② 阿尔都塞:《保卫马克思》,顾良译,北京:商务印书馆 2017 年版,第 102 页。
③ 波朗查斯:《政治权力与社会阶级》,叶林、王宏周、马清文译,北京:中国社会科学出版社 1982 年版,第 5 页。

在现阶段理论中,阿尔都塞探讨了有主导结构的复杂整体的转变契机。阿尔都塞引述列宁的最薄弱环节理论,指认 1917 年的俄国处于特定现阶段,其作为复杂整体是异质矛盾的汇聚和斗争。封建剥削与现代工业的并存,使得俄国的阶级矛盾空前尖锐。并且,在统治阶级内部,沙皇军队、封建地主和自由资本家相互斗争。另外,俄国的先进分子在流亡国外的时期接受了马克思主义。1905 年的革命使得阶级关系明朗化并出现苏维埃的组织形式。俄国在一战中的失败以及其他帝国主义国家的无暇顾及,为十月革命的爆发提供了意外的契机。阿尔都塞指出:"俄国面临的特别有利的革命形势也完全在于历史矛盾的积聚和激化。"[①]经济的、政治的、意识形态的、理论的、国际局势的各种矛盾在 1917 年的俄国汇聚和斗争,形成作为革命契机的客观局势。

列宁指出:"经济和政治发展的不平衡是资本主义的绝对规律。由此就应得出结论:社会主义可能首先在少数甚至在单独一个资本主义国家内获得胜利。"[②]将此理论逻辑应用于考察 1917 年的俄国,可以发现其是帝国主义链条上最薄弱的环节。帝国主义体系存在主导结构。英法美等先发帝国主义国家已经占据了发展的优势,具有了对于整个帝国主义体系的支配权力。而包括俄国在内的后发帝国主义国家只能作为先发帝国主义国家的原料供给地、商品倾销地和产业转移承接地。先发帝国主义国家基于其先发优势阻断了俄国等后发帝国主义国家按照既有帝国主义道路进行现代化的可能。十月革命不是经济归根结底的决定作用的例外,而是俄国要实现经济的发展,只能走不同于英法美的道路,俄国在 1917 年选择了社会主义道路。社会主义革命归根结底由俄国的经济主导力决定。

无论是俄国的各种矛盾形成的复杂整体,还是帝国主义体系的主导结构,这些均是客观局势。而现阶段的含义并不只是客观局势,还是历史行动者基于或然性的决断和实践。列宁对于 1917 年俄国客观局势的分

---

① 阿尔都塞:《保卫马克思》,顾良译,北京:商务印书馆 2017 年版,第 84 页。
② 《列宁选集》第二卷,北京:人民出版社 2012 年版,第 554 页。

析,不是作为历史学家对于已经完成的历史的总结,而是作为革命家对于其所处的现在的研判。现在是正在生成且不确定的,其具有多种可能。列宁对于其所处的现阶段的分析与作为理论研究的分析根本异质。阿尔都塞指出:"似乎人们可以把历史学家的理论实践同革命领袖的实践混同起来!须知前者的任务是分析过去,而后者的任务是在现在中思考现在。"①理论实践和政治实践是两种实践,理论分析的结果是著作,而政治分析的结果是决断和行动。列宁对于1917年俄国的现阶段的分析不会导致十月革命的爆发。如果没有历史行动者抓住这一历史契机,那么这一契机不会自己发展为革命行动。这一契机消逝,俄国会继续处于帝国主义的轨道。列宁发现了在1917年提供给布尔什维克党人的历史机遇,他们只有抓住这一机遇,才能将特定的客观局势转变为革命实践。

对于复杂整体和主导结构的阐述主要在理论规定层面,而对于现阶段的阐述主要是分析1917年的俄国这一例子。试图阐述现阶段异质于理论思维的地方,即现阶段是不能被理论的普遍性克服的特殊性。这种特殊性在于其是在理论之外的真实的社会历史,以及人们真实的行动。从而,现阶段是那个当时当地的复杂整体和主导结构,特别是,现阶段是历史行动者的决断和实践。1917年的俄国这个例子体现了现阶段的实质。另外,作为现阶段的主体方面的历史行动者的决断和实践是主体概念在阿尔都塞哲学中的突现。阿尔都塞哲学是理论上的反人道主义(theoretical anti-humanism)。在早期文本,即1967年进行自我批评之前的文本中,阿尔都塞将人道主义指认为意识形态。基于意识形态与科学的界划,在理论上拒斥人道主义。在后期文本,特别在《意识形态和意识形态国家机器》中,阿尔都塞以意识形态的双重镜像结构解构了个我主体和普遍主体,从而在理论上取消主体概念。可是,在《保卫马克思》的"关于唯物辩证法"中,阿尔都塞指出由列宁领导的布尔什维克党人的革命实践是1917年的俄国历史发展的决定性环节。没有布尔什维克党人的革命实践,俄国历史即不能发展。主体概念成为阿尔都塞理论建构的一部分。

---

① 阿尔都塞:《保卫马克思》,顾良译,北京:商务印书馆2017年版,第172页。

1917 年的俄国是典型的现阶段。从中可以发现,现阶段的三个基本构件是特定的复杂整体,特定的主导结构,以及行动者的决断和实践。阿尔都塞对于现阶段的理论概括是将复杂整体的演变分为非对抗阶段、对抗阶段和爆炸阶段。阿尔都塞指出,矛盾的对立面向着相反方面的转化,各矛盾的位置的转化是转移(displacement)。对立面在一个矛盾内部的同一或融合是压缩(condensation)[1]。阿尔都塞指出的复杂整体的演变图式是,在第一阶段,主要矛盾以转移的方式存在,这是复杂整体的非对抗阶段。在第二阶段,主要矛盾以压缩的方式存在,这是复杂整体的对抗阶段,表现为尖锐的阶级冲突或理论危机。在第三阶段,主要矛盾的压缩出现不稳定性,这是复杂整体的爆炸阶段,表现为复杂整体的分解和重组,即复杂整体的结构转变。

将阿尔都塞的复杂整体、主导结构与现阶段理论作为文本解读的方法论构架,运用于考察马克思文本,可以建构出不同于显白论证的马克思思想转变构形。在显白论证的理论特设中,阿尔都塞认为马克思的同一文本只有单一问题式,没有考虑到马克思同一文本的复杂结构。阿尔都塞认为黑格尔的总体只有单一本质,其中出现的各种内容,包括有、无、变,生命、认识、绝对理念均是同一个理念的自我运动和自我发展,从而建构出以单一本质为圆心、单一本质拓展和延伸的同心圆的图式。可以发现,如果接受阿尔都塞在显白论证中的特设,认为同一文本只有单一问题式,那么是阿尔都塞批评的他认为的黑格尔的思维方式。同一文本中的不同的文本事实是单一问题式的现象。《1844 年手稿》中的劳动、私有财产、货币、资本、分工被判断为哲学人本学问题式的表现。《资本论》中的异化、拜物教被判断为在未发现新的合适词语的状况下,以哲学的词语表述历史科学问题式的含义。只有单一问题式的同一文本同样没有异质性,同样是以单一本质为圆心的同心圆。波斯特(Mark Poster)指出:"允

---

[1] 转移(displacement)和压缩(condensation)是弗洛伊德阐述梦的潜意识内容转变为梦中图像的机制。前者是心理能量从一个强烈的潜意识内容向表面上无关紧要的图像转移,后者是将代表不同潜意识内容的图像压缩到单一图像之中。阿尔都塞将这两个概念挪用为复杂整体演变的发生机制。

许马克思的文本中存在相反的倾向,而不是将某个虚假的统一强加给它们,实际上要比阿尔都塞的分歧论更符合结构主义的解释原理。"①这提示出,根据阿尔都塞方法论前置的论证方式,可以建构出不同于认识论断裂理论的显白论证的隐微论证。隐微论证在承认问题式界划意识形态与科学这一方法论构架的前提下,基于复杂整体②、主导结构与现阶段理论,指认在马克思的同一文本中,既存在意识形态问题式,也存在科学问题式。青年马克思思想以意识形态问题式为主导,后期马克思思想以科学问题式为主导。并且,同一文本中不同问题式的对抗代表既有思想结构开始动摇甚至瓦解。

三、《穆勒评注》:复杂整体中不同问题式的对抗阶段

阿尔都塞指出,要"把承认一切具体'对象'具有复杂结构的既与性上

---

① 波斯特:《战后法国的存在主义马克思主义:从萨特到阿尔都塞》,张金鹏、陈硕译,南京:南京大学出版社 2015 年版,第 317 页。

② 阿尔都塞的复杂整体(whole)的含义是同一整体中存在异质矛盾,异质矛盾的数量至少是 2,但不必然大于等于 3。阿尔都塞以复杂整体的概念针对的是他认为的黑格尔的单一总体(totality)。在他看来,黑格尔的总体只有单一本质,其虽然表现为多环节的过程和多样性的方面,但实质是同一个理念的自我运动和自我发展。因此,在黑格尔的单一总体中,只有 1 个矛盾。与单一总体相对,阿尔都塞的必要论证义务是在同一整体中存在至少 2 个矛盾。之所以会认为在阿尔都塞的复杂整体中存在至少 3 个矛盾,与对于 surdétermination(德语为 Überdeterminierung,英语为 overdetermination)的汉语翻译有关。蓝江教授指出,surdétermination 是阿尔都塞对弗洛伊德精神分析的 Überdeterminierung 概念的借用。Über 在德语中表述为……之上,与法语的 sur 和英语的 over 表述同一的含义。(参见蓝江《症候与超定——对阿尔都塞 surdétermination 概念的重新解读》,载《马克思主义与现实》2017 年第 6 期。)阿尔都塞的 surdétermination 按其字面含义应该被翻译为过度决定。其在弗洛伊德的理论中表示包含至少 2 个矛盾的创伤症候。拉康指出,"弗洛伊德对他的术语 surdétermination 仅仅只给出一个意义,即他所需要的是,那里出现了症候,这种症候至少是二元的,在一个症候中至少有两种冲突,一个新的,一个旧的。"(Lacan, Jacques. *The Seminar of Jacques Lacan*, Book Ⅲ: *The Psychoses*, 1955 - 1956. Trans. Russell Grigg. New York: Norton & Company, 1993, p. 119.)顾良先生将 surdétermination 翻译为多元决定。多元决定对应的英语应该是 multideterminaion 或 multiple determination。"多"在汉语中表示大于等于 3,因此会认为复杂整体内部存在至少 3 个矛盾。不过,surdétermination 在法语、德语和英语中,均不必然有复杂整体中矛盾的数量大于等于 3 这层含义。因此,存在至少 2 个矛盾的马克思的同一文本是复杂整体。

升为原则"①。复杂整体、复杂整体的主导结构,以及标志复杂整体演变的现阶段理论,是适用于一切具体对象的理论,即可以作为文本解读的方法论构架。将复杂整体的概念应用于考察马克思文本,可以发现《1844 年手稿》时期的青年马克思思想并不只有哲学人本学问题式,其中对于物质利益和政治经济学的思考是历史科学问题式的潜在形式。以《形态》为正式开端的后期马克思思想也并不只有历史科学问题式,异化和拜物教思想的存在代表哲学人本学问题式处于次要位置。阿尔都塞知道马克思的文本是复杂整体,特别指出在 1845 年历史科学问题式创立之后,马克思还经历了 12 年的时间使得历史科学问题式发展成熟。直到开始撰写《资本论》初稿,马克思的历史科学问题式才正式成熟。可见,在后期马克思的文本中,仍存在与历史科学问题式不同的问题式。马克思的同一文本不仅是复杂整体,而且其中具有特定的主导结构。

《1844 年手稿》的主导结构是哲学人本学问题式支配历史科学问题式。《1844 年手稿》相对于青年马克思之前文本的特质是,其是青年马克思开始接触政治经济学的文本见证。青年马克思在《莱茵报》时期,"第一次遇到要对所谓物质利益发表意见的难事"②,这时青年马克思开始接触真实的经济现实。不过,只有到了 1843 年 10 月,青年马克思才接触到政治经济学。青年马克思阅读了萨伊、斯卡尔培克、斯密、李嘉图、穆勒等的政治经济学著作,写了 10 个笔记本。其中 7 本主要是对于原著句段的摘录,另 3 本主要是青年马克思的评述,这 3 本笔记本即《1844 年手稿》。在《1844 年手稿》中存在政治经济学的理论内容和术语,包括劳动、私有财产、货币、资本、分工等。但阿尔都塞指认,这些文本事实上不是《1844 年手稿》的本质,这些文本事实上均受到哲学人本学问题式的支配。它们虽然在名称上是政治经济学术语,但在概念上均负载了特定的哲学含义。

阿尔都塞指出,"就在他(青年马克思——引者注)要确认这一事实的同时,他发现这个事实竟没有任何根据,他发现这一事实竟是悬空的,它

---

① 阿尔都塞:《保卫马克思》,顾良译,北京:商务印书馆 2017 年版,第 193 页。
②《马克思恩格斯选集》第二卷,北京:人民出版社 2012 年版,第 1 页。

没有自己的本原。"①青年马克思发现政治经济学理论没有根据。政治经济学理论并不真的没有根据,而是没有青年马克思要求的哲学人本学的根据。青年马克思从对于政治经济学的表层援引转变到哲学人本学问题式的支配统摄,按照哲学人本学问题式重构了政治经济学的材料。阿尔都塞指认:"这里,《手稿》(《1844 年手稿》——引者注)露出了它的另一个面目:哲学。"②青年马克思同政治经济学的最初接触,也是哲学与政治经济学的最初接触。在这一接触中,哲学对于政治经济学具有支配权力。这一哲学特指费尔巴哈人本学。青年马克思基于费尔巴哈的类本质的观点,认为人的类本质是自由自觉的活动。将这一类本质与资本主义社会的现状对照,发现工人的劳动不是自由自觉的活动,从而判断工人的劳动是异化的,并提出共产主义运动以扬弃异化复归类本质。《1844 年手稿》是由哲学人本学问题式支配的复杂整体。不过,这一复杂整体在特定现阶段会发生动摇甚至瓦解。

发掘同一文本中不同问题式对抗的现阶段是理解马克思思想转变过程的关键。同属于马克思在 1844 年撰写的 10 个笔记本的《詹姆斯·穆勒〈政治经济学原理〉一书摘要》(以下称为《穆勒评注》)是青年马克思的历史科学问题式与哲学人本学问题式对抗的典型文本。青年马克思在《穆勒评注》中,发现了资本主义社会的物化现象,即物与物的交换关系掩盖了人与人的交往关系。青年马克思指出:"人的、社会的行动异化了并成为在人之外的物质东西的属性,成为货币的属性。"③但是,青年马克思对于这一历史事实的评判仍受到哲学人本学问题式的支配。在费尔巴哈人本学中,人与人的关系是人格的交往,是在他人那里确认自己的人格。而在资本主义社会,人格的交往被物与物的交换代替,交往关系异化了。青年马克思认为:"我们彼此同人的本质相异化已经达到了这种程度,以致这种本质的直接语言在我们看来成了对人类尊严的侮辱,相反,物的价值的异化语言倒成了完全符合理所当然的、自信的和自我认可的人类尊

---

①② 阿尔都塞:《保卫马克思》,顾良译,北京:商务印书馆 2017 年版,第 148 页。
③ 马克思:《1844 年经济学哲学手稿》,北京:人民出版社 2000 年版,第 164—165 页。

严的东西。"①在资本主义社会,他人的人格对于此人没有价值,只有他人的劳动产品和货币对于此人有价值。人格交往没有价值,只有商品交换有价值。商品交换是对于人格和尊严的侮辱。可以发现,青年马克思对于商品交换进行的道德指责已经是哲学人本学问题式作用力的极限。商品交换是历史事实,它并不本来应该是人格交往。将商品交换判断为人格交往的异化形式是按照哲学人本学问题式对于历史事实的外部介入。这一介入没有理解商品交换的历史原因和历史终局,基于此的道德指责是感人但缺乏科学认识的。

　　一方面是哲学人本学问题式的支配作用仍存在并到了极限,另一方面是历史科学问题式在《穆勒评注》中的出现。青年马克思指出:"过去表现为个人对个人的统治的东西,现在则是物对个人、产品对生产者的普遍统治。"②在这一表述之中,青年马克思的思维方式从外部介入的哲学逻辑转变为历史内部的科学逻辑,从应然—实然的对立转变为过去—现在的差异。青年马克思对于资本主义社会的物化现象的评判,不再是基于费尔巴哈的类本质,不再是基于人的劳动应当是自由自觉的活动,而是基于对历史的科学考察,指认在前资本主义社会,是人对于人的统治,而在资本主义社会,人对人的统治以商品对于人的统治的形式表现。在前一种思维方式中,对于人与人的关系的应然规定与资本主义社会的物化现象是断层的,是基于主观应当对于客观事实的价值批判。在后一种思维方式中,前资本主义社会的社会关系与资本主义社会的社会关系均在事实的层面上,是过去的历史事实与现在的历史事实的差异比较。在思维方式,即问题式的层面上,青年马克思在《穆勒评注》中已经触及历史科学问题式,其固有的哲学人本学问题式已经开始动摇。不过,《穆勒评注》这一过渡文本的复杂之处,在于历史科学问题式与哲学人本学问题式的对抗。

　　青年马克思在《穆勒评注》中指出:"人的本质是人的真正的社会联系。"③这一判断可以被视为《关于费尔巴哈的提纲》中的人的现实本质是

----

① 马克思:《1844年经济学哲学手稿》,北京:人民出版社2000年版,第183页。
② 同上书,第176页。
③ 同上书,第170页。

社会关系的另一种表述。标志着青年马克思对于人的本质的理解,从实体层面的自由自觉的劳动,转变到关系层面的社会联系。人的本质不是人们固有的共同点,而是在物质生产实践中形成的社会关系。社会关系对于每个个人是先在和强制的,个人被特定的社会关系塑造之后,才可能认为自己是主体。但是,1844 年的青年马克思对于这一判断的解释仍具有哲学人本学的痕迹。青年马克思认为:"社会本质不是一种同单个人相对立的抽象的一般的力量,而是每一个单个人的本质。"①社会关系塑造个人的本质。这一判断不能反过来说,不能认为个人的本质即社会关系。在历史科学问题式中,社会关系是推理的前提,社会关系塑造个人的本质,具有特定社会关系属性的人们改造社会关系。在哲学人本学问题式中,个人是推理的前提,社会关系是个人之间相互作用的产物,个人之间不同的作用方式形成了不同的社会关系。后一种思维方式的问题在于,作为推理前提的个人是非历史的,其具有某种被哲学家判定的人的不变特质。可以发现,在《穆勒评注》中,青年马克思思想已经处于对抗的现阶段,历史科学问题式与哲学人本学问题式的斗争已经激化。青年马克思必须作出决断。这一决断是或然性的,即具有至少两种可能。历史和理论的事实是,马克思选择了历史科学问题式,在《形态》中,以历史科学问题式为主导创立了历史唯物主义。

结 论

作为理论哲学家的阿尔都塞提供了与认识论断裂理论的显白论证不同的隐微论证。这一论证的破题点在《从〈资本论〉到马克思的哲学》的5—7 节。阿尔都塞通过阅读马克思对斯密的阅读,发现在斯密的同一文本中存在不同的问题式,不同的问题式形成不平衡的作用力关系,不平衡的作用力关系在特定现阶段发生转变。这一文本事件提示出,阿尔都塞可以将复杂整体、主导结构与现阶段理论作为文本解读的方法论构架应

---

① 马克思:《1844 年经济学哲学手稿》,北京:人民出版社 2000 年版,第 170—171 页。

用于考察马克思文本。从而,阿尔都塞论证《1844 年手稿》时期的青年马克思思想是包含哲学人本学问题式与历史科学问题式的复杂整体,其中存在前者支配后者的主导结构。在同属青年马克思撰写于 1844 年的 10 个笔记本的《穆勒评注》中,青年马克思思想处于对抗的现阶段,即历史科学问题式与哲学人本学问题式斗争。马克思选择了历史科学问题式,在 1845 年的《形态》中开创历史唯物主义。基于复杂整体、主导结构与现阶段的方法论构架,可以建构出既具有结构转变又具有理论联系的马克思思想转变构形,即马克思思想这一复杂整体的结构转变。

生产关系的再生产和历史的空间化

——解读《资本主义的幸存》

吴顿①

（南京大学哲学系）

空间,自二十世纪六十年代进入社会批判理论的视域,因其自身所具备的结构性、非线性的特征,通常被视作与现代性的历史叙事相对立的"后现代"产物。在这个基础上,作为"空间转向"和"都市马克思主义"的创始人,列斐伏尔也被冠之以"后现代"的称号。本文试图以《资本主义的幸存》为解读对象,揭示作为晚期马克思主义者的列斐伏尔,如何通过历史的空间化,发展马克思的生产关系再生产理论。

一、历史唯物主义的"历史"

在对列斐伏尔的空间理论展开探索之前,我们必须首先澄清马克思历史辩证法的"历史"之真谛,之后才能在"历史"的基础之上,辨析"空间"的长与短、得与失。实际上,"历史"并非一个新鲜的词汇。在历史编纂学中,历史是发生过的事情的总和,它呈现为事实的罗列,呈现为纯粹经验构建成的时间性"连续"和"断代"。德国古典哲学首先对这种"具体"的历史发出诘难,通过"反思"的引入,历史变成了一种规律性的"抽象",变成了哲学本身,正如同在《法哲学原理》中,黑格尔所指出的那样,猫头鹰要

---

① 作者简介:吴顿,南京大学哲学系博士研究生,研究方向为马克思主义哲学史和国外马克思主义。

等到黄昏到来,才会起飞。紧随古典哲学,政治经济学家们以另一种"抽象"的方式,将历史还原为经济史,然而在某种程度上,他们却错失了"历史"的真正内涵。站在巨人的肩膀上,马克思的"历史"既非黑格尔的哲学史,亦非是政治经济学的经济史,而是对以往一切历史的"颠覆",这种颠覆始于对黑格尔的批判和对"物质利益难题"的思考。

在《政治经济学批判》序言中,马克思回顾自身的政治经济学研究历程,说道:"我写的第一部著作是对黑格尔法哲学的批判性的分析,这部著作的导言曾发表在1844年巴黎出版的《德法年鉴》上。我的研究得出这样一个结果:法的关系正像国家的形式一样,既不能从它们本身来理解,也不能从所谓人类精神的一般发展来理解,相反,它们根源于物质的生活关系,这种物质的生活关系的总和,黑格尔按照18世纪的英国人和法国人的先例,概括为'市民社会',而对市民社会的解剖应该到政治经济学中去寻求。"①然而,马克思第一次政治经济学研究的结果却"不尽如人意"。在《1844年经济学哲学手稿》中,马克思对"市民社会"的理解从本质上来说还是黑格尔式的,异化史观只不过是黑格尔历史哲学的翻版。不过,借助于黑格尔的劳动范畴,马克思已经意识到了"整个所谓世界历史不外是人通过人的劳动而诞生的过程"②,并指出历史本身是"自然界生成为人这一过程的一个现实部分。自然科学往后将包括关于人的科学,正像关于人的科学包括自然科学一样:这将是一门科学"③。

直到1845年,经由《布鲁塞尔笔记》和《曼彻斯特笔记》,马克思才"彻底放弃抽象的哲学话语,而从哲学意味的实践活动和社会关系,直接进入到工业文明的物质生产与再生产的构序和塑形活动,人与自然、人与人的关系赋型和动态的生产方式筑模"④。在《德意志意识形态》中,通过将"一门科学"确定为"历史科学",马克思彻底破除了黑格尔异化逻辑的魅影,

① 《马克思恩格斯全集》第31卷,北京:人民出版社,1998年版,第412页。
② 马克思:《1844年经济学哲学手稿》,北京:人民出版社,2016年版,第89页。
③ 同上书,第86—87页。
④ 张一兵:《历史唯物主义生产话语转换的经济学背景——马克思〈布鲁塞尔笔记〉与〈曼彻斯特笔记〉研究》,载《哲学研究》2021年第12期。

传统形而上学中的"哲学"被正式改写为"历史"。马克思指出,这种新历史观"从直接生活的物质生产出发来考察现实的生产过程,并把与该生产方式相联系的、它所产生的交往形式,即各个不同阶段上的市民社会,理解为整个历史的基础"①。

第一,从"物质生产"出发观察社会历史并非马克思的原创,舒尔茨在《生产运动》中就曾从生产出发论述历史的四大阶段。然而马克思的超越之处便在于,在社会唯物主义们沉迷于"物"或沉沦于"精神"的时候,马克思从《提纲》中现实的"感性的活动"出发,将"实践"落实为"生产",这样一来,在政治经济学看到"物"的地方,马克思看到的是人们的现实生产活动。正是这种活动构成了"历史",因而"历史"具有了生成的含义。第二,"生产方式"构成了广义历史唯物主义的核心。生产方式这一概念源自政治经济学。然而在政治经济学那里,生产方式呈现为技术维度上生产的方式(way/mean of production②),在这个意义上生产方式概念与生产工具有一定的重叠。而马克思对"怎样生产"这一问题的探究,则是直接将生产方式指认为一种生产的状态(mode of production),技术的意义并非仅仅在于具体的怎样生产和怎样交往,更在于在技术之上建构起的社会结构,这种社会结构便是由各种各样的关系建构起的状态(mode)。第三,由生产方式建构起的社会关系结构并非永恒的、不变的,而是建立在特定时空之上的"社会定在"。马克思指出"一定的生产方式(mode of production)或一定的工业阶段始终是与一定的共同活动的方式(mode of social interaction)或一定的社会阶段联系着的"③。正是这三个"一定的",构成了马克思历史辩证法的方法论核心。因此,人类历史的发展便是"一定的"社会阶段的形式(结构)转换,马克思指出:"它们在整个历史发展过程中构成一个有联系的交往形式的序列,交往形式的联系就在于:已成为桎梏的旧的交往形式被适应于比较发达的生产力,因而也适应于被更进步

---

① 《马克思恩格斯全集》第3卷,北京:人民出版社,1960年版,第42页。
② 英文均来自于卡弗版的《德意志意识形态》,参见 Terrel Carvel, Daniel blank. *a Political History of the Editions of Marx and Engles's German Ideology*, Palgrave Macmillan, 2004.
③ 《马克思恩格斯全集》第3卷,北京:人民出版社,1960年版,第33页。

的个人自主活动类型的新的交往形式所代替。"①交往形式与交往形式之间的转化,并非技术的变化,而是在整个社会基础上的社会"结构"的转化,正是这种转化构成了历史。

不过,在《德意志意识形态》中,由于研究视角的限制,马克思只是在"广义"且"客观"的层面上论述一般社会历史发展的规律。因此,历史辩证法更是一种"时间"辩证法,通过赋予历史性的时间以"革命性",马克思试图以时间打破资本主义物化结构,完成生产方式的"结构转换"。因此,虽然马克思将"市民社会"指认为历史的发源地,但是马克思却欠缺对资本主义生产方式本身的批判和考察。不仅如此,在《德意志意识形态》中,马克思批判德国是一个没有历史的国家,然而仔细考察便会发现,马克思的历史虽然不是德国的哲学史,但却是工业基础之上的"英国史",是发达资本主义国家的历史,历史本身内部的差异性被忽视了。

在《德意志意识形态》之后,通过对"生产关系"(《哲学的贫困》中正式形成)的考察,马克思曾试图从两个方面补足对资本主义生产方式的研究,为"历史"增添新的内涵。其一是对资本主义生产关系变化的研究。在《共产党宣言》中,马克思指出:"资产阶级除非对生产工具,从而对生产关系,从而对全部社会关系不断地进行革命,否则就不能生存下去……生产的不断变革,一切社会状况不停地动荡,永远的不安定和变动,这就是资产阶级时代不同于过去一切时代的地方。一切固定的僵化的关系以及与之相适应的素被尊崇的观念和见解都被消除了,一切新形成的关系等不到固定下来就陈旧了。"②这种生产关系的"不断变革""不停动荡",便是对"历史"的狭义补充③。并且在《共产党宣言》中,马克思意识到了资本主义的革命性作用,这就意味着,资本主义生产方式虽然是一个"一定"的社会存在,但是却可能是一个相对漫长的阶段。40年代末期,随着"两大历史性事件"之一的加利福尼亚和澳大利亚金矿的发现,马克思意识到"资

---

① 《马克思恩格斯全集》第3卷,北京:人民出版社,1960年版,第81页。
② 马克思、恩格斯:《共产党宣言》,北京:人民出版社,2017年版,第30、31页。
③ 因此,在《资本主义的幸存》中,列斐伏尔认为马克思直到晚年才意识到生产关系再生产的问题,这实际上是不准确的。

产阶级社会看来进入了新的发展阶段"①,而"这一切决定我再从头开始,批判地仔细钻研新的材料"②。

其二则是在《资本论》及其手稿中对资本主义剥削秘密的揭示。《1857—1858 年经济学手稿》中,马克思再次从主体出发创立了历史现象学。历史现象学,顾名思义,是对资本主义颠倒的假象的本质揭示。因此,历史现象学的历史不再是论述一般社会生成的历史,而是特指资本主义现象的历史。这种历史无非是想说明资本主义社会中各种假象的历史发生与破灭。而在《资本论》中,马克思以另一种论述形式,一步步从抽象劳动、交换价值、价值走向剩余价值,以劳动力成为商品解开了资本主义剥削的秘密。

遗憾的是,马克思对资本主义生产关系的研究与晚年的政治经济学批判并没有很好地结合在一起。无论在《1857—1858 年经济学手稿》还是《资本论》中,马克思都只是证明了资本主义制度的非法性以及它最终的终结,从本质上这还是"生产"的问题。然而,在资本主义历史地产生与历史地灭亡之间,资本主义如何存在和发展自身? 这是生产关系"再生产"的问题,也马克思语焉不详的问题,而这构成了列斐伏尔的理论出发点。

二、生产关系的再生产:对马克思的再阐释

在马克思写作《资本论》一百年后的今天,资本主义的发展并没有如马克思所言一般走进生命的尾声,帝国主义横空出世,革命运动接连失败,资本主义的持续繁荣与革命情绪的低落形成鲜明的对比,面对现实的诘难,马克思主义理论自身面临着合理性的危机。正是在这样的理论与现实背景下,列斐伏尔勇敢地扛起生产关系再生产的理论旗帜,试图沿着马克思的路标,构建完整的生产关系再生产理论和资本积累理论,以弥补《资本论》的不足。

首先,资本主义的生产从本质上来说是生产关系的再生产。在《直接

①②《马克思恩格斯全集》第 31 卷,北京:人民出版社,1998 年版,第 414 页。

生产过程的结果》中,借助劳动对资本的"形式从属"和"实质从属"两个概念,马克思详细阐述了资本主义生产关系是如何作为"前提"和"结果"被生产出来。马克思指出:"一方面,资本改造了生产方式,另一方面,生产方式的这种改变了的形态和物质生产力的特殊发展阶段,又是资本本身形成的基础和条件,即前提。"[①]在这里,马克思对资本主义生产关系的分析,既是在论述资本主义生产方式的起源,同时也是在说明,作为循环的资本积累,不仅仅是物质产品的生产,而且还包含了资本主义特殊社会形式的生产与再生产,即生产关系本身的生产。列斐伏尔指出:"循环(货币—商品—货币的循环和危机—复苏—萧条的循环)趋向于再生产出其原初条件(original conditions)。否则,就没有任何循环过程可言。"[②]这种"条件",不仅仅是一个生产过程结束后多余的物质产品或者货币金钱,更是造就资本主义商品生产、剩余价值产生的社会环境,这种社会环境是由资本主义生产关系构筑的。

其次,资本主义的生产关系是一种矛盾的关系。列斐伏尔指出,马克思阐明了"特指布尔乔亚社会(bourgeois society)的资本主义的生产关系(capitalist relations of productions)的起源——'资本—劳动'关系,剩余价值、剩余劳动以及社会剩余产品,这些都被资本家们根据他们的阶级利益所攫取和控制。至于资本主义生产方式(mode of production),则是'工资—资本'和'工人阶级—资本阶级'矛盾关系的全球(global)结果"[③]。第一,在《资本论》中,马克思详细论述了资本的起源,马克思指出,在英国,新兴的资产阶级与资产阶级化的封建地主和贵族,利用暴力手段,一方面使得劳动者与劳动资料相分离,"自由"的雇佣工人得以形成,另一方面,通过殖民剥削与掠夺,积累了大量的金钱与财富。因此,在马克思看来,资本主义生产关系的形成并非是"平等"的交换,而是天生带有"原罪"。第二,资本主义生产关系的本质是对工人的剥削。资本家的利润并非源

①《马克思恩格斯文集》第 8 卷,北京:人民出版社,2009 年版,第 547 页。

② Henri Lefebvre, *The Survival of Capitalism*, *Reproduction of the Relations of Production*, New York: St. Martin's Press, 1976, p. 44.

③ 同上书,第 42—43 页。

自资本家个人的"辛勤",而是来自工人在生产过程中剩余价值的生产,通过对"劳动力"商品的占有,资本家实际上购买的是工人无穷的生产能力。伴随着科学技术的发展与资本主义生产方式内部的革新,资本主义的生产逐渐从相对剩余价值的生产过渡到绝对剩余价值的生产。而后者主导地位的确立意味着资本关系已经实现其全球统治。在这个意义上,无论是在空间上,还是在时间上,再也无法找出一个能够逃离资本关系的"外部",劳动者别无选择,只能接受资本的压榨和剥削。第三,资本主义生产关系的矛盾性使其具有一种"开放性"。结构主义者们错误地将资本主义构建为一个封闭的、同一的系统,因而也将资本主义生产方式自然化和永恒化。而列斐伏尔则指出"完成了的系统无论是在今天还是在未来都不会存在,存在的只是生产关系和其矛盾基础之上的系统化(同一和同一性)的尝试"①。

再次,这种再生产并非对原有关系的再复制,而是差异性的再生产。在这个问题上,马克思明显有一定的含混和踌躇。在上文中可以看出,立足于现代性的工业生产,马克思意识到了资本主义生产方式的本质在于不断革新。但是另一方面,在《资本论》及其手稿中,由于研究方法的限制,马克思又不得不预设资本主义生产关系的不变。卢森堡曾就帝国主义和资本积累的问题指出,"资本对于世界的最后的绝对统治——马克思把这个先决条件作为他的分析的基础——需要预先排除帝国主义的进程"②,然而理论的边界在于实践。马克思的时代(竞争资本主义)已经消逝在历史的尘埃中,如果生产关系是一个同一的概念,那么该如何解释福特制度、乃至今天的后福特制度? 通过将差异性引入生产关系内部,列斐伏尔以差异性的矛盾的再生产,解释今天资本主义缘何幸存。列斐伏尔指出:"如果没有一些变化,那么再生产就不会发生……各种矛盾也在再生产自身,它们并非是一成不变的。之前的关系退化或解体了——比如

---

① Henri Lefebvre, *The Survival of Capitalism*, *Reproduction of the Relations of Production*, New York: St. Martin's Press, 1976, p. 66.
② 卢森堡、布哈林:《帝国主义与资本积累》,紫金如、梁丙添、戴永保译,哈尔滨:黑龙江人民出版社,1982年版,第158页。

城镇、自然的(natural)和自然(nature)、民族国家、日常的贫困、家庭、'文化'、商品和'符号世界'。另一些则通过再生产之中的社会关系的生产建构出来——比如都市、日常生活的可能性、差异。"①这里的差异性具有辩证的含义:正是通过差异性的生产,资本主义不断调整自身,不断转移矛盾,这是其幸存的手段。此外,"对同一性的追求并没有将它的消亡和转化排除在外;资本主义不断变化,不断分解,即使在它实现自身概念的过程中也是如此。"②因此,这种差异性的生产不是原有矛盾的扩大化,而是新矛盾的生产,这种"质"的变化终将导致资本主义终结。

最后,生产关系的再生产就是空间的生产。列斐伏尔指出:"(生产关系而非生产工具的)再生产不仅发生于作为整体的社会中,而且还发生在作为整体的空间中。"③正如同马克思的历史不是经验意义上历史学的历史,列斐伏尔语境中的空间也并非自然地理空间形态。如果仅仅将空间理解为装东西的物理空间,那么"空间"便和"历史"领域的唯"物"主义一样,都被庸俗化了。如果说马克思的"历史"是从人的生产活动出发论述人类社会的生成过程,那么列斐伏尔的空间则是从国家出发,论述权力是如何利用生产关系的再生产(以一种"异化"的形式),维系资本主义的生命。在这个意义上,资本主义的生存方式已经不再局限于物的层面的自然空间扩展,而是在关系维度的抽象空间上不断生成。通过将生产关系再生产过程化、差异化,列斐伏尔的空间生产不是对空间的认识与考察,而是一种基于差异性的空间"本体论":在资本主义生产方式下,资本主义通过生产关系再生产不断再生产出特定的空间形式,这成为资本主义维系自身的新的领域、范围,新的增长点。以空间补充历史,列斐伏尔实际上是将时间性引入资本主义生产方式内部,将历史辩证法升级为空间辩证法。

---

① Henri Lefebvre, *The Survival of Capitalism*, *Reproduction of the Relations of Production*, New York: St. Martin's Press, 1976, pp. 90—91.
② 同上书,第14页。
③ 同上书,第83页。

三、空间生产与空间辩证法

在《资本主义的幸存》中，列斐伏尔指出："辩证法被重新提上了议事日程，不过这不再是马克思的辩证法，就如同马克思的辩证法不是黑格尔的辩证法一样。"①在列斐伏尔看来，马克思的历史辩证法是关于时间的，是一种线性的辩证法。在这点上，列斐伏尔是切中要害的。正如上文所论述的那样，在《1844 年经济学哲学手稿》中，马克思以"人"替代"绝对精神"，借助于黑格尔的异化逻辑来实现对资本主义异化现实的突破，历史辩证法便呈现为劳动的异化和复归这一否定之否定的过程。同样，在《德意志意识形态》中，广义历史唯物主义不得不依赖于工业基础之上的线形时间。与此相对的，则是空间辩证法，列斐伏尔指出，空间辩证法"不再系于历史和历史时间，也不系于一种'正题—反题—合题'，或者'肯定—否定—否定之否定'的时间机制之上"②。如果说历史辩证法是在现实的、历史的、具体的基础之上对社会历史的客观把握，那么空间辩证法指的是"在当下（present）抓住运动与非运动"③，即在历史辩证法的基础之上，进入到现实的、历史的、具体的过程中。因此，从本质上来说，空间辩证法的"当下"不能视作对"历史"的全面翻转，而是从空间的角度去补充作为"一定的"时空存在的资本主义社会，在历史辩证法的内部增添的空间的维度。

那么，什么是空间的生产？在《德意志意识形态》中，马克思指出，费尔巴哈"没有看到，他周围的感性世界绝不是某种开天辟地以来就已直接存在的、始终如一的东西，而是工业和社会状况的产物，是历史的产物，是世世代代活动的结果"④。那么，在列斐伏尔这里，则被改为，我们身边的空间与城市并非是一成不变的空箱子，而是资本主义不断空间生产、不断

---

① Henri Lefebvre, *The Survival of Capitalism*, *Reproduction of the Relations of Production*, New York: St. Martin's Press, 1976, p. 14.
②③ 同上书，第 14 页。
④《马克思恩格斯全集》第 3 卷，北京，人民出版社，1960 年版，第 48 页。

重建的结果。在历史辩证法中,马克思已经详细论述了资本主义生产方式对以往社会形态的颠覆与重建,列斐伏尔也同样指出,资本主义"已经吸收、解决和整合了历史移交给它的东西,比如,前资本主义的生产关系、农业、城镇、各种子系统和先前存在的知识、正义机构等"①。正是通过这种历史的同化和重建,资本主义生产关系得以成为历史的"主导"。不过,这种历史的生产和重建并非空间生产的核心,空间生产关注的是资本主义对自身的颠覆和重建。这种颠覆和重建被大卫·哈维概括为"创造性破坏"和"空间修复",即为了适应资本永恒扩张力量的需要,资本不断破坏已有的空间景观并在此基础上重新创造出另外一个景观,通过创造性的破坏,资本积累的矛盾得以暂时解决。

不过,尽管同样作为生成性的概念,空间的生产却与历史的生产有完全不同的"前提"。在《1844 年经济学哲学手稿》中,自然主义虽然并不直接构成异化逻辑,但是受费尔巴哈的影响,作为异化扬弃的共产主义,却被视作完成了的人道主义和自然主义。这一自然主义的线索一直延续到《德意志意识形态》。通过将"先在性"的自然纳入历史性的生产,马克思在人与自然的关系上论述历史的生成。然而在今天,费尔巴哈的感性自然界已经让位于被生产的空间,而后者已经不再是原初的"第一自然",而是一种"第二自然",是人活动的产物。

列斐伏尔将第二自然纳入历史唯物主义的视域,想说明的无非是,第二自然已经取代了第一自然,成为资本积累的动力。在马克思那里,资本主义的"世界市场"建立在对第一自然的全面征服上,这不仅是在"全球化"范围上的地理空间位置的扩大,更是在资本积累的过程中,人改造自然的能力(生产力)的不断提高,列斐伏尔指出:"积累是现代社会掌控自然能力的相对持续增长。工业,显然就是此种控制的方式。"②在列斐伏尔看来,这是 19 世纪的工业理性主义(industrial rationalism)的表达,然而这种实践图式在 20 世纪下半叶已经破产。就自然本身而言,作为物质存

---

① Henri Lefebvre, *The Survival of Capitalism*, *Reproduction of the Relations of Production*, New York: St. Martin's Press, 1976, p. 37.
② 同上书,第 45 页。

在,自然是一个相对有限的存在,这便意味着建立于此之上的积累本身便具有一定的限度,更不用说因"工业"对自然的占有而造成的诸多环境问题。而第二自然,作为一个关系性构成,在某处程度上来说是"无穷无尽"的,这便为资本主义的积累提供了广阔的空间。不仅如此,通过空间的生产,人与人的社会关系的构建获得了巨大的生产力,这不仅改变了生产力的基础(从人与自然的关系到人与人的关系),更为关键的是对生产力与生产关系的矛盾运动发起了挑战。

尽管历史与空间处于不同的维度,分工却将两者连接起来。在《资本主义的幸存》中,列斐伏尔指出,"这种辩证的、矛盾的空间是生产关系再生产实现的场所……但是它的物质基础仍是工厂和工厂中劳动的技术分工"①。尼尔·史密斯在《不平等的地理》中,同样指出,"地理空间的分化,即劳动的地域分工,源自更为普遍的劳动的社会分工"②。在《德意志意识形态》中,马克思从分工的角度去理解所有制,指出"这些种种细致的分工的相互关系是由农业劳动、工业劳动和商业劳动的经营方式(父权制、奴隶制、等级、阶级)决定的"③。而对分工与所有制的论述是历史辩证法的具体展开。实际上,在《德意志意识形态》中,马克思不仅意识到了分工造成的历史的变化,同样也意识到了分工促进了城乡的分离。马克思指出:"城市本身表明了人口、生产工具、资本、享乐和需求的集中,而在乡村里所看到的却是完全相反的情况:孤立和分散。"④就历史的角度,这种城乡的分离既是资本主义制度的前提,又是结果。詹姆逊曾如此评价这种分离:"对马克思来说,资本的空间性的秘密也就是空间性自身的秘密,即分离。"⑤列斐伏尔更进一步,将这种分离提升至中心和边缘的高度,因而这种分离不仅是历史辩证法在时间维度的展开,同样是空间辩证法在共时

① Henri Lefebvre, *The Survival of Capitalism*, *Reproduction of the Relations of Production*, New York: St. Martin's Press, p. 19.

② Neil Smith, *Uneven Development*, *Nature*, *Capital*, *and the Production of Space*, Georgia: The University of Georgia Press, p. 143.

③《马克思恩格斯全集》第3卷,北京:人民出版社,1960年版,第25页。

④ 同上书,第57页。

⑤ 弗雷德里克·詹姆逊:《重读〈资本论〉》,胡志国,陈清贵译,北京:中国人民大学出版社,2016年版,第107页。

维度的延展。

列斐伏尔将都市作为中心，并非因其人口、高楼众多，而是因为都市是社会关系的中心。因此，作为社会关系的"集合"，中心并不代表一个具体的实物存在，而是一个"抽象"的概念。同样，边缘也不仅仅是远离城市的地方、或者没有被开发的场所，而是"臣服性的、被剥削的、依附性的空间——一种新殖民地"。① 中心与边缘的关系也并非历史发生的，而是战略地生成的。通过引入国家和权力，列斐伏尔指出资本主义经济发展并非一个"自然"的过程，而是国家策略的结果。不仅如此，中心和边缘的关系并非固定的，而是根据统治的需要不断变动的，换句话说，空间生产的并非中心和边缘的具体位置，而是中心和边缘的"关系"，这种关系是一种统治与剥削的关系。在《资本论》中，马克思曾用"征服、奴役、劫掠、杀戮"②来形容资本的原始积累，而在今天的资本主义社会中，这种历史的压迫和剥削被转化为空间的压迫和剥削，在本质上它并没有任何改变。实际上，列斐伏尔曾用多组范畴来描述如今资本主义的空间关系：中心与边缘，空间的同质化、碎片化和等级化，空间的同一和分化，等等③，这些看似不同的范畴指向了同一个本质：不平衡的地理发展（uneven development）。诚然，在"全球化"的今天，凭借着"时间消灭空间"，资本已经完成了"全球布展"。然而在资本的"帝国"中，资本主义的发展绝非均衡的。正如同历史均衡发展的结果，便是历史的终结，空间生产同样如此。正是通过不平衡的地理景观的打造，资本主义才得实施统治，攫取源源不断的剩余价值。

总而言之，在《资本主义的幸存》中，通过在空间维度重构马克思的生产关系再生产理论，列斐伏尔将空间性引入历史之中，在弥合历史与空间二分基础之上，解释资本主义缘何幸存。但是在理论的建构中，存在一些

---

① Henri Lefebvre, *The Survival of Capitalism, Reproduction of the Relations of Production*, New York: St. Martin's Press, p. 85.
②《资本论》第一卷，北京：人民出版社，2008年版，第821页。
③ 此类概念和范畴是都市马克思主义者们的"共享"范畴，同时还被尼尔·史密斯、大卫·哈维、爱德华·索亚等运用。

问题。第一,从历史辩证法到空间辩证法,列斐伏尔几近完美地完成了理论逻辑的转化,在新的维度激活了马克思的"历史"唯物主义潜能。然而,由于空间辩证法的建立在"第二自然"的基础上,因此,生产关系的再生产从本质上来说是社会关系的再生产,并且是在批判意义上的资本主义社会中的关系。那么,这意味着列斐伏尔只能以历史阐释空间,而不能反过来,用空间重构历史,这注定了列斐伏尔空间辩证法的适用范围只有资本主义社会。第二,由于缺少一般历史的基础,空间辩证法走到最后,便会如同阿尔都塞一般,陷入一种偶然主义。当资本主义拥有近乎"无限"的生产关系再生产的能力之后,无产阶级革命何去何从? 在这一问题上,列斐伏尔只能语焉不详,左右摇摆。

阿尔都塞意识形态理论的思想史效应及其当代审视

——基于马克思政治经济学批判的视角①

付可桢②

（南京大学哲学系）

从历史发生学的思路看,阿尔都塞的意识形态理论叙事主要经历了从前期与科学相对立的意识形态到后期经拉康的"伪主体"概念中介的意识形态的逻辑演进。基于新时代的历史方位,以问题为中心,站在理论创新的制高点上,结合马克思主义的当代发展,需回到马克思的政治经济学和意识形态批判。依据历史与逻辑相统一的方法,深入挖掘其理论渊源、现实语境、发展脉络,对其理论逻辑进行整体考察和当代审视,全面评估多维思想史效应,进一步定位理论之后的关键动态并揭示内在的逻辑难题,从而为正确认识和评价当代西方激进理论提供一种可能的参考框架。

一、阿尔都塞主义或后阿尔都塞时代的降临

阿尔都塞主义（Althusserianism）或后阿尔都塞时代的降临,指认的是阿尔都塞的思想史效应,它是随英美文化研究（Cultural Studies）的盛行而逐步获得历史性展开的。20 世纪 70 年代之后,英美学界为寻求理论支援而制造和包装出了法国理论,推出大量翻译、介绍和研究法国理论的

① 基金项目:本文系 2022 年江苏省研究生科研创新计划"'居利希笔记'与历史唯物主义创新研究"的阶段性研究成果。
② 作者简介:付可桢,南京大学哲学系博士研究生,主要从事马克思主义哲学史和国外马克思主义研究。

作品,并推举阿尔都塞作为他们的第一代理论旗手。不过,"这些法国思想家,在他们自己的祖国往往处于社会的边缘,在这里却稳当地扮演着最重要的角色"①。他们的理论旅行至美国,在美国化的过程中广泛地实现了去法国化(défrancisés),并收获了不同于本国的思想史效应。于是,对阿尔都塞的文本进行批判性重读,为英美文化研究的推进提供了强大的理论支援。因为阿尔都塞的激进话语给文化批判生产了一种新的马克思主义空间,使批判得以获得真实的科学性和政治的激进性。在思想史上,阿尔都塞给伊格尔顿、威廉斯、齐泽克等当代激进思想家提供了切近自身研究领域的理论方法,这种方法具有普遍激进的政治后果,产生了深远持久的影响。他们在理论背景上或多或少都受惠于阿尔都塞的著作,并以后阿尔都塞的方式继续着阿尔都塞开启的思想课题,而阿尔都塞的思想幽灵则在他们之间持续在场。在阿尔都塞塑造的参考性框架基础上,发展出了包括后结构主义、结构主义、女性主义、后殖民主义等在内的多种批判全球资本主义的知识话语。在此意义上,阿尔都塞仍是一位批判性思想家,当之无愧地构成了当今后马克思主义与文化研究话语背后的一股塑造性力量。

在20世纪70年代的文学批评领域,马舍雷在阿尔都塞对马克思文本的历史唯物主义解读基础上,撰写《文学生产理论》一书,转向考察文学的职能,并提出文本与意识形态的离心结构和文学生产理论。在费雷特看来,他"在文学理论与批评的领域中最全面地贯彻着阿尔都塞的思想逻辑"②,即阿尔都塞的理论生产、意识形态和症候阅读等学说在他的文学生产与阐释理论那里得到了另一种运用和有机融合。他主张,文学文本构成了所有意识形态再生产的一种手段,而文学作为统治阶级生产出来的意识形态表现形式,代表统治阶级的利益,与其他意识形态形式一起,在教育的意识形态国家机器中发挥着各自的功能,再生产剥削阶级的统治,确保资产阶级社会的再生产。无论人们如何阅读文学文本,它都构成了

---

① 弗朗索瓦·库塞:《法国理论在美国》,方琳琳译,郑州:河南大学出版社2018年版,第1页。
② 卢克·费雷特:《导读阿尔都塞》,田延译,重庆:重庆大学出版社2014年版,第4页。

个人与意识形态二者具体关系的中介。进言之,文学职能通过文学批评生产意识形态话语来发挥,而文学批评的本质是一套意识形态话语的生产,其功能在于确保每个个体臣服于占统治地位的意识形态。另外,伊格尔顿也是站在对阿尔都塞批判的基础上继续前行的。在他看来,阿尔都塞的意识形态概念是一个"总体化"概念,而对意识形态的内部矛盾特征没有给予应有的重视。相反,他看到了意识形态自身的内部断裂及其构成之间存在的冲突和矛盾,因为意识形态是从话语的碎片中构建起来的。因此,对于文学文本的症候阅读仍是一种有价值的批评程序,而关键在于抓住其本身的断裂、冲突和矛盾,将一般意识形态和作家意识形态转化为审美意识形态,进而生成新的文学文本和想象空间。显然,这受到了德里达解构理论的影响,把解构当作一种政治批评模式来使用,并借用这种方法对文学、文化及批评文本中的意识形态话语逻辑进行批判,分析文本的表面意图及其内部矛盾。意识形态旨在形成一种同质性话语,对社会成员的思想、观念进行再生产。在文学领域,文学文本生产出意识形态话语的素材,而意识形态本身是对历史现实素材的生产。在这里,伊格尔顿强调了文本与意识形态之间的辩证关系:文学文本在作者笔下生产着意识形态,反过来这种意识形态也塑形着文学文本和作者本身。但是,试图对阿尔都塞著作的难题真正超越的是威廉斯,他提出的"文化唯物主义"(cultural materialism)超越了阿尔都塞及其弟子分析文学和文化著作的意识形态理论。他认为葛兰西的"领导权"概念优于经典马克思主义的意识形态概念并在文化研究的阐释中具有更大的价值。在葛兰西"领导权"概念的支援下,他提出了反领导权和替代性领导权的概念,试图以此来超越阿尔都塞。他强调,阿尔都塞虽然指认意识形态国家机器是"阶级斗争的场所",看到了敌对意识形态对占统治地位意识形态的抗议空间,但是强调前者最后还要被后者收编。这低估了文化形式、文化观念以及反对、抗拒占统治地位意识形态或与之决裂的力量在社会生活复杂整体中的作用。

可以看出,在当代西方左翼激进哲学谱系中,阿尔都塞的意识形态理论犹如幽灵一般盘旋在它的上空,并以不在场的方式在场,并对当代西方许多左派学者产生了不可低估的深远影响,几乎构成政治哲学、意识形态理论和文化研究不得不参照的理论坐标。此外,其辐射范围早已越出了传统的哲学研究范畴,进一步涉及文学批评、女性主义、酷儿理论、后殖民文化、身份政治、大众传媒和电影理论等诸多学科。事实上,当代西方左翼激进哲学都在以上维度沿着阿尔都塞开辟的理论道路继续前进,因而它们都是阿尔都塞的幽灵们。在詹明信看来,红色五月风暴过后,资本主义的文化逻辑发生了"大转型"(great transformation),社会发展从此进入到"后现代主义或晚期资本主义"的历史阶段。他指出,这里"'大转型'是从我们的思维模式的转变,而非更具体的结构或形势的转变,来唯心地进行理解的"[1]。也就是库恩意义上的范式转换和演替。这意味着,阿尔都塞的思想被进一步激进化。

不同于阿尔都塞的意识形态国家机器,福柯深入研究了资产阶级权力在微观层面布展、运作的规训过程。在他这里,意识形态概念发生了身体化转向,资产阶级的统治权力直接作用于身体——从外部压抑转向内部生产。另外,较之福柯对阿尔都塞的反叛,巴里巴尔和齐泽克更是将批判的矛头直指马克思,指认马克思从未使用过"意识形态"的术语,只使用过商品拜物教的经济学术语。值得注意的是,齐泽克对阿尔都塞和福柯做的理论比较,他认为"前者是在完全相反的方向上进行的——从一开始,他就将这些微观过程看作是意识形态国家机器的组成部分"[2]。一方面,阿尔都塞将权力的微观布展直接纳入意识形态国家机器的运作之中,从而克服微观过程与权力幽灵分开的深渊,并将二者有效地连接起来。另一方面,齐泽克将阿尔都塞的意识形态理论进一步精神分析化或拉康化,指认在今天的知识前景中,存在哈贝马斯与福柯之争掩盖了阿尔都塞和拉康之争的"怪异事件",并且后者比前者在理论意义上,影响更为深远。他强调:"阿尔都塞学派的突然衰亡,是难解之谜:仅从理论失利的角

---

[1] 詹明信:《晚期资本主义的文化逻辑》,陈清侨等译,北京:生活·读书·新知三联书店2013年版,第44页。

[2] 斯拉沃热·齐泽克等:《图绘意识形态》,方杰译,南京:南京大学出版社2006年版,第12页。

度,这是解释不清的。情形更像是这样的,阿尔都塞的理论有创伤性内核。"①于是,围绕阿尔都塞理论的创伤性内核,他采取了黑格尔加拉康的方式来拯救阿尔都塞。一方面,通过在拉康精神分析的基础上重新解读并再次激活黑格尔辩证法的方式,实现对黑格尔辩证法的真正回归,进而为意识形态研究开辟新的路径。另一方面,通过对拉康理论的关键概念和精神分析的经典母题的重新解读,努力建立新的意识形态理论。

此外,佩肖对意识形态的错误识别机制特别是生产关系的再生产与变革的意识形态条件进行了深入研究和阐释,将话语分析运用到意识形态理论之中,推动意识形态研究朝严格的"语言学"转向。在他看来,"意识形态领域绝不是某种社会形态的生产关系的再生产与变革可以在其中发生的惟一要素;这也许会忽视'最终'以那种再生产与变革为条件的经济的决定作用"②,这与阿尔都塞经济在"归根结底"意义上起决定作用的论断是一致的。但是,不同于阿尔都塞对意识形态的一元论分析,他既看到了意识形态在社会再生产中的作用,也看到了它在社会变革中的作用,指认阶级斗争、意识形态与意识形态国家机器三者共同构成了一个有机整体,并且阶级斗争作为一种变革的力量贯穿意识形态与意识形态国家机器的始终,因此,应将有助于生产关系再生产及其变革的东西全面统一起来。在研究生产关系再生产与转化的意识形态条件方面,他强调,"现实中生产关系的再生产,正如其变革一样,是一个客观的过程,必须深入其中才能发现其秘密,而不仅仅是一个只需要观察的实际状态"③,因为阶级关系往往在意识形态国家机器的具体运行过程中被掩盖,导致生产—再生产自动运行的错误幻觉。

二、对马克思学说主体政治学式的过度诠释

阿尔都塞意识形态理论的核心问题在于主体的再生产。从主体视角

---

① 斯拉沃热·齐泽克:《意识形态的崇高客体》,季广茂译,北京:中央编译出版社 2017 年版,引论第 2 页。
② 斯拉沃热·齐泽克等:《图绘意识形态》,方杰译,南京:南京大学出版社 2006 年版,第 134 页。
③ 同上书,第 137 页。

出发容易催生文化批判向度的纵深发展，而忽视传统客体维度的经济批判。文化批判基本成了西方马克思主义人本主义思路的主导性话语。客观地讲，这种视域转换深深地植根于资本主义生产方式的调整和转换。阿尔都塞关于哲学的政治即统治阶级意识形态领导权问题的强调，意味着哲学总是有它鲜明的政治指向，即哲学在归根到底的意义上是理论层面的阶级斗争。这种哲学的政治表明了阿尔都塞鲜明的理论立场和姿态，即作为一位马克思主义者应有的斗争精神，但是，他的意识形态理论也存在对马克思学说主体政治学式的过度诠释问题，甚至是纯粹为斗而斗的阶级斗争的错误倾向。但仍需肯定的是，阿尔都塞的意识形态理论将马克思学说的理论效应大大拓展了，甚至溢出了经典马克思主义的讨论域。从经典马克思主义的经济批判拓展到文化批判，越来越成为当代西方左翼激进哲学得以孕育和发展的理论温床。前者往往在考察经济领域的资本主义生产过程中，对资本主义进行经济批判，而到了后者那里，转向文化批判。因为在它看来，传统的经济维度已经无法有效生成社会批判的内在动力了，因此需要实现新的视域转换，于是他们寻找到文化批判的维度。事实上，从思想史演进的基本逻辑讲，还是承袭了西方马克思主义的人本主义批判话语。

当代西方左翼激进哲学是在后现代这一庞杂的文化语境下孕育而生的，它们转向文化批判丰富而复杂的社会历史内涵。在伊格尔顿看来，文化是"分析和理解晚期资本主义社会的一个关键范畴"[1]。随着资本主义社会全方位的深入转型，特别是步入后现代社会后，在对现代性的诸种反思和批判过程中，也暴露出自身的局限性。具言之，后现代如启蒙的悖论一样，最终还是走向了它的历史反面。它带来的不是解放，而是话语实践场的黑色恐怖。它操持的理论话语表面看似最激进、最反叛，实际上是另一种更加极端的现代性。然而，吊诡的是，"后现代主义的种种姿态，我们今天的群众不但易于接受，并且乐于把玩，其中的原因，在于后现代的文化整体早已被既存的社会体制所吸纳，跟当前西方世界的正统文化融成

---

[1] 特里·伊格尔顿：《美学意识形态》，王杰等译，北京：中央编译出版社2013年版，导论第2页。

一体了"①。后现代的文化生产虽然以加速度推进更新,但是已经完全被吸纳到商品生产的总体过程之中,并为资本的增殖逻辑所宰制。从表现形态来讲,后现代的诸种文化产品都是资本主义意识形态的摹本。这构成了后来德波对景观社会以及鲍德里亚对消费社会的意识形态批判的社会实践场。

客观来讲,多元复杂的后现代文化在生产过程中也暴露了一些问题。正如詹明信指出的,"踏入后现代境况以后,文化病态的全面转变,可以用一句话来概括说明:主体的疏离和异化已经由主体的分裂和瓦解所取代"②。事实是,后现代文化虽然外表打扮得非常时髦,但是实际内容却是异常平面而无深度感的,不能给人以现代文化深厚庄重的历史感,却在另一个层面构成现代社会走向虚无的精神征兆。因此,他主张,"只有通过某种主导性文化逻辑或者支配性价值规范的观念,我们才能够对后现代主义与现代主义之间的真正差异作出评估"③,而仅仅依靠后现代这个概念已经无法完全指认当下所有的文化生产。不过,他所说的主导性文化逻辑仍是晦暗不明的,需通过理论的进一步探索去理解和把握。于是,在这样的后现代文化氛围中,一大批从事文化批判的理论家相继登场,无论是伊格尔顿的审美意识形态、詹明信的马克思主义文本意识形态阐释理论,还是以霍尔为代表的伯明翰学派的文化研究,将阿尔都塞的意识形态理论运用转接到文化批评和美学领域,都不同程度上实现了文化批判的理论转向,从而再次激活了马克思学说的当代性。

阿尔都塞的意识形态理论实现了从经济批判到文化批判的视域转换,并且聚焦在纯粹"主体"的再生产上。从整个西方马克思主义人本主义批判话语发展的历史逻辑来看,阿尔都塞的主体批判维度和卢卡奇等开创的经典西方马克思主义的物化、法兰克福学派的文化哲学批判、社会批判理论是具有承继性的。资本主义世界在战后实现了经济社会全方位

---

① 詹明信:《晚期资本主义的文化逻辑》,陈清侨等译,北京:生活·读书·新知三联书店2013年版,第351页。
② 同上书,第366页。
③ 同上书,第353页。

的大变革和大调整,似乎让以往积累下来的经济矛盾有所缓解,甚至遮盖了社会统治的暴力性和隐蔽性。在社会政治运动方面,逐渐放弃了工人运动的历史观基础。但是,历史唯物主义主张,不从社会关系的维度去理解现实物质生产活动的矛盾性,就不能从历史观意义上科学把握社会历史发展的规律性以及革命的运动方向。因为"全部社会生活在本质上是实践的。凡是把理论引向神秘主义的神秘东西,都能在人的实践中以及对这种实践的理解中得到合理的解决"①。对实践这种新世界观应该从人与社会的关系而非人与世界的单一维度予以理解,对资本主义的意识形态批判应植根于对资本主义劳动的社会维度的本质批判之中,不能仅仅停留在技术和文化批判的维度上。

虽然阿尔都塞比较准确地把握了战后资本主义治理方式的新变化——抽象统治,但是其理论也存在巨大的局限,正如齐泽克指出的,"阿尔都塞理论的弱点在于,他或他的学派从来没有成功跳出意识形态国家机器与意识形态询唤的联结,从来没有在这个联结之外思考问题"②。阿尔都塞仅仅通过询唤这一过程是远远不足以解答意识形态国家机器的具体运作机制和主体的再生产等问题的,因为他只关注纯粹主体的再生产,而放弃了客体维度的再生产。马克思总是在关系本体论意义上去讨论物的再生产,对生产力与生产关系也是在一定的关系中去予以理解和把握。因此,马克思意义上的主体必定是处在特定社会历史过程中的关系主体,而非脱离具体的社会历史过程之外的原子式的个人主体。此外,齐泽克认为,"卡夫卡开启了阿尔都塞批判的先河,确立了阿尔都塞批判的雏形"③,因为卡夫卡通过对资本主义科层化官僚体制的批判,指认了意识形态国家机器与其"内在化"分隔开来的鸿沟。从阿尔都塞操持的批判话语来看,他和其他的经典西方马克思主义一样,仅仅停留在观念批判层面,而对资本主义的现实物质生产关注不够,因而不能从生产力与生产关系

---

① 《马克思恩格斯文集》第 1 卷,北京:人民出版社 2009 年版,第 501 页。
② 斯拉沃热·齐泽克:《意识形态的崇高客体》,季广茂译,北京:中央编译出版社 2017 年版,第 47 页。
③ 同上书,第 48 页。

的矛盾运动的角度去深刻剖析和把握资本主义社会内在的结构性矛盾，而只能停留在意识形态对主体的再生产层面。客观地讲，就意识形态去批判意识形态这种主体性的文化批判是缺乏历史唯物主义的现实感和历史感的，在现实中必然也是缺乏实际批判效力的，其最终结果是被资本主义的物质生产及奠基其上的意识形态收编。

阿尔都塞在理论上对作为历史总体性主体的聚焦，在实践层面必然走向对阶级斗争的强调，最终导致主体政治学的视阈溢出。在他看来，阶级斗争构成了马克思整个理论的核心，"不仅在马克思列宁主义工人运动的政治实践中，而且还在理论中即在马克思主义哲学和科学中是'决定性环节'"[1]，于是，他把阶级斗争置于理论构想的中心，并且突出"阶级斗争对于国家机器和意识形态国家机器的功能与运行的优先性"[2]。客观来讲，占统治地位的意识形态是在漫长而复杂的历史过程的阶级斗争中确立并再生产的。社会阶级和阶级斗争不是资本主义经济结构的后果和产物。列宁曾指出，无产阶级无法自发地生产自己科学的意识形态，从自在的阶级上升为自为的阶级并有效地联合起来，因此需要作为先锋队的共产党从外部灌输先进的意识形态——马克思主义，组织并领导无产阶级进行阶级斗争，夺取资产阶级政权，建立无产阶级专政。阿尔都塞主张在政党组织层面将无产阶级唤问[3]为战斗的主体，与资产阶级进行阶级斗争，也就是卢卡奇所说的阶级意识，成为革命和阶级斗争的主体。无产阶级只有上升到政党组织的层面才能真正成为阶级斗争的主体，否则其行动只能是盲目而缺乏统一性和凝聚力。于是，在阶级斗争问题上，阿尔都塞基本沿袭了列宁的理论思路。

阶级意识并不是由组成阶级的单个人所思、所感东西简单叠加的总

---

① 路易·阿尔都塞：《马克思主义和阶级斗争》（*Marxisme et luttes de classe*），吴子枫译，载《新史学》第十四辑，郑州：大象出版社 2015 年版，第 348 页。
② 路易·阿尔都塞：《论再生产》，吴子枫译，西安：西北大学出版社 2019 年版，第 414 页。
③ "唤问"原文为"interpelle"。目前国内关于它的译法的两种，分别是"传唤"（参见〔法〕阿尔都塞：《哲学与政治：阿尔都塞读本》，陈越编吉林人民出版社 2003 年版，第 361 页。）和"唤问"（参见〔法〕阿尔都塞：《论再生产》，吴子枫译，西北大学出版社 2019 年版第 364 页。）此处采用后者译法。

和,也不是它们的平均值。无产阶级的阶级意识由自发的意识上升至自觉的意识形态意味着,无产阶级需根据自身的阶级利益来组织整个社会,进行阶级斗争。作为无产阶级意识形态的马克思主义植根于实现人的解放的战略实践,使无产阶级与其先锋队组织统一起来,并为其阶级斗争指明方向,同时指引无产阶级从感性的阶级斗争经验中获得科学认识,从自在的阶级上升为自为的阶级。然而,现实却远比理论分析的复杂。因为除了无产阶级会进行阶级斗争之外,资产阶级同样也会进行阶级斗争。无产阶级在反抗压迫和剥削,追求自身解放的世界历史进程中,必然会遭受来自资产阶级的干预和镇压。正如阿尔都塞提醒的,资产阶级将阶级斗争建立在对工人剥削的基础上,因为资本"原始积累的全部历史都可以被看作是资产阶级通过阶级斗争而生产工人阶级的过程,正是这个阶级斗争过程创造了资本主义的剥削条件"①。简言之,资产阶级在剥削的基础上生产了工人阶级,进而再生产了其本身的存在条件。

在归根结底的意义上,阶级关系构成了一切社会关系的核心,阶级斗争植根于物质生产当中。不过,阶级对立的关系容易被现实的生产关系掩盖,进而遮蔽阶级斗争寄居的存在论基础。阶级是由生产过程中相互对立的诸经济利益集团组成的,只要有阶级存在,就会有阶级对立和阶级斗争,二者内嵌于生产力与生产关系的矛盾运动中。因此,纯粹的生产是不存在的,不能将生产力与生产关系割裂开来,而需将二者看成一个统一的整体。阿尔都塞认为,"哲学代表了理论中的阶级斗争。更确切地说,任何哲学都在理论中代表了一种阶级观点,与对立阶级的观点相对的观点"②。概括起来,就是哲学的政治的经典命题。虽然阿尔都塞有一个复杂的思想流变过程,但是这一观点几乎贯穿其思想发展的始终。在1975年《在哲学中成为马克思主义者容易吗?》(又称"亚眠答辩")中,阿尔都塞说,"哲学归根到底是理论层面上的阶级斗争,那么,这场斗争所采取的哲

---

① 路易·阿尔都塞:《论再生产》,吴子枫译,西安:西北大学出版社2019年版,第431页。
② 路易·阿尔都塞:《马克思主义和阶级斗争》(*Marxisme et luttes de classe*),吴子枫译,载《新史学》第十四辑,郑州:大象出版社2015年版,第349页。

学特有的形式,就是对一个特别立场在理论上的划界、兜圈子和生产"①。
这里斗争是一切哲学的核心,其运作的场所和空间是意识形态国家机器。

三、回到马克思政治经济学和意识形态批判

从理论支援背景的视角看,阿尔都塞似乎是接着马克思的意识形态
理论往后继续讲的,但究其实质而言,他并非真正站在马克思科学的理论
高峰之上,而是站在葛兰西文化霸权和拉康精神分析的学说之上,假借马
克思的分析术语表达自己的"意识形态一般"理论。虽然他以意识形态国
家机器为理论中轴构建了意识形态理论,但是无限地放大了意识形态对
劳动力和生产关系的主观建构。毫不客气地讲,他这条单纯的主体批判
线索是对马克思再生产理论的严重误读,在理论根基上已溢出了马克思
再生产理论的经典范畴。因此,为正本清源,需回到马克思的政治经济学
和意识形态批判,科学理解他的再生产理论。历史地看,它是建立在对斯
密、李嘉图等古典经济学家的再生产理论的科学扬弃和对自身生产理论
的进一步深化和发展的基础上的。在西方马克思主义走向逻辑终结之
后,西方左派话语、激进思潮与马克思主义不断交叉、碰撞、整合,出现了
复杂多元的知识转向,产生了沃勒斯坦指认的"千面马克思主义"的问题。
其间,虽然全球资本主义发生了重大变迁,但是马克思的政治经济学和意
识形态批判依然构成了准确分析、透视其政治和理论逻辑的显微镜以及
科学把握其当代走向的望远镜。

拜物教批判理论构成了马克思日常意识的再生产理论的重要向度,
并且,这种再生产理论是本质层面的再生产。从文本的整体叙述来看,马
克思关于拜物教批判的主要论述集中在《资本论》著名的"商品的拜物教
性质及其秘密"一节当中。他通过对商品的形式分析,揭露了商品的拜物
教性质,并将这种谜一般的关系指认为商品拜物教。在他看来:"商品形

---

① 路易·阿尔都塞:《哲学与政治(上)——阿尔都塞读本》,陈越译,长春:吉林人民出版社 2011
年版,第 146 页。

式在人们面前把人们本身劳动的社会性质反映成劳动产品本身的物的性质,反映成这些物的天然的社会属性,从而把生产者同总劳动的社会关系反映成存在于生产者之外的物与物之间的社会关系。"①易言之,人与人的社会关系采取了物与物的关系的虚幻形式。拜物教是商品社会的重要属性并与商品生产密不可分,只要劳动产品继续以商品的形式生产,这种拜物教的性质就会继续存在。于是,不难看出,马克思的拜物教概念已远远溢出了传统拜物教的基本范畴。以历史唯物主义的视角来看,其本质是一种建立在对资本主义社会现实的透视基础上的关系拜物教。这是由资本的本质属性决定的。在马克思看来,资本本身不是物,而是在特定的资本主义社会历史过程中的一定社会形态的关系,它虽然体现在一定的物上,但是本身并不是物。

不同于卢卡奇的物化意识、广松涉的物象化理论、平友子长的事物化理论,马克思的拜物教理论不是简单停留在商品层面的物化意识,而是由商品拜物教、货币拜物教、资本拜物教三个层面共同构成的。这些西方马克思主义学者没有科学区分物化、物象化和事物化等概念的理论边界,只是看到了其中的某一维度,不能将它们看作拜物教的各个环节而内在地统一起来,因而无法科学把握马克思拜物教批判理论的本真内涵。在马克思那里,拜物教不仅是一种观念形态,同时也是一种物质过程。马克思关注的不仅是精神生产,而且是物质生产。所以,马克思的政治经济学批判已经从观念、意识形态层面的攻讦,深入推进到物质生产方式的批判,就其本质而言,是资本主义生产方式批判,而非单纯理论层面上的意识形态批判。二者的关联在于,马克思的意识形态批判是深刻建立在对资本主义生产方式的政治经济学批判基础之上的。因此,需将它进一步区分为物质拜物教和观念拜物教两种形态。后者建立在前者基础之上并构成了资本主义社会各成员日常意识的核心。这些日常意识被资产阶级进一步加以系统化、普遍化,灌输给工人阶级,成为奴役和控制他们的意识形态。这便构成自现代世界兴起以来,资本主义意识形态的深层统治逻辑。

---

①《马克思恩格斯全集》第44卷,北京:人民出版社2001年版,第89页。

　　总而言之,从物质拜物教到观念拜物教,马克思对以商品生产为基础的资本主义社会进行了内在批判,这三大拜物教批判理论是马克思意识形态批判理论的重要组成部分。从文本术语的词频统计情况来看,虽然马克思后期文本中确实很少出现"意识形态"的术语,但这并不意味着马克思已经废弃了意识形态批判理论。从思想史的发展来看,无论是早期的哲学(意识形态)批判还是后期的政治经济学批判,意识形态批判始终构成了马克思毕生理论探索的重要方面。政治经济学批判与意识形态批判在他那里是内在统一的,前者为后者提供了坚实的唯物史观基础。马克思深入资本主义社会的运作机制,使意识形态批判不至于停留在概念思辨的抽象形而上学批判之上。而拜物教批判理论是对早期意识形态理论的进一步拓展和深化,它们共同构成了马克思政治经济学批判的重要组成部分。因此,我们需将政治经济学批判和意识形态批判二者有机地结合起来,进而实现对资本主义观念意识形态的彻底批判。

下辑预告

　　进入 21 世纪以来,人类社会发生了显著变化,科学技术尤其是数字技术的出现,正以前所未有的力量影响社会生活的方方面面,现代社会的生产、消费、文化生活都与数字技术的发展密切相关。与数字技术相关联的信息化、数字化、智能化等日益成为当代社会的典型特征。尤其在百年未有之大变局的形势下,数字经济、全球数字治理、万物互联、智能城市已经成为了当代社会发展的主题,深刻地改变着人们对社会和世界的认识。因此,我们要从马克思主义基本理论出发,深刻分析数字技术与当代西方数字资本主义发展带来的冲击和影响,对当代西方数字资本主义带来的不平等和垄断给予批判,还要站在新时代中国特色社会主义的立场上,对数字技术所产生的在认识论、价值观和方法论上的一系列影响给予科学和合理的评判,让数字技术的发展服务于当代中国特色社会主义的建设,从而为打造人类命运共同体创造出积极的条件。为了更好地推动这一研究的开展,《社会批判理论纪事》拟于第 15 辑专门推出数字时代的哲学研究专辑,编译当代数字资本主义、数字劳动研究、马克思关于机器与技术问题的研究文献等。